Erzählungen aus Ostpreußen

Erzählungen aus Ostpreußen

Vorgestellt von Hans Hellmut Kirst

Herausgegeben
von Ruth Maria Wagner
Illustriert
von Erich Behrendt

Genehmigte Lizenzausgabe für Weltbild Verlag GmbH, Augsburg 1990

ISBN 3-7711-0254-5
Gesamtherstellung: Wiener Verlag, Himberg bei Wien

Inhalt

VORWORT

Hans Hellmut Kirst

Erbarmung – sie dichten schon wieder!

Unser Ostpreußen ist ein stilles Land gewesen. Wie überzeugend randgefüllt mit beharrlicher Geduld und lächelnder Nachdenklichkeit! Ein Land, in dem »das Schweigen Sprache« war. Aber nicht wenige dieser »Schweigenden« schrieben auf, was sie bewegte.

Und »Bewegendes« gab es in unserer ostpreußischen Welt in geradezu verschwenderischer Vielfalt – die Herrlichkeiten der Natur und die Eigenwilligkeiten der Menschen, das umsorgte Dasein der Tiere und das Ausgeliefertsein an Gewalten, die Freuden der Tafel, die Segnungen der Kirche und die Wonnen der Trunkenheit. Dies war, vermuten nicht wenige, das Land der unbegrenzten Möglichkeiten.

Unser Ostpreußen hatte, seit Jahrhunderten, Raum für alles und alle: für sich verfolgt fühlende Christen in Sorge um das richtige Gesangbuch, politische Flüchtlinge vor Königshäusern und Revolutionen, erdbewußte Bauern und pflichtentschlossene Beamte. »Wer lebt, soll leben!« hieß es bei uns. Er durfte sogar darüber schreiben.

Und das geschah – in geradezu verschwenderischer Fülle. Und die scheinbare Stille und Gelassenheit in diesem Land brütete dann die wundersamsten literarischen Geschöpfe aus. Und siehe da: nichts von dumpfer Traurigkeit, keine stumpfe Ergebenheit, keine wehmütige Schicksalsklage! Vielmehr: Lebensfreude, Daseinslust und gleichermaßen kraftvoller Spott – sie vermochten über sich selbst zu lachen.

Zumindest fanden sie vieles von dem, was sie taten, und was mit ihnen geschah, reichlich komisch. Sie amüsierten sich ausgedehnt darüber – wenigstens doch schriftlich. Allein in einem der Dörfer meiner Jugend – dieses sechs Kilometer von der nächsten Bahnstation entfernt, von kaum viel mehr als dreihundert Menschen bewohnt – existierten zumindest drei, mich nicht mitgerechnet, die blaßbleiches Papier bedächtig mit blutvollen Erkenntnissen zu beschreiben versuchten.

Erstens: unser Geistlicher. Er zeichnete seine Predigten auf und nannte sie »Gespräche mit Gott«, was er offenbar für einen alltäglichen Vorgang hielt. Demnach schien sein Gott ein freundliches Wesen zu sein – außer wenn es sich um den Teufel Alkohol handelte. Er hatte großen Zulauf von den weiblichen verheirateten Menschen seiner Gemeinde. Männer mieden ihn.

Zweitens: ein Bauer. Er hatte sich auf seine landwirtschaftlichen Erkenntnisse spezialisiert und täglich Notizen darüber gemacht – über Wetterschwankungen, Bodenbeschaffenheiten, Temperatureinflüsse und so weiter und so fort. Er gedachte einen hundertjährigen ostpreußischen Kalender aufzustellen – er wurde jedoch nur zweiundneunzig Jahre alt. Einer seiner Leitsätze: »Wenn sogar beten nicht mehr hilft, dann vielleicht Mist!«

Drittens: der Totengräber. Er exakt aufzeichnend: alles über liebe Leichen! Wie sie anzusehen waren, worin man sie zur letzten Ruhe gebettet hatte, welchen Geruch sie verbreiteten. Dazu auch die Reaktionen der Angehörigen – ob diese schloßhundartig heulten, wie wortlos erschüttert dastanden, oder gar gähnend-gleichgültig in die Grube blickten. Ihm entging nichts. Eine seiner bemerkenswertesten Aufzeichnungen dabei: »Wie man bei großem Frost ein Grab gräbt.«

In einem Nachbardorf aber war – geradezu alsbald sagenumwoben – ein einzigartiges Triumvirat an der Arbeit: Bürgermeister, Hauptlehrer und Geistlicher versuchten sich gemeinsam mit der Gemeindechronik zu beschäftigen – dabei stets arg einander mißtrauend. Denn der Bürgermeister legte Wert auf ostpreußische Realitäten, der Hauptlehrer auf sprachliche Schönheiten, der Geistliche auf tieferen Sinngehalt. Bestaunenswerte, anhaltende Auseinandersetzungen ergaben sich so.

Diese fanden regelmäßig im Hinterzimmer des Gasthofes statt. Durch nichts, auch nicht durch Honigschnaps, also »Bärenfang«, 50prozentig, zu besänftigen. Wenn sie tagten – und das war oft der Fall –, geschah das mit hoher Konzentration, wie um jedes Wort ringend. Wurden sie dabei durch lautstark gewordene Feierabendsäufer im Hauptraum gestört, erschien dort prompt zumeist der Geistliche, dabei verkündend: »Leise, Leute! Ihr stört!«

Worauf sich die so intensiv Gemaßregelten augenzwinkernd anblinzelten und dann, herzhaft aufstöhnend, meinten: »Erbarmung – sie dichten schon wieder!«

Das Wort »Erbarmung« – im ostpreußischen Lande breit und schwer ausgesprochen, besser wohl noch: kraftvoll hinausgeseufzt – gehörte zu den bei uns bevorzugtesten Temperamentsausbrüchen. Dieser Ausspruch besagte etwa: einfach nicht zu fassen, was da so alles geschieht! Auch geradezu »saukomisch«, diese Welt! In ihr muß es wohl alles geben – selbst Dichter.

Und einer unserer Gutsbesitzer soll, über einen seiner Söhne endlich aufgeklärt, alarmiert ausgerufen haben:

»Der Bengel gehorcht mir nicht, aber das kann ich ihm nicht verdenken. Er hat zwei Dienstmädchen verführt, das mag ja zur Not noch angehen. Aber dieser Lümmel schreibt sogar Gedichte! Da kann man bloß noch sagen – Erbarmung!«

Dieser ansonsten gewiß gute Mann hatte vermutlich – an ostpreußischen Verhältnissen gemessen – zu wenig Kinder gehabt, zumindest nicht ausreichend genug Söhne. Denn während sich gewöhnlich bei uns die weiblichen Wesen einer jeden Familie möglichst unabgelenkt auf eine erhoffte ertragreiche Ehe vorzubereiten hatten, galt bei den Söhnen in etwa diese Reihenfolge: der erste erbt – der zweite wird Soldat – der dritte kann sich der Religion widmen. Der möglichst stattliche Rest ist Reserve. Eine gewisse Freiheit war denen gegönnt – bis hin zum Exzeß! Was heißt: sie durften sogar dichten.

Und an Großfamilien, mit verschwenderisch reichem Nachwuchs, war in unserem Ostpreußen kein Mangel. Mögliche »Dichter« gehörten, gönnerhaft geduldet, mit dazu. In meiner Familie – meine Mutter ist eins von neun Kindern gewesen – gab es gleich deren zwei; von mir abgesehen.

Da war einmal: Onkel Emil! Ein angeblicher Seemann, der behauptet hatte, die ganze Welt zu kennen. Doch er war, wie ich später erfuhr, über den Königsberger Hafen nie hinausgekommen. Aber seine Südsee-Erinnerungen, über die er Aufzeichnungen gemacht hatte, ließen mich andächtig erstaunen. Besonders sein mir oft vorgelesenes Kapitel: »Wie die Häuptlingstochter um mich freite!«

Sodann: Onkel Gustav! Er war Friseur in Osterode und pinselte in seiner Freizeit idyllische Gemälde; ausschließlich von Rehen – diese liegend, laufend, stehend, äsend, starrend. Hundertfach. Darüber hinaus vermochte er jedes

Familienfest durch wirksam Selbstgereimtes zu verschönen. Einzigartiger Höhepunkt dabei: Am 75. Geburtstag meines geliebten Großvaters verlas er ein Gedicht von fünfundsiebzig Versen – zum Entsetzen seiner trinkfrohen und dabei zu verdursten drohenden Brüder.

Und so wie er waren zahllose in unserem geliebten Land – in allen erdenklichen Sätteln des Pegasus anzutreffen. Und wollte man versuchen, eine Literaturgeschichte Ostpreußens zu schreiben – es wäre wohl die eigenwilligste, bunteste, extremste im deutschen Sprachbereich. Mit dem denkbar weitesten Pendelschlag literarischer Möglichkeiten: vom klarkonturigen Kant bis zum wundersam verwegen fabulierenden E. T. A. Hoffmann! Und neben ihnen sind immer wieder zahlreiche, stets wie fröhlich-versonnen lächelnde Frauen anzutreffen.

So auch hier: die Dönhoff, die Miegel, die Schwimmer, die Fischer, die Botsky, die Ehlert, die Jung, die Gross, die Kollwitz, die Geede, die Papendick, die Kobbert, die Keyser, die Wagner. Man versteht, nicht wahr – hier vertrauliches Augenzwinkern: eine wichtige Funktion des Weiblichen in einem sehr männlichen Land! Die verläßlichen Betreuerinnen des Hauses, des Herdes und der Herde – Kinder ebenso wie Haustiere.

Sie umsorgten das Leben – Männer kümmerten sich zumeist mehr um den Tod, die Taten und die Tätlichkeiten. Das war ihre Welt! Sie mußten verkünden, was sie bewegte. Eine einzigartig verschwenderische Literatur, auf kleinem Raum, inmitten von vergleichsweise wenigen Menschen, entstand auf die Weise. Hier ist ein Abglanz davon.

Und wie immer, wenn ich ein Buch über mein Ostpreußen in die Hand nehme – oder ihm gar, wie hier, das Geleit geben darf – ist das wie ein großer, endloser Abschied – von einer Welt, die bald nur noch allein zwischen Buchdeckeln existieren wird. Wenn sie nicht endgültig untergeht, ist das ihren Dichtern, den weiblichen wie männlichen, zu verdanken. Dann kann ein Lachen, wie das dieser Petrulla, wie in alle Ewigkeit hinein erklingen.

GRETE FISCHER

Und Petrulla lacht

Die Kate war winzig. Wenn ich es recht bedenke – ja – dann war sie genauso, wie sich Kinder das verzauberte Schloß oder das Hexenhaus ihrer Märchen vorstellen … Oder war sie etwa wie eine alte Frau? Das Stroh des Daches zerzaust und schütter, der Kalkanstrich verwittert wie welke Haut, Lehm bröckelte an vielen Stellen herab. Altersgebeugt lehnte die Hütte auf den Stämmen zweier Birken, die gleich Krücken zu beiden Seiten standen, Stütze und Halt gebend. Türen knirschten rostig in den Angeln, wie Gelenke es tun, wenn sie abgenutzt sind. Auch die Stille, die durch die Stunden floß, gab sich zauberhaft alt und verträumt.

Aber die Fenster waren wie Augen von Kindern, die einem Märchen lauschen: blank, glasklar! Niemals von staubigen Spinnenschleiern verhangen, lachten sie vergnügt in den Tag hinein. In jeden Tag. Und da waren viele Tage aneinander gereiht. So wie die Geranientöpfe auf der Fensterbank. Die Tage waren so leuchtend und lustig wie sie, die ungezählt ihre ziegelroten Blütendolden in den Sommer trugen. In wie viele Sommer?

Wißt ihr das noch?

Ein richtiges Sonnenplätzchen war das hinten am Kleinelchwinkler Moor, wo die Hütte der Petrulla stand. Besonders zur Zeit der Heuernte liebte ich den Weg dorthin. Vorbei an Wiesen, die bettwarm und lauschig am Rand des Moores sich ausbreiteten; zum Ausruhen grad recht für jedermann, der müde des Weges gezogen kam. Ihr hättet das alles auch geliebt, wäret ihr einmal mit mir am Rußstrom entlang geradelt, ihr hättet das Jauchzen in die Kehle gekriegt vor lauter Entzücken – besonders im Frühling, wenn die Birken sich in zarte, grüne Farben kleideten und in den Blättern wilder Lupinen Tautropfen wie Glasperlen blinkten. Wer hätte die nicht gern zu einer Kette aufgereiht für ein lichtgrünes Birkenkleid!

Petrulla!

Sie war nicht irgendwer. Vielmehr behauptete sie ihren festen Platz hier, wo Tag und Nacht aus dem Moor aufstiegen. Hier – am Kleinelchwinkler Moor. Denn sie war pferdestark, und es waren nicht allein Kräfte, die sie einer Stute vergleichbar machten. Es war vor allem das Aussehen: die schwere Gestalt, die stolze Haltung des Kopfes, ihre Gangart.

Ja – respektabel und geachtet war die Petrulla. Wie eine Zuchtstute brachte sie ihre Jungen zur Welt, sah erstaunt – auch noch beim fünften – auf ihre kleine Füllen herab und warf ihr strähniges schwarzglänzendes Haar, zu zwei schweren Zöpfen geflochten, nach hinten. Zwei Reihen starker, gelblicher Zähne zeigte sie mit gesunder Fröhlichkeit, und ihr wieherndes Lachen fuhr oft weit über braunes Moor und blühende Wiesen. Mit rauhbeiniger Zärtlichkeit stupste und jagte sie ihre Jungen, als wären es wirklich lauter kleine Füllen, die sich im Roßgarten tummeln; da gab's Knüffe und Klapse, alles mit großem Lamento. Den kleinen »Petrullas« war's recht so und ein immer gleiches Zeichen mütterlicher Liebe. Sie hatten ja nur die Mutter. Den Vater hatte der Strom ihnen genommen, als er seine Fischernetze vor der Flut hatte retten wollen. Treibendes Eis, vom reißenden Wasser getrieben, ein gekentertes Boot und eine Petrulla, die einmal in ihrem Leben hilflos am Ufer stand.

Die große, starke Petrulla!

Eine wahre Freude, wenn sie so, von Ruhe und Kraft bewegt, barfuß durch die taufrischen Wiesen auf einen zukam. Es war eine Lust, sie beim Torfstechen zu sehen, wenn ihre starken Arme rotbraun und schweißnaß in der Sonne glänzten, oder wenn vom Hantieren die weiblich kraftstrotzende Fülle die Nähte ihres einfachen, schmucklosen Kittelkleides zu sprengen drohte. Immer war um sie der Geruch von Erde und Heu, das roch so stark und herb wie das Land nach dem Morgentau. In den Augen hatte sie die Klarheit von Himmel und Wasser. Frisch gewaschen, vom Wind getrocknet, so sauber und hell war ihr Blick. Aber auch Demut und Geduld sprachen daraus.

Hat einer von euch jemals Tränen darin gesehen? Wer? Geh, geh – hast auch nur ihr Lachen gekannt!

Selbst dann, als der Strom von ihr etwas forderte, was ihm, ihrer Meinung nach, nicht zustand, oder als sie merkte, daß der Jakob nicht gegangen war, ohne daß ihr breiter, warmer Leib wieder ein Kind von ihm trug; ja – auch da war sie von lärmender Robustheit. Die Flut des Hochwassers und der Trauer waren gewichen, als das Stübchen der Petrulla wieder um ein weniges enger wurde und die alte, wurmstichige Wiege aus dem Kaburr geholt wurde. Man gut, gerade war die Ente mit dem Brüten fertig geworden, damals – als das Jakobche kam. Nu aber schnell... schnell, die Schiepelchen waren kaum ausgeschlüpft, da tat die Petrulla eine frische Strohschütte in die Wiege, und ein Weilchen später legte die alte Frau Hebeleit (der Name war für die Hebamme wie geschaffen) das rote, schreiende Bündel auf das weiße, schnell ausgebreitete Leinen ... So, so, nun schlaf man schön, mien Schapchen.

Petrulla achtete schmunzelnd auf jeden Handgriff der guten Frau Hebeleit, flocht mit einem zufriedenen Stöhnen ihre beiden aufgelösten Zöpfe. Sie ließ sich ein bis zwei Weilchen von den Nachbarinnen verwöhnen und betreuen und von den Frauen ihrer verschiedenen Arbeitgeber ein stärkendes Wochensüppchen kochen. Sie zeigte allen, die zur Tür ihrer kleinen Hütte hereinlugten, ihre prallen, weißen Brüste, an denen es schon mal schwarzhaarig, mal blondhaarig, aber jedesmal gleich kräftig geschmatzt hatte, lachte ihr starkzähniges, wieherndes Pferdegelächter und strich ein um das andere Mal verschämt ihre schwarze Mähne.

Aber nu geh, geh, da kannst nuscht machen, was der liebe Gott gegeben hat, mußt nehmen, was willst wissen ... da kannst sehen, wie de mit dem ganzen Krätsch zurechtkommst ... dem dammlichen, nei ... nei ... Schwesterchen ..., und die stolze Petrulla lachte so warm und breit und war von liebenswerter, gottwohlgefälliger Einfalt.

Ei, was wirst rumweimern; hab nich Zeit, Trübsal zu blasen ... weißt, Schwesterchen ... komm, Waffeln mächst haben, un e Toppche Tee ..., und nu geh, halt mir mal dem kleinen Hitschke, werd derweil was Leckres aufem Tisch bringen ... so, mach ihm man schon sauber un leg ihm trocken, dem kleinen Bowke ... dem Jakobche.

Ja, da konnt eins nur den Kopf schütteln und sich freuen, den drallen Bengel windeln und säubern, sich auf die frischen Waffeln und das Toppche Tee freuen.

Wann gab's schon mal so was Gutes hier draußen, wo der Boden karg und die Arbeit schwer war! Glaubt mir, da waren Schmandwaffeln und kandissüßer Tee ein wahrhaft königliches Mahl. Vor allem, wenn man sich während eines langen Weges darauf gefreut hatte.

Gewiß, bei der Petrulla hat's mir stets besonders gut geschmeckt. Wo sonst gab es solche Beetensuppe? Wer hat mir je wieder mit dieser Selbstverständlichkeit die irdene Schüssel mit Buttermilchsuppe über einen so weiß gescheuerten Tisch gereicht? Am liebsten hätte ich dann mit den Kleinen geschlürft und geschmatzt. Ihr könnt das sicher verstehn!

Kennt ihr noch die dicken Bohnen? Ich habe sie, seit ich Petrullas Speiseplan mit soviel anderem verlor, leider nie mehr zu essen bekommen. Dabei sind sie äußerst gesund und bekömmlich. Gekochte, dampfende Bohnen, ein Tonkrug voll kalter Buttermilch, das Salzfaß dabei – ei, das war eine Mahlzeit! Still waren wir dann und pulten emsig die Bohnen aus den Hülsen. Und wir aßen und aßen, bis alle Schlusen leer und die Bäuche dick und prall waren. Nur der alte Schäferhund Harras zog dann schnauzerümpfend den Schwanz ein und ging auf Jagd nach etwas Fleischbarem. Kater Florian indessen verstand sich aufs Pulen so gut wie das stets hungrige Hanselchen.

Zur Schlafenszeit zog alles an den Brunnen hinter dem Haus. Fünf Enten schnatterten mit den Kindern um die Wette und planschten wie doll. Harras leckte ihnen die nassen, strammen Waden. Der dicke Kater Florian saß dabei, putzte Fell und Pfoten und seinen graumelierten Bart. Mit Gejuche und Gelächter zog alles bald darauf in die Buntkarierten.

Lehrers Katrinchen sah dem fröhlichen Treiben oft durch zwei kaputte Zaunlatten zu. – Warum bloß muß ich allein und in solch häßlichem weißem Bettzeug schlafen, Petrullas Kinder dürfen zu dreien oder doch zu zweien in schönen, roten oder bunten Kissen liegen. Bei denen da drüben ist alles so bunt und lustig. Warum sind wir so . . . so arm und können es nicht so gemütlich haben wie Petrulla und ihre Kinder . . . Ich wollt, ich wär eins von denen . . . oder meinetwegen auch ein Entchen aus ihrem Gatter hinter dem Häuschen . . . wär' das ein Leben!

Das wird's sein, was mich gerade heute so sehr und so häufig an Petrulla dort hinten am Rande des Moores denken läßt. An dieses starke, reiche Leben in wahrhaft wundervoller Einfachheit. Gewiß, voller Wunder war die

kleine Welt – dort, wo der alte Memelstrom müde wird und sein Wasser in vielen kleineren Flüssen in das Meer schickt.

Reich wär die Petrulla ... und sich dessen sicherlich nie

bewußt. Aber wir wußten! Oder zumindest ahnten wir etwas von ihrem Reichtum. Die Lehrersleute wußten es, wenn Katrinchen wieder einmal vergebens um ein Geschwisterchen bat. Alles ausgewachsene Kinderzeug und manch Seufzer wanderten über den Zaun, mit etwas Neid und viel Erstaunen über die muntere, ungebärdige Schar wild heranwachsender Füllen. Bis über den Strom in das reichste Bauernhaus drang die Wahrheit von dem Reichtum der Petrulla. Dort war die Wiege aus geschnitztem Edelholz leer geblieben, und die Bäuerin war grämlich und vergrällt.

Petrulla ist die Reichste hier am Strom – so fing auch der alte Fischer, der Michel Taruttis, meistenteils ein Gespräch mit mir an, wenn ich auf dem Weg zurück vom Kleinelchwinkler Moor zu einem kleinen Kadaksch vom Fahrrad stieg (eine liebgewordene Angewohnheit von mir). Das heißt, er flickte weiter an seinem Netz, nahm auch nicht die Pfeife aus dem Mund, erzählte ... erzählte ..., und ich hörte ihm zu, verzehrte geräucherten Fisch, den er mir zuvor in die bloße Hand gedrückt hatte. Ich hörte ihm zu, ohne ihn zu unterbrechen oder etwas zu entgegnen, hatte ja auch keine Zeit, war vollauf beschäftigt mit meiner opulenten Fischmahlzeit.

Und der alte Michel unterhielt mich:

... ja, was nu de Petrulla ist, die is wahrhaftig zu beneiden ... meinst nich auch? Se lebt so ... so ... is verdammich schwer zu erklären ... jedenfalls, was sie tut, scheint in allen Dingen dem lieben Gott zu gefallen ... sag selbst, keine Seele käm auf die absonderliche Idee, de Petrulla zu schelten, weil sie dort so einfach, weil sie mit dem Viehzeug unter einem Dach lebt ... das gehört nun mal zu ihrem Leben, wie das laute Lachen, die vielen Kinder und die Riesentöpfe mit dicken Bohnen ... ein patentes Frauenzimmer ... ob's mittem Vieh, ob's mit den Menschen is, de Petrulla weiß Bescheid ... siehst, der liebe Gott meint's gut mit ihr ... is ja auch ihr allernächster Nachbar ... dort draußen ... mein man immer, de Birken werden eher grün da hinten als anderswo, un de Pilzkes sprießen nur so in den Puschinchens, als wüßt der da oben, daß de Petrulla se nötig wird brauchen, de vielen Mäuler zu stopfen ... tausch dann welche mit ihr gegen Fische ... oder se gibt mir von ihren Blaubeeren ... hat ja Hände genug parat, welche zu pflücken ... ja, de Petrulla!

Seht, so auf seine Art verehrte der alte Taruttis dieses starke, gesunde Weibsbild.

Ei, was is, willst noch e Fisch, Marjell?

Nein, das nicht, aber zuhören wollte ich ihm gerne noch ein Weilchen, denn nun mußte sie ja doch kommen, die Geschichte vom Kater Florian ...

Weißt, Schwesterchen, das ist doch das dicke, schlaue Katzenvieh von der Petrulla, hast ihm sicher all gesehn da draußen, was? Tät's nich glauben, wenn ich's nich mit meine eigene Augen gesehn hätt' ... aber, bei der Petrulla is sowas all möglich ... nei, nei ... hab' ich jemals gelacht! Eines Abends ... war Gewitter ... biestiger Sturm, konntst nich mal de Hand vore Augen sehn ... dazu der Regen, ein wüstes Gepladder ... un in all dem Lärm ... de Petrulla brüht uns grad en Tee ... da klopft's und schreit jämmerlich ... – Trautstes Leben, schreit de Petrulla, Michel, sieh bloß nach, ob de Kinderchens all in de Stub sind, na, se waren ja da, wo nich ... aber de Petrulla wurd rein närrisch, als es wieder klopft un de Jammertöne lauter un näher kommen ... Harras bellt ... Maria schreit, – Mamache, das is der Florian, – na, un was soll ich sagen, er war's wahrhaftig, der olle Lorbaß ... aber nicht allein, mußt nich denken, e greuliche Rothaarige kam ihm nachgeschlichen, pitschnaß ... Deibel ok, en häßliches Vieh ... ei, was willst, wo de Liebe hinfällt ... wie nu de Petrulla is, schnell trockne Lumpen in de Eck, e Schalchen warme Milch fieres Katzenvieh ... Florian leckt seine Fuchsige, stupst se zärtlich mitter Schnauze, die jammert un stöhnt wie'n Frauenzimmer in Wehen ... Petrulla wird stutzig bei diesem Katzengejammer, da geht's auch all los ... na, was soll ich sagen, fünf Junge wirft se, drei rotgescheckte un zwei graue liegen bald mang de Lumpen ... Der Florian guckt mit Besitzerstolz in die Runde ... na, was soll ich sagen ... nuscht ... de Petrulla lacht ... lacht ... lacht, dasses Herz einem wurd warm dabei ... na, zwei durft se behalten, de Katzenmadam. Ei, de Petrulla, en Mordsweib, andere hätten vleicht rumgeweimert, aber nich die, so war's ihr grad recht, all de Kinderchens, all dem Viehzeug, nuscht wird ihr zuviel.

Dicke Qualmwolken stieß der Alte aus seiner Pfeife, so amüsierte er sich noch hinterher, und es schmurgelte und kochte in dem schwarzgebrannten Pfeifenkopf.

Na, nu geh du man, wenn de ihr siehst, de Petrulla, grüß ihr man schön, sag, ich käm bald auf e Toppche Tee vorbei ... nu fahr los, Marjell, hab mich all lang genug verweilt, mit dir zu plachandern.

Michel Taruttis hing also ebenso an ihr und dem Fleckchen Erde, das sie und ihre zahlreichen Trabanten trug, wie wir alle, die sie gekannt haben.

Was wird Petrulla jetzt tun? Undenkbar, sie könnte jemals diese kleine, zauberhafte Welt dort hinten am Rande des Moores verlassen haben. Und Petrullas Kinder? In meinen Gedanken sind sie klein geblieben und laufen barfuß, wild lachend und fröhlich schreiend, über sommerbunte Wiesen. Etwas klingt in mir wider von ihrem Lärmen und dieser unbezähmbaren Lebendigkeit.

Und dann wünsche ich, es müßte alles um mich her vergehen und wieder so sein wie damals ... ich komme wieder den Weg entlang durch den Birkenhain, die Kinder lamentieren, Florian streicht um meine nackten, braungebrannten Beine, Harras bellt und haut mit vergnügtem Schwanzwedeln meine weiße Schürze dreckig ... und die Petrulla lacht, lacht ihr fröhliches, unvergeßliches Gelächter.

Lovis Corinth

Toon Koornaust

Als ich als fünfjähriger Knirps zum ersten Male in der Schule gewesen war, lief ich auf meine Eltern zu und fragte sie: »Wann ist denn mein Geburtstag? Der Lehrer will es wissen.« Meine Mutter lachte und gab mir zur Antwort: »Segg, toon Koornaust!« Ich sah sie verdutzt an und war nicht klüger als vorher.

Erst viel später reimte ich es mir zusammen, daß die Bauern und einfache Leute wichtige Ereignisse relativ miteinander bekennzeichnen.

So wurde denn mein Geburtstag stets mit einer Roggenernte verbunden oder umgekehrt. Heute mache ich mir aus jener Äußerung eine ganze Geschichte:

Am 21. Juli 1858 war alles gerüstet, am frühesten Morgen auf das Feld zu gehen. Da jedenfalls das schönste Sommerwetter war und alles Gute auf die Ernte, wie auf die Geburt zu weisen schien, so wurden, um die Arbeit schneller zu beendigen, alle Menschenkräfte verwandt, über die man verfügte. Deshalb war wohl meine Mutter in ihrer schweren Stunde beinahe allein, und Haus und Hof war still wie ausgestorben. Als alle wieder abends in das Haus zurückkehrten, war wohl der neue Weltbürger bereits da. Gesund und wohlgeboren mußte ich sein, denn verhältnismäßig früh, den 8. August, wurde ich in der kleinen Stadtkirche zu Tapiau getauft.

Ich erhielt den Namen: Franz Heinrich Louis Corinth. Mein Vater war Bürger von Tapiau und meine Mutter eine geborene Buttcher, verwitwete Opitz. Mein Pate war außer den Geschwistern meines Vaters der Kaufmann William Bauer, welcher an der Deime eine Dampferstation nebst einem Kolonialwarenladen inne hatte.

Ich schiebe den Vorhang beiseite, und wir sehen ein kleines ostpreußisches Städtchen. Kleine Leutchen gehen geschäftig ihrem Werkeltag nach; sie glauben, daß der liebe Gott das ganze Weltall expreß für sie allein gemacht hat.

Als Kind war ich für die Menschen, welche mit mir oder ich mit ihnen zu tun hatte – wie Kinder sein mögen – der Sonnenschein des Hauses gewesen. Die Arbeiter und Tagelöhner, welche von meinen Eltern gehalten wurden, gingen ihrem Tagewerk mit ernsten und düsteren Mienen nach. Sie erhellten sich aber, wenn sie mich auf dem Hofe hantieren sahen, und wenn sie mir zuriefen: »Na Luke, wat deihst du denn da?«

Oft stand ich im Gehöft an der hinteren Haustüre auf einem Absatz, welcher mit drei kümmerlichen, ungleichen und steinernen Stufen in den Hof führte. Darauf wimmelten schnatternde Enten und gackernde Hühner, ab und zu balancierte eine Katze vorsichtig über das feuchte Steinpflaster. Außerdem hatte der Hof fünf nahe aneinanderliegende Lohgruben, zwei Kalkgruben und mehr nach der Mitte zu eine große Sumpfgrube. Meistens stand vor jeder Grube ein Gesell, der Leder herausfischte, mit Lederschurz und langen, bis zu den Hüften reichenden Transtiefeln. Er prüfte den Werdegang zum fertigen und gebrauchsfähigen Leder; denn mein Vater war Gerbermeister und gehörte zu den »Reichen«, was ich von meinen Spielkameraden oft genug höhnen hörte, deshalb hielt ich es damals noch für schimpflich, reich zu sein. Zuletzt war er sogar Ratsherr geworden, und als ich diesen Titel, von der Mutter, vielleicht heimlich in stiller Stunde prahlerisch ausgesprochen, gehört und ihn wiederholt hatte, erhielt ich von ihr eine solche Tracht Prügel, daß mir die Lust, diesen Titel weiter zu nennen, für immer verging.

War ich entlang den Gruben gegangen, so schwenkte ich rechts von der Sumpfgrube ab, am Kuhstall und Schafstall vorbei, und ich traf auf die allergrößte Grube, welche mit trockener Lohe bis oben herauf ganz zugeschüttet war. Hier hatte man mich hineingehoben, als sie ganz leer war und dieselbe gefüllt wurde mit je einer Schicht Lohe und einer Schicht Leder. Daran reihte sich ein baufälliger, grünbemooster Bretterzaun, mit einem großen viereckigen Holzstoß aufgeschichtet, der zum Heizen für den Winter dienen sollte.

Die zweite Hälfte des Hofes war für die Landwirtschaft reserviert; mein Vater führte nämlich neben der Gerberei, wie dies oft in den kleinen Städten der Fall ist, einen größeren Ackerbetrieb. Deshalb standen hier eingeengt Wagen bei Wagen; zur Zeit der Ernte war kaum Platz für die vielen langen Erntewagen, oder wie sie dort genannt wurden: »Austwagen«. Das Haus, welches den Hof flankierte, enthielt den Pferdestall und Kuhstall und dazu in einer Ecke einen großen Misthaufen.

Durch den vorher erwähnten Bretterzaun führte das schief in den Angeln hängende Tor zu dem hochgelegenen Ufer des Flusses, welcher hier zum Kurischen Haff vorbeitrieb. Auf ihm verkehrten viele Reisekähne, auf denen die Kahnschiffer, mit langen Stangen längs dem Ufer entlang schiebend, mit Schimpfen und Schreien ihre Kameraden anfeuerten. Dieses Ufer war grün von spärlichem Unkraut: Löwenzahn und graues Bilsenkraut mit ekelhaft duftenden violetten Blüten wuchs dort. Das Ufer der anderen Seite erschien grüner und wir konnten leicht mit einem Stein hinüberwerfen. Auch lag an abschüssiger Stelle des Ufers ein Floß, auf dem meistens ein Gerbergeselle fleißig die Felle von der beizenden Lohe oder vom Kalk durch Hin- und Herschwenken im Wasser sauber schälte. Im Winter haute er eine Wuhne in das dicke Eis, und steckte zur Warnung für offenes Wasser eine Stange mit einem Strohwisch hinein.

Oft beobachtete ich von dem früher geschilderten Treppenabsatz das »Leben der Natur«, wie es ungeschminkt von den Tieren in dem Hofe gepflegt wurde. Lachen erschallte aus der Küche, die ganz nahe an dem Treppenabsatz war, wenn ich um Hilfe rief, sobald der Hahn ein Huhn trat.

Manchmal tobte ich auf dem Hofe herum und fing Sperlinge. Die Salzbüchse in der Hand, versuchte ich mit aller Geschicklichkeit und aller Mühe, Salz »auf den Zagel« der Sperlinge zu streuen.

Der Hof war meine kleine Welt. Mit den arbeitenden Gesellen unterhielt ich mich. Ich war immer an der Sumpfgrube zu finden, wenn ein Tagelöhner von den rohen Fellen die Schwänze, Klauen und Hörner herausschnitt, als erstes Stadium für den Werdegang zum fertigen Leder. Oft schnitt der Arbeiter Stücke rohen Fleisches heraus und warf es den gierig wartenden Katzen zu. Dabei entstanden wohl zwischen dem Steinpflaster blutige Pfützen, aus denen die Hühner dann begierig tranken. In der Nähe war hier das Gebäude, in welchem der Pferde- und Kuhstall war. Im Pferdestall stampften unruhig vier Füchse und zwei Braune hin und her. Die Pferde kannten mich wohl und behandelten mich ohne den geringsten Respekt ebenso wie mein Lieblingsknecht, welcher alle Tiere mit Namen nannte. Ich war nicht wenig verwundert, als mein Lieblingsknecht mit meinem Vater einen bösartigen Streit hatte, und als sein gutmütiges Gesicht sich in ein böses widersetzliches Mienenspiel verwandelte. Er sollte betrunken gewesen sein und in diesem Zustande verstand eigentlich meine Mutter den Männern am besten den Kopf zurechtzusetzen.

Meine erste positive Erinnerung fand mich am frühen Morgen auf dem Rücken eines nervösen und beweglichen Pferdes. Mit beiden Kinderhänden hatte ich mich ohne Furcht in der gelben Mähne festgeklammert, auch hielt mich wohl einer meiner Halbbrüder desto sicherer oben fest. Dieses Tier war mit mir gleichaltrig und war ein dreijähriger Hengst. Mein Vater hatte ihn eben neu auf dem Insterburger Pferdemarkt gekauft, und jetzt sollte er sich erst in seiner neuen Umgebung eingewöhnen. Von da ab hielt mich der Stall in seinem Bann. Sechs Füchse standen da und mit ihnen wurde ich bald intim bekannt. Alle Augenblicke bat ich, daß man mich aufsetzte. Den Weg vom Wagen nach dem Stall legte ich reitend zurück. Einstmals, als das Tier unter mir gescheucht wurde, setzte es mich unsanft auf die Erde. Den nächsten Morgen sah ich mich, wie mein Vater, meinen Kopf sorgsam an seine Brust gelegt, in wiegendem Schritt auf und ab ging. Der Gefahren waren viele, die mich bedrohten.

Eine nächste Erinnerung taucht in mir auf, wie ich zwischen den Lohgruben mit einem Stöckchen spazieren ging. Ich maß nun eifrig die Tiefe der Gruben und neigte mich solange herab, bis ich – plumps – in eine hineinfiel. Ich zappelte aus Leibeskräften in dem braunen Wasser herum und schrie: »Au Otte, Au Otte!!« Ein Spielkamerad hockte an der Hintertür und sah meinem Treiben gespannt zu. Endlich lief er doch mit der Nachricht zur Küche. Nun stürzten die Mägde und alles, was kochte und kochen half, schnell herbei und zogen mich, vielleicht noch im letzten Augenblick, heraus. Ich lag im Bett und wurde durch einen heißen Tropfen aufgeweckt, der auf meinen nackten Körper fiel. Meine Mutter erzählte dem Vater, welcher wohl vom Felde gekommen war, von dem Unglück; ich sah meinen ausgestreckten Körper entlang, einige Stücke Borke waren noch kleben geblieben. Die Eltern liebkosten mich, und meine Mutter deckte mich stolz ganz auf und sagte: »Seh moal de lange Beene« und deckte mich vorsichtig darauf wieder zu, damit ich, weiter schlafend, mich von meinem Schreck erholen konnte ...

OTTFRIED GRAF FINCKENSTEIN

Männer im Moor

Das Moor schweigt.

Wenn ab und an der ziehende Schrei der Weihen darüber hingellt, wird die Sonnenstille danach um so deutlicher spürbar. Was auch im Laufe der Jahrtausende, in denen die Wälder zu Torf vermoderten, hier geschehen sein mag – das Moor hat die Kunde davon erstickt.

Die Rekittkes, Vater und Sohn, arbeiteten zusammen im Moor. Der Vater war ein jähzorniger Mann, einer von denen, die den Glauben als Schutz gegen sich selbst brauchen. Er hatte dem Sohn von klein auf die Gottesfurcht und den Gehorsam gegen die Eltern beigebracht, mit dem Riemen – am Sonnabend, wenn er auf dem Umweg über den Krug nach Hause kam – vor der Abendandacht, bei der er selbst eine von ihm gewählte Stelle aus der Bibel vorlas.

Solange die Frau gelebt hatte, war alles gut gegangen; als sie aber plötzlich an einer kleinen Wunde weggestorben war, wurde der Zorn des Alten hemmungslos, als fehle seinem Blut der Ausgleich.

Als der Sohn vom Militär zurückkam, heiratete er, weil doch eine Frau im Hause sein sollte. Der Vater hatte das Mädchen ausgesucht, und Paul war zufrieden gewesen. Das Ehepaar war in die kalte Kammer gezogen, denn vom Vater konnte man nicht erwarten, daß er die Stube mit dem warmen Herd räume.

Bald danach wurde der Vater bequem. Er war jetzt in den Fünfzigern, und wenn er auch immer noch ein großer und schöner Mann war, der sich gerade hielt und mit einem Blick in die Welt sah, als möchte er sich das Fett daraus herausschneiden, so klagte er doch bisweilen über Reißen und andere Leiden, die nun einmal zur Landarbeit gehören. So gewöhnte er sich daran, morgens länger liegenzubleiben und den Sohn allein voraus ins Moor gehen zu lassen. Mit der Schwiegertochter kam er gut aus. Er wußte noch immer, was die Frauen gern mögen ...

Paul konnte es nicht leiden, wenn der Vater von dem jungen Ehepaar in der Art sprach, mit der alte Leute bisweilen in das Eigene der Jungen greifen:

»Na wird's denn nun bald mit der Martha?« fragte er und zwinkerte dabei mit den Augen.

Oder er sagte: »Die jungen Männer von heute haben alle keinen Saft ... meine Alte wäre nicht so leicht zufrieden gewesen ...«

Eines Tages meinte er sogar zu Paul: »Mit dem Reißen wird es jetzt ganz verrückt. Heute früh war ich so steif, daß die Martha mir das Hemd über den Kopf ziehen mußte.« Er sah dabei richtig wie ein Teufel aus, mit seinen buschigen Augenbrauen, die wie Hörner vom Kopf abstanden.

Paul sagte gar nichts, aber er stieß das breite Schachtschwert an der langen Stange mit solcher Gewalt in den Torf, daß die Stange abbrach.

Das war in der Zeit der Junidürre, in der das Moor so heiß wird, daß die weißen Wattebäusche auf den Moorblumen von der Hitze zu zittern scheinen. Das schwarze Wasser in den toten Löchern läßt dann einen Dunst aufsteigen, der ins Gehirn geht. Manche sagen, man wird verrückt davon und man soll um diese Zeit nicht im Moor arbeiten. Jedenfalls können einem Mann, der allein ist, Gedanken kommen, die er vorher nie gehabt hat ...

An einem der nächsten Tage kam der Vater erst um halb zehn. Paul hatte schon drei Stunden lang gestochen. Er mußte immer die schwere Arbeit mit dem Schachtschwert machen, während der Vater nur den abgestochenen Torf abräumte.

Plötzlich stieß Paul auf etwas Hartes. Erst dachte er, es sei ein gewöhnlicher Ast. Aber es war ein Knochen. Und dann fanden sie ein ganzes Gerippe. Es war ein ungewöhnlich großes Knochengerüst, das dort im Moorgrab schlummerte.

»Das war einer von meinem Kaliber«, prahlte der Vater.

Paul nickte. Er legte gerade den Schädel frei.

»Nanu«, sagte der Vater, »der hat ja ein Loch im Schädel. Dem hat einer eins über den Deetz gegeben.« Und nach einer Weile sinnend: »... Ich könnte mir das denken, bei einem großen Kerl, wie ihn die Frauen gern haben ...«

Paul schwieg wieder und starrte auf das Gerippe. Er hatte noch das Schachtschwert in der Hand. Die Hitze brütete auf seinem Schädel.

Der Vater stand unter ihm im Graben.

»... Na, bei dir kann so etwas nicht vorkommen«, höhnte der Vater, »dich ...« Er kam nicht weiter.

Am Abend kam Paul allein nach Hause.

»Wo ist Vater?« fragte Martha.

»Bei mir war er nicht«, antwortete Paul.

»Nanu?« erstaunte sich die junge Frau, »er hat mir ja gar nichts gesagt.«

»Was sollte er dir auch sagen?«

Dann aßen sie Abendbrot, zum ersten Male allein, seit sie verheiratet waren. Später, als es schummrig wurde, sagte die Frau:

»Du, Paul, ich hab' so Angst«!

Der schüttelte nur den Kopf.

»Paul, sag doch was! Wo ist Vater?«

»Weiß ich?«

Die junge Frau fragte nicht weiter. Aber als Paul sich schlafen legte, blieb sie noch auf.

»Ich will auf Vater warten. Vielleicht kommt er noch und will was essen.«

Später schlief sie allein im Bett des Schwiegervaters.

Am nächsten Tage kam der Gutsbesitzer in das Moor geritten. Ein Herr ist ja immer neugierig und kommt immer zur unrechten Zeit.

»Sind Sie allein, Rekittke?«

»Ja.«

»Wo ist Ihr Vater?«

»In der Stadt ... beim Zahnarzt ... er hatte solch Reißen ...«

»Na, dann sehen Sie mal zu, daß er bald wiederkommt. Allein schaffen Sie ja nichts.«

»Ich schaff es schon.«

»Zeigen Sie doch einmal, wieviel Torf Sie im Schuppen haben.«

Paul zögerte. Dann fingerte er an seinen Taschen herum.

»Ich hab den Schlüssel nicht. Den muß der Vater mithaben ...«

»Immer diese Eigenmächtigkeiten!« schimpfte der Gutsherr.

Da aber die Bremsen sein Pferd quälten, ritt er nach einer Weile weiter. Paul ging zum Schuppen und schloß ihn auf.

Die Martha konnte nicht begreifen, was mit dem Paul los war. Nach dem Vater fragen mochte sie nicht mehr. Sie hatte überhaupt Angst vor ihrem Mann, der sich sehr verändert hatte. Er sprach fast nichts, aß aber um so mehr. Er verlangte auch die gleiche Zahl Brote zum Gang ins Moor, obgleich er doch jetzt allein war.

»Wenn ich für zwei arbeite, muß ich auch für zwei essen.«

Wie kann einer, der so etwas auf dem Gewissen hat, soviel essen! dachte die Martha. Der Paul wurde ihr immer unheimlicher. Am liebsten wäre sie nach Hause gelaufen, aber vielleicht hatte auch sie etwas auf dem Gewissen, was sie davon abhielt. So blieb sie, schlief aber weiter in des Schwiegervaters Bett.

Am Montag war der Paul zum ersten Male allein nach Hause gekommen. Am Freitag – die Woche war so lang gewesen wie sonst ein Jahr – sagte er zu Martha:

»Warum schläfst du in der Stube? Kannst auch bei mir schlafen.«

Sie zitterte vor Angst, wußte aber nichts zu sagen.

Da sah er sie an, so ruhig und freundlich:

»Komm man«, sagte er, »ich bin ja doch dein Mann.«

Sie ließ es geschehen.

Am nächsten Tage kam der Vater nach Hause. Er trug einen Verband am Kopf.

»Hast du etwas zu essen? Aber was Warmes, ich kann das Brot nicht mehr verkraften.«

Sie brachte ihm ihr eigenes Essen.

»Willst du auch ein paar Eier haben?«

»Die könnten nichts verderben.«

Als er satt war, konnte Martha sich nicht länger zurückhalten:

»Wo warst du die ganze Woche?«

»In der Stadt.«

»In der Stadt ... im alten Arbeitszeug?«

»Ja. Ich habe Treckerfahren gelernt. Aber die Dinger habens in sich. Einer hat mir eins an den Kopf gegeben.« Er zeigte auf seinen Verband und lachte listig.

Indem kam auch Paul, früher als sonst. Vater und Sohn schüttelten sich die Hand. Wie groß der Paul ist, dachte Martha, früher kam er mir immer kleiner vor als der Vater ...

Am Abend – denn es war Sonnabend – las der Vater aus der Bibel vor. Er wählte den Text der Bergpredigt. Als er bis an die Stelle gekommen war: »Ich aber sage euch, wer ein Weib ansieht, ihrer zu begehren, der hat schon die Ehe gebrochen mit ihr in seinem Herzen ...«, klappte er das alte Buch zu.

Am Montag gingen Paul und der Vater gemeinsam bei Sonnenaufgang zur Arbeit. Als sie auf das Moor hinaustraten, das schweigend im Schutz des Hochwaldes eingebettet lag, sagte der Vater:

»Ist doch gut, daß wir hier allein sind, und daß ich solch harten Schädel hab ...« Dabei sah er den Sohn an, als ob er ordentlich stolz auf ihn sei.

Er zog fortan in die Kammer und ließ den jungen Leuten die warme Stube ...

KATHARINA BOTSKY

Pferdemarkt zu Wehlau

Ein langer dürrer Mann mit einem Seehundskopf, allgemein »Onkel Fischer« genannt, ledig, besaß einen kleinen Rollwagen und ein braunes Pferd, womit er sich seinen Lebensunterhalt verdiente. Natürlich hatte er auch einen Stall für das Pferd, und zwar in einem alten Schuppen am Stadtrand, einem recht baufälligen alten Schuppen, mit wackligen Türen. So kam es, daß eines trüben Morgens der Stall leer, das Pferd gestohlen war. Onkel Fischer weinte fast vor Schreck und Schmerz bei dieser trostlosen Entdeckung. Laura, das verschwundene Pferd, war sieben Jahre sein bester und treuster Kamerad gewesen und sein Ernährer obendrein. Nun war Laura weg. Gestohlen! Onkel Fischer suchte überall nach dem Pferd und fragte nach ihm herum. Auch die Polizei wurde von dem Diebstahl in Kenntnis gesetzt. Kein Erfolg trat ein.

»Geh doch mal zur Katzwinkelsche«, riet Onkel Fischer, ein guter Bekannter. »Die soll doch hellsehen können. Vielleicht erfährst du was durch ihr.« Onkel Fischer ging gleich, und es war schon ganz dunkel, weil am Himmel ein Gewitter stand, so ein dickes Juligewitter. Bedrückt erklomm er die eine steile Stiege der Hellseherin und war damit schon unter dem Dach des Häuschens, das an hundert Jahre alt sein mochte. Oben im Flur, der zugleich auch Küche war für zwei Parteien, hingen drei große eiserne Flinsenpfannen am schwarz verräucherten Herdmantel, der eine offene Feuerstätte überdachte. Rot angestrahlt und in Qualm gehüllt sah Onkel Fischer die Hellseherin, einer Lehmfigur ähnlich, hinter den Flinsenpfannen am Herde stehen. Dort

erschien sie ihm sozusagen mit einem abgeschabten Katzenfellbelag auf dem kahlen Kopf. Daß »so was« hellsehen konnte, leuchtete ihm bei ihrem Anblick durchaus ein. Seine Anrede fiel dementsprechend beklommen aus.

Danach wurde er in die gute und einzige Stube geführt, die ausgefüllt war von einem steinalten Himmelbett mit weißen Gardinen. Ihm grauste. Aber es war auch noch ein Tisch im Stübchen vor einem schwarzen, aufgedunsenen Wachstuchsofa mit weißer Knopfreihe. Darauf mußte Onkel Fischer Platz nehmen unter einem gelbsüchtigen Bild: die Kaiserin Friedrich mit dem Prinzen Heinrich (als Säugling). Die Hellseherin versenkte ihre schwere Lehmfigur in das einzige Gestühl, einen Rohrstuhl mit giftgrüner Schlummerrolle. Katzengestank schwängerte die Luft des matt durch eine Petroleum-Hängelampe erleuchteten Interieurs. Ungeschickt erzählte Onkel Fischer, was ihn berührte, dann legte er, probeweise, ein Fünfzigpfennigstück auf den Tisch. »Fir finf Dittchen is nich viel«, bemerkte die Alte trocken.

»Na probieren Se doch man erst«, stotterte Onkel Fischer.

Unwillig schloß sie die roten Augen; doch bald riß sie die Augen wieder auf und verdrehte sie tüchtig. Nach geraumer Zeit war sie durch Augenverdrehen genügend »verzückt«, wie dieser Zustand in ihrer Sprache hieß.

»So viel schwarze Kerls«, grunzte sie plötzlich, »mit Zigaretts . . . am Torweg . . . inne Nacht . . .«

Onkel Fischer war ganz Ohr. »Ja, ja«, flüsterte er.

Doch schon begann die Hellseherin wie ein Alligator zu gähnen und sprach mit ihrer gewöhnlichen Stimme. »Fir finf Dittchen is nich mehr.«

Enttäuscht opferte Onkel Fischer noch ein Fünfzigpfennigstück.

Der alte Rohrsessel knarrte jedesmal furchtbar, wenn sie »verzückte«, das wußte sie, und das nutzte sie aus. Doch ließ sie ihn für »finf Dittchen« weniger knarren als etwa für eine Mark.

Wieder begann das Augenverdrehen. Und wieder kam es: »So viel schwarze Kerls mit Zigaretts . . . einer mit blaue Hosen . . . der . . . reitet . . . eine lange Straß . . . auf ein braunes Pferd . . . sehr lange . . . Straß . . . Feldweg . . . Wegweiser . . .«

»Was steht oben?« rief atemlos der Hörer.

Die Katzwinkelsche »verzückte«, daß der Rohrstuhl brüllte. »Wehlau!« röchelte sie – gähnte wie ein Alligator und war wieder bei sich. »Na?« fragte sie, verschlagen grinsend.

Onkel Fischer schlug stumm mit der Hand, weil er vor

Erregung noch nicht sprechen konnte. Wehlau also! Ja, dort war morgen der große Pferdemarkt. Dort würden die schwarzen Kerls, Zigeuner natürlich, das gestohlene Pferd zu verschachern trachten. Der in den blauen Hosen war schon unterwegs auf Laura. Er mußte ihm nach und womöglich gleich. Eilig verabschiedete er sich von der Hellseherin.

Als er die Stubentür ungestüm aufriß, flog dicht davor eine ähnliche alte Dame hoch, die Klingenbergsche, die bei der Nachbarin an der Tür gelauscht hatte. Der erschrockene Onkel Fischer fand im dunklen Flur nicht gleich die Richtung und geriet unter die Flinsenpfannen. Die eine schlug ihm derb ans Kinn, und die nächste schien ihn festhalten zu wollen. Grausig war es! »Machen Se doch e bißche Licht, Frau Katzwinkel!« rief Onkel Fischer kläglich.

Sie erschien grau in der halboffenen Tür. »Wo soll einer hier jleich Licht hernähmen«, bemerkte sie etwas ungehalten. »De Trepp is rächts! Halten Se sich man rächts!«

Na endlich hatte Onkel Fischer »de Trepp« gefunden, und endlich war er, seinem Schöpfer dankend, draußen und rannte zum Bahnhof. Nach geraumer Zeit ratterte der Zug mit ihm ins schlafende Land hinein, an einsamen Stationen vorüber, wo in den Gärten noch die Nachtigallen schluchzten. Überall Gewitterwolken und Pferde. Heere von Pferden zogen in Fußmärschen durch die Nacht nach Wehlau. Pferdezüge rollten und rollten aus dem ganzen Reich daher. Es blitzte oft, und es wieherte beständig in der dunklen Schwüle. Es schnaufte und stob dahin. Wie Spuk war das Kommen der Pferde im Zwielicht der Nacht. Tausende kamen. Tänzelnd die Trakehner Hengste. Schwerere Pferde, die riesigen Ermländer, stelzten ihre hohen Schenkel automatisch nach Wehlau. Im Licht der Blitze marschierten die klobigen Gestalten der ostpreußischen

Wallache, Zöpfe an den Köpfen, etwas schwermütig zum Markt. Wenn der Blitz loderte, zuckten die Pferdeschlangen auf den Wegen.

Das Landstädtchen Wehlau träumte noch unter dicken Gewitterwolken, als Onkel Fischer seinen Einzug hielt. Zunächst begab er sich in ein solides Gasthaus und trank über den Durst. Vor lauter Verzagtheit. Sobald die Zeit erfüllt war, begab er sich etwas schräge auf den Pferdemarkt.

Die Sonne bändigte die Gewitterwolken, stach hindurch und beleuchtete magisch die große Pferdewiese, als der Bürgermeister von Wehlau die Worte sprach: »Meine Herren, der Markt ist eröffnet.«

Ganz vorn standen die Zigeuner mit ihren zähen kleinen Pferden, rieben ihnen den letzten Dreck ab und blickten aufgeregt und begierig nach allen Seiten. Schon setzten sie ihre Mäuler in Schwung. Onkel Fischer wurde von ihnen für den ersten Käufer gehalten und darum fast zerrissen. Ehe er protestieren konnte, liefen drei bis vier »Zigeunerkatzen« vor ihm die Hohe Schule, und hinter ihnen her rasten in zerschlissenen Hosen, peitschenknallend, ihre dunkelhäutigen Besitzer. »Hoi ... hoi ... hoi ...!« gellten sie. Die kleinen Pferde trabten, und die Zigeuner brüllten sich fast die Zungen los. Zwei von ihnen hingen wie Blutegel an Onkel Fischer und kreischten ihm die Vorzüge ihrer Pferde ins Gesicht und ins Genick. Wenn er begann: »Ich will ja gar nicht ... ich such ja bloß –«, schrien sie: »Wir wissen, was Se suchen! E scheenes Pird suchen Se!« Atemlos drehten sie ihn um und dumm, und zwischendurch spien sie einander, als Konkurrenten, an und verfluchten sich gegenseitig. Onkel Fischer riß sich bei einer solchen Gelegenheit los und entwich unter einem Zaun hinweg. Sinnlos torkelte er weiter.

Der Himmel war schon wieder finster geworden, das

Gewölk lief grünlich an. Lauernde Gewitter schienen der geflüchteten Sonne irdene Töpfe nachzuwerfen. Im Schein der grünlich geladenen Beleuchtung sah man ein dunkles, wieherndes Pferdechaos, eine nickende, schaukelnde, nervöse Pferdeflucht auf zertretener Wiese unter schwarzen Wolken, die zu platzen drohten.

Die Trakehner Hengste bäumten auf, verdrehten die Augen wie die Katzwinkelsche und wollten auf und davon. Ihre Erregung machte auch andere Pferde unruhig; immer mehr Beine gingen hoch. Einigen Pferden gelang es, sich loszureißen. »Hoi ... hoi ... hoi ...!« gellten die Zigeuner tückisch hinter ihnen her. Der ganze Markt geriet ins Drehen. Menschen überschlugen sich auf eiliger Flucht, lachten und zeterten vor Angst; denn die Pferde, die Pferde schienen wild zu werden – Tausende von Pferden!

Onkel Fischer war auf seiner Flucht und Suche wieder bei den Zigeunern angelangt. Hier ging der Handel ziemlich ungestört weiter. Ein dicker ländlicher Mann mit derbem Krückstock, die Schirmmütze im Genick, stand lächelnd hinter einer Pferdereihe, hatte eins der Pferde am Schwanze gepackt, und breit und gemütlich entquoll seinem Munde: »Wat sull de Kobbel koste?«

Beim Anblick dieses Pferdes, dieser »Kobbel«, die alle Zigeunerkatzen überragte, nicht so sehr durch Schönheit als durch einen langen Hals, tat Onkel Fischer einen Sprung; denn dieses Pferd war – Laura. »De Kobbel jehört mir!« schrie er wild. »Das ist mein Pferd! Laura! Laura!« Der lange Pferdehals reckte sich ihm unaufhaltsam entgegen, zärtlich wiehernd, dann nieste Laura vor Freude. »Herr Gendarm!« schrie Onkel Fischer. »De Kobbel jehört mir! Ist mir vor paar Tagen jestohlen. Sehen Se, Herr Wachtmeister«, weinte Onkel Fischer, »würd mir eine von die Zijeinerkatzen d'n Kopp anne Brust lejen?« Denn das tat Laura jetzt.

Die Zigeuner aber wollten nichts von dem Diebstahl wissen, zeigten brüllend das Weiße ihrer Augen und ihrer Zähne und sprangen wie galvanisierte Frösche durcheinander. Einer von ihnen riß sich das Hemd auf und schrie unter grotesken Verbeugungen: »Sollen w'r alle dot hinstirzen, wenn de Kobbel is jestohlen! Soll uns schlagen d'r Blietz ins Jedärm! Sollen w'r jespalten zur Hölle fahren ...« Da donnerte es, daß es krachte, und ein fürchterlicher Blitz sauste durch die Dunkelheit herab. Heidi! nahm der Schreier Reißaus über Zäune, über Pferde, durch dick und dünn. »Hoi ... hoi ... hoi ...!« gellte schadenfroh die lange Lümmelreihe vor der Sperre. »Lauf Zigan, lauf Zigan, hast das ›Pird‹ gestohlen!«

»Und blaue Bixen trug er auch«, flüsterte Onkel Fischer erschüttert.

HANS HELLMUT KIRST

Das Leben - ein Fest

Wenn es jemals in unserem abgelegenen Dorf Todfeinde gegeben hat, dann sind das die Bauern Kwass und Pokorny gewesen. Sie haßten sich, und nur hierin waren sie sich einig, »wie die Pest«. Das aber sollte zu einem der schönsten, rauschendsten Feste führen, die es wohl jemals in unserem Lande gegeben hat.

Die Gründe, die zu diesem erklärten Kriegszustand geführt hatten, mögen Außenstehenden als simpel erscheinen – sie sind das jedoch keinesfalls gewesen. Vielmehr hat es sich dabei um die Ehre gehandelt, um eine spezifisch ostpreußische noch dazu, womit wahrlich nicht zu spaßen war. Tiefste Gefühle waren schwer verletzt worden, und zwar vorsätzlich; und das schrie nach Rache. Kwass und Pokorny lechzten geradezu danach.

Der Bauer Kwass hockte im Süden des Dorfes, ein kleiner, gedrungener, spitznäsiger Mann mit schneller Zunge und flinken Augen. Er bewirtschaftete, gemeinsam mit seinem Sohn, der gemeinhin, und durchaus zutreffend, nur das »Riesenbaby« genannt wurde, einen stickigen, sauren Moorboden, der nicht sonderlich viel hergab, so daß er sich auf das Züchten von Enten verlegt, die ihm alsbald zur guten Einnahmequelle wurden – denn sie waren vorzüglich im Fleisch und besaßen zugleich einen herben, herzhaften Wildgeschmack.

Der Bauer Pokorny aber thronte im Norden des Dorfes, wo ihm umfangreiche Ländereien gehörten, dazu eine stattliche Herde Milchkühe und ein Schweinebestand, der in die Dutzende ging. So wirkte auch Pokorny selbst – wie eingebettet in füllige Fleischlichkeit, mit blanken Augen und gern gefalteten Händen. Seine nicht minder stattliche Frau stand in dem erstaunlichen Verdacht, Klavier spielen zu können, zumindest pflegte sie regelmäßig illustrierte Zeitungen zu lesen; und seine Tochter war nicht nur von großer Schönheit, sondern auch mit allen möglichen ostpreußischen Hausfrauenfähigkeiten begabt – sie konnte meisterhaft kochen.

So hätte denn Pokorny im Norden der zwar ungekrönte, doch weithin unbestrittene König unseres Dorfes sein können – wenn nicht, im Süden, dieser Kwass existiert haben würde. Denn der, und nur der, erkannte ihn nicht an. Mehr noch als das – der forderte ihn ständig heraus. Und das mit Methoden, die unbegreiflich gewagt erscheinen wollten.

Das begann völlig harmlos. König Pokorny hatte den Kärrner Kwass zu sich gebeten, mit der Großzügigkeit eines Mannes, der sich Entgegenkommen leisten kann – er wollte weiter nichts als das uneingeschränkte Jagdrecht auf den südlichen Moorwiesen. Er kredenzte dabei seinen selbstgebrauten Getreideschnaps. Doch Kwass roch lediglich daran, schob dann das Glas von sich und sagte:

»Besseres Wasser! Lauwarm noch dazu!«

Das aber war für Pokorny, nach landesüblichen Maßstäben, eine schwere Beleidigung, war wie ein Schlag ins Gesicht. Er vermochte ihn nicht zu überwinden, versuchte aber dennoch, sich zu beherrschen. Sie trennten sich voneinander wie schnuppernde, bißbereite Hunde. Fortan belauerten sie sich.

Der zweite schwere Schlag fiel dann nur wenige Wochen später, auf dem sommerlichen Schützenfest der Freiwilligen Feuerwehr. Dort pflegte sich Pokorny regelmäßig als Sieger zu präsentieren, nachdem er im voraus zielstrebige

Stiftungen gemacht hatte. In diesem Sommer jedoch machte ihm Kwass, der sonst nie ein Gewehr in die Hand nahm, wirksame Konkurrenz – er, nicht Pokorny, wurde Schützenkönig.

»Das«, schnaufte hierauf Pokorny, »ist eine Gemeinheit von dir!«

»Ich bin eben der Bessere«, sagte Kwass herausfordernd gelassen, »zumindest der bessere Schütze.«

Der dritte, nicht minder schwere Schlag, ließ dann nicht mehr lange auf sich warten. Bereits früh im Winter des gleichen Jahres verirrte sich in unsere Gegend ein Wolf. Und Pokorny begann sofort eine großangelegte Treibjagd zu organisieren, rief alle erreichbaren Männer auf, traktierte sie mit Branntwein und Brühwurst, verstieg sich zu einer Feldherrnrede – und mußte, genau dabei, erleben, daß Kwass herbeigekarrt kam und ihm den erlegten Wolf vor die Füße warf. Wortlos, doch grinsend.

Und damit war das Maß voll. Pokorny fand keine Worte für das, was man ihm anzutun gewagt hatte. Dann aber machte er sozusagen »reinen Tisch« – zumindest versuchte er das. Er erklärte: »Dieser Kerl ist mein geschworener Feind!« Und dann forderte er: »Jetzt muß man sich entscheiden – entweder für ihn oder für mich!«

Doch Pokorny hatte nicht mit der angeborenen Schlauheit seiner ostpreußischen Mitmenschen gerechnet – vermutlich konnte er das auch gar nicht mehr; er hatte sich daran gewöhnt, daß man seine Wünsche wie Befehle entgegennahm. Damit jedoch war er einer nicht unbedenklichen Täuschung erlegen. Denn diejenigen, die er heimlich und bereitwillig für seine Untertanen gehalten hatte, ergeben seinen mächtigen finanziellen und wirtschaftlichen Möglichkeiten, sie schienen sich, den Umständen durchaus angemessen, als kluge Rechner zu erweisen.

Sie sagten sich nämlich: der will was von uns – und scheint es sich sogar einiges kosten lassen zu wollen. Mal sehen: wieviel! Und so meinten sie dann listig: dieser Kwass ist gelegentlich auch uns ein Dorn im Auge; doch eine gewisse Daseinsberechtigung kann selbst ihm wohl keiner absprechen. So müsse, wurde Pokorny versichert und Kwass hinterbracht, zunächst jeder erst einmal zu beweisen versuchen, wo nun, überzeugend, die wirklich wahren Werte vorhanden seien.

Diese freudig ausgebrütete doppelte Herausforderung sollte denn auch alsbald die seltsamsten Blüten treiben. Pokorny und Kwass versuchten sich gegenseitig – angeblich im Dienst an der Gemeinschaft – zu übertreffen: stiftete der eine eine neue Feuerspritze, stiftete der andere drei Schlauchlängen und ein besonders lautstarkes Feuerhorn dazu; ließ der eine für die Schulkinder einen Spielplatz bauen, kaufte ihnen der andere Faust-, Medizin- und Fußbälle; versorgte der eine eigenhändig zwei Heldenwitwen, ließ der andere von ebendenselben, gut bezahlt, versteht sich, eine schöne Kriegervereinsfahne sticken. Und schließlich bauten beide sogar an einem neuen Ehrenmal.

»Du, Pokorny«, versicherten seine Mitbürger wie gerührt, »bist gewiß ein guter Mensch – aber dieser Kwass gibt sich immerhin auch einige Mühe.«

»Aber wie lange noch!« rief dann Pokorny, durchaus zuversichtlich. »Dem geht bald die Luft aus, wenn der so weitermacht. Der hat jetzt schon mehr Schulden als Haare auf dem Kopf. Nicht mehr lange, und der wird vor mir winseln. Denn jetzt werde ich mal die Kirche renovieren lassen – und da kann der nicht mithalten.«

Vermutlich wäre es denn auch so und nicht anders gekommen – mit einem Pokorny hätte ein Kwass, in rein finanzieller Hinsicht, auf die Dauer niemals Schritt halten können. Kwass hatte sich eben auf eine Art Glatteis locken lassen wie ein Esel. Sein Ruin wäre ziemlich sicher gewesen, wenn sich nicht inzwischen – von allen unbemerkt – ein Ereignis angebahnt hätte, das alsbald zu denkwürdigsten Überraschungen führen sollte.

Denn weder die das Feuer schürenden Dorfpolitiker noch die mächtig amüsierten Mitbürger und schon gar nicht die verbissen eifrigen Hauptakteure, Pokorny und Kwass, hatten auf eine Begegnung geachtet, die anläßlich der Einweihung einer neuen Ehrentafel aus deutschem Marmor, Stifter also Pokorny, in der Kirche stattfand – das »Riesenbaby« des Kwass war auf die prächtige Pokornytochter geprallt. Er hatte sie angestarrt, und sie schlug, blinzelnd, die Augen nieder. Mehr geschah im Augenblick nicht – aber damit war bereits alles geschehen.

Etliche Tage später stolperte dann das »Riesenbaby« über das Prachtkind, das im benachbarten Walde saß, genau an jenem Fußweg, der zu einem der vier Weiher mit den Kwass-Enten führte. Und das »Riesenbaby« blieb, wie angewurzelt, stehen, starrte sie nur an, sagte also lange Zeit nichts, was jedoch Bände sprach.

Schließlich erklärte er mit mächtiger Begeisterung: »Du bist eine Wucht!«

Und die prächtige Pokornytochter sah ihn lächelnd an und sagte: »Kann sein, daß ich in deinen Augen eine Wucht bin – aber was willst du damit anfangen?«

»Alles«, entgegnete der wortkarge Riesensohn des Kwass feierlich.

Und damit waren sie verlobt.

Als Pokorny das erfuhr – und es war seine eigene Tochter, die ihn darüber aufklärte –, glaubte er seinen Ohren nicht zu trauen. Kurze Zeit zog er auch in Erwägung, Opfer eines Scherzes, eines denkbar schlechten Scherzes geworden zu sein – doch er erkannte schnell, daß so etwas in Ostpreußen, einem Vater gegenüber, einfach undenkbar war; was aber bedeutete: die Sache war ernst. Er überwand seine Bestürzung und erklärte kategorisch: »Jeden anderen – den nicht!«

»Nur den«, sagte die Tochter.

Hierauf durchquerte Pokorny, mit einer Schrotflinte in der Hand, hochrot und schnaufend das Dorf – von Norden bis zum Süden. Vor dem Gasthof machte er vorsorglich Station und brüllte nach Kwass, das jedoch vergeblich – doch immerhin mit dem Erfolg, daß das Dorf in freudige Erwartung geriet und unmittelbar Anteil zu nehmen begehrte. Kwass selbst wartete vor dem Tor seines Hofes – gleichfalls mit einer Schrotflinte in der Hand.

So standen sie denn einander gegenüber, auf zwanzig Schritt Entfernung etwa, und blickten sich grimmig an. Herbeigeeilte Mitbürger, jedoch nur Kinder und Männer, hatten respektvoll Abstand genommen; wußte doch jeder von ihnen, was ein Schußfeld war und wie groß die Streuung einer Schrotflinte. Etliche Frauen lauerten im Hintergrund. Angespannte Stille zunächst.

Dann rief Pokorny bebend zu Kwass hinüber: »Dein Sohn hat seine dreckigen Pfoten nach meiner Tochter ausgestreckt!«

Und Kwass rief verkniffen zurück: »Blöd mag er sein – aber so blöd ja nun auch wieder nicht!«

»Das«, schrie Pokorny, »hat mir meine Tochter selbst gesagt!« Diese Eröffnung traf Kwass – dennoch versuchte er, verächtlich aufzulachen.

»Wenn du unbedingt Streit haben willst, dann brauchst du das nur zu sagen – aber versuche nicht noch einmal zu behaupten, daß mein Sohn seinen Vater hintergeht, noch dazu mit einem Weibsbild, das deine Tochter ist!«

»Schußfeld frei!« schrie Pokorny auf und fuchtelte mit seiner Flinte.

Doch hinter Kwass war inzwischen das »Riesenbaby« aufgetaucht und schritt jetzt gemütvoll-gewichtig, nilpferdhaft, an seinem Vater vorbei, Pokorny entgegen. Genau mitten zwischen diesen blieb er stehen, verschränkte die Hände über der Brust und schien kindhaft zu lächeln.

Dann sagte er zu seinem Vater: »Willst du auf deinen Sohn schießen?«

Und zu Pokorny sagte er: »Willst du auf den Vater deines Enkelkindes schießen?«

Hierauf senkten Kwass und Pokorny die Flinten, starrten den mächtigen Menschen zwischen sich an, gingen dann auf ihn zu, blieben vor ihm stehen. Kwass holte weit aus und verabreichte seinem Sohn eine schallende Ohrfeige.

»Dies als dein Vater«, sagte er. Und dann schlug Pokorny zu; es knallte wie ein Schuß. »Dies als dein Schwiegervater«, sagte er.

»Dann können wir ja Hochzeit machen«, sagte das »Riesenbaby« grinsend.

Das aber war, nach Lage der Dinge, wohl unvermeidlich geworden – beide sahen das denn auch ein; murrend, sogar fluchend, gegenseitige Verwünschungen aussprechend. Doch sie einigten sich alsbald, immer noch mit ihren Schrotflinten im Gelände stehend; sie legten den nächsten besten Hochzeitstermin fest, die Mitgift, die Erbregelung. Alles das geschah ziemlich großzügig, denn sie hatten es eilig, sich wieder aus den Augen zu verlieren. Die angesammelten, auf respektvolle Entfernung zurückgescheuchten Mitbürger vernahmen zwar nichts davon, ahnten jedoch vieles – und sie erkannten mit ihrem sicheren Instinkt: abermals bahnte sich im Dorfe Großes an.

»Die Hochzeit«, meinte dann Kwass mit verdächtiger Biederkeit, »werde ich ausrichten – so was kann ich besser als du. Denn bei dir wird man womöglich wieder lauwarmes Wasser als Schnaps vorgesetzt bekommen.«

»Das kommt gar nicht in Frage!« rief Pokorny sofort und entschieden. »Hochzeiten finden grundsätzlich im Hause der Braut statt. Und das eine kann ich dir versichern, Kwass – es wird eine Hochzeit geben, an die noch unsere Kinder und Kindeskinder mit Tränen in den Augen zurückdenken werden.« Was dann auch stimmen sollte.

»Also gut«, meinte Kwass, wie nachgebend. »Dann werde ich mich also darauf beschränken, für meinen Sohn einen Polterabend zu veranstalten.«

Was diese Ankündigung zu bedeuten hatte, war Pokorny sofort klar – dieser Kwass würde versuchen, ihm sozusagen den Wind aus den Segeln zu nehmen. Das jedoch, schwor Pokorny sich, vergeblich! Dem würde er es zeigen – und dem ganzen Dorf dazu. Und genau darauf wartete denn auch das ganze Dorf.

Sie verabschiedeten sich, ohne sich die Hand zu reichen. Das stumm danebenstehende »Riesenbaby« wurde keines Blickes gewürdigt, weder vom Vater noch vom Schwiegervater. Aber das war dem nur recht. Des Dorfes verdienstvoller Sohn eilte flugs zum Wald hin, wo er sein prächtiges Marjellchen traf und dann dort das entstehen ließ, was er bereits vorsorglich angekündigt hatte – ein Enkelkind. Und zu dessen zukünftiger Mutter sagte er lediglich, wortkarg wie immer: »Sicher ist sicher!«

Fast zur gleichen Zeit begannen auch die Väter, an ihren Plänen zu schmieden. Jeder gedachte den anderen möglichst wirkungsvoll zu übertreffen. Und die Bürger des Dorfes waren mit Wonne bereit, sich davon überzeugen zu lassen. Sie sollten nicht enttäuscht werden.

Zunächst fand eine Art Arbeitssitzung aller Vorstände und Führungsgremien der örtlichen Vereine und Verbände statt – sie sollten Organisationspläne erstellen und Vorschläge für die Festgestaltung vortragen. Das war des Kwass Idee gewesen, doch Pokorny übernahm sie unverzüglich, beteiligte sich an den Unkosten, erweiterte diese illustre Gesellschaft durch Bürgermeister, Gemeinderat, Pfarrer, Kirchenvorstand, Amtsvorsteher, Bauernverbandsfunktionäre. Zwar kam bei dieser Veranstaltung nichts weiter heraus als eine große Besäufnis – doch die genügte völlig.

»Da bahnt sich ja allerhand an,« sagten einige Frauen, die ihre Männer abschleppten.

Daß dem tatsächlich so war, ließ sich alsbald bei den Kwass-Vorbereitungen zum sogenannten Polterabend erahnen – nichts anderes, nichts Geringeres schien dem vorzuschweben als ein Volksvergnügen größten Ausmaßes. Damit brachte er sich zwar bis an den Rand des Ruins, aber das war ihm vollkommen gleichgültig. Unbedenklich opferte er an die zweihundert seiner fleischhaltigen, nach Wild schmeckenden Moorenten dafür; und dazu drei Stück Rindvieh und fünf Mastschweine. Auch soll er sogar einen Hektar Wald verkauft haben.

Das Ergebnis war denn auch ungewöhnlich. Der Tag des Polterabends begann mit einem Fest für die Kinder – sie hüpften in Säcken, trugen Eier auf Löffeln zielwärts, schnappten nach hängenden Würsten und wurden mit Sahnebonbons randvoll gestopft. Mehr als zehn Prozent aller Teilnehmer soll noch am gleichen Abend, wonnig stöhnend, an herrlicher Magenverstimmung gelitten haben.

»Was – nur zehn Prozent?« fragte der mißtrauisch beobachtende Pokorny mit leicht verächtlichen Untertönen, wobei er jedoch recht angestrengt wirkte.

Am Abend gab es ein Tanzvergnügen im Gasthaus – jeder Mitbürger des Dorfes, sofern erwachsen, war eingeladen. Bier in jeder gewünschten Menge stand zur Verfügung, Schnaps auch. In den Pausen wurden schüsselweise Stärkungen herumgereicht: unterarmlange saftige Fleischwürste, fettblanke Heringe, dickwulstige gebratene Klopse. Zwei vereinigte Blasorchester tönten, daß die Wände zitterten und der Kalk rieselte.

»Ganz schön laut«, sagte Pokorny im Ton mühsamer

Anerkennung. »Aber ich habe da auch so meine Überraschungen – und das wirst du morgen zugeben müssen, Kwass, wenn du ehrlich bist.«

Pokorny hatte - für den Tag der Hochzeit – alle Quellen angezapft, die überhaupt erreichbar waren. Und nicht nur zwei Blasorchester spielten für ihn, sondern sogar drei; nacheinander. Und die konnten sich ebenso hören wie auch sehen lassen. Das Dorf war voller Blechmusik.

Während der Trauung konzertierte die kirchliche Bläsergemeinschaft des Kreises – ein Posaunenchor; in blauen Anzügen, mit weißen Schillerkragen und eingeübt feierlichen Gesichtern. Auf dem Weg zum Brautvaterhaus geleitete die Feiergäste eine Gruppe Hornbläser in verblichenem Jagdgehilfengrün, doch beachtlich lungenstark – sie ließen fröhliche Weisen erklingen, Volksliedhaftes, Marschähnliches, Halali und Weidmannsheil. Letztgenanntes später dann auch, höchst sinnig, vor den Fenstern des Schlafzimmers des jungen Ehepaares, was aber kaum noch nötig war.

Den musikalisch-stimmungsfördernden Höhepunkt lieferte das von Pokorny verpflichtete Orchester des traditionsbewußten Osteroder Infanteriebataillons. An die dreißig ausgesuchte Mann, unter der persönlichen Leitung eines halbwegs im Offiziersrang befindlichen »Musikmeisters«, waren auf ein im Garten aufgebautes Podium plaziert worden. Hier intonierten sie zunächst, während des ersten großen Festmahles – es gab deren drei – Hochkünstlerisches, mit militärischem Fleiß dargeboten, einiges von Rossini, etliches von Strauß und Lehár, dazwischen immer wieder, was sicher gut für die Verdauung war, einheimische Marschmusik.

»Gar nicht schlecht«, würgte Kwass hervor. Das feststellen zu müssen, widerstrebte ihm mächtig – doch er stellte es fest. Denn der Ostpreußen ausgeprägter Sinn für Gerechtigkeit beherrschte auch ihn, sogar, wenn es sich um einen Pokorny handelte. Und der wußte das. Die Festgäste wußten das natürlich auch. So ließen sie sich denn niemals völlig ablenken – weder durch die Blasmusik, nicht einmal von den Bratenschüsseln und schon gar nicht durch das Brautpaar – das beachtete kaum einer und ihm war das nur recht. Hauptpersonen waren Pokorny und Kwass, um die allein ging es. Und was auch immer bei dieser entscheidenden Begegnung herausspringen würde, ob nun weitere Todfeindschaft oder neue Freundschaft fürs Leben – für die lieben Mitbewohner ergab sich eine Fülle von Möglichkeiten; aber eben die galt es rechtzeitig zu erkennen.

Pokorny jedenfalls hatte sich in erhebliche Unkosten, finanzieller und sogar auch geistiger Natur, gestürzt – er hatte organisiert, alle Vorbereitungen persönlich überwacht, hier und dort mit Hand angelegt, nur um Kwass zu einer öffentlich geäußerten Anerkennung zu zwingen. Das allein wäre sein vollkommener Triumph gewesen.

Und dem glaubte er denn auch nahe zu sein. Mal hochrot und schweißglänzend vor Anstrengung, dann wieder fahl, fast grau im Gesicht, oftmals schnaufend, gelegentlich keuchend hustend, dirigierte er die Freßschüsseln herbei und ließ sie vor Kwass aufbauen – die Schweinebraten, Rehrücken und Kalbsköpfe, die goldbraun gebratenen Gänse, Hühner und Tauben, die Aale in Gelee und die Karpfen in Bier, die wonnig bibbernden Sülzen, die handwarmen Kuchen, die schwerduftenden Süßigkeiten.

»Nun ja, nun ja«, meinte Kwass, dem das Wasser im Munde zusammenlief, »das ist gewiß nicht wenig.« Er griff nach einem Hühnerflügel und kaute daran; hierauf probierte er die Kruste des Schweinebratens; sodann ließ er ein kindskopfgroßes Stück Sülze in sich hineingleiten, schob zwei Stück Marzipan nach sowie das mildfleischige Mittelstück eines Aales. »Recht beachtlich«, mußte er zugestehen.

»Was fehlt denn noch?« wollte Pokorny nahezu erschöpft wissen.

»Der Schnaps«, sagte Kwass sachverständig. »Ein Schnaps, der einem Fest wie diesem angemessen ist – der aber müßte denkbar hochprozentig sein, kristallklar wie Quellwasser und noch dazu gletscherkalt. Das aber, Pokorny, kannst du nicht schaffen – nicht in dieser Jahreszeit, mitten im Hochsommer.«

»Das«, erklärte nunmehr Pokorny, schwer schnaufend, jetzt mit einem Gesicht wie eine rotreife Tomate, und so, als hätte er ein Leben lang lediglich auf diesen Augenblick hingearbeitet, »das kann ich dir bieten – genau das.«

Und nun winkte Pokorny, mit großer Geste, seinen ersten Knecht herbei, der zugleich auch sein wohl einziger Vertrauter war – und der schien auf diesen Wink gelauert zu haben. Und der transportierte herbei: einen waschwannengroßen Eichenholzkübel, der bis zum Rand mit faustgroßen Eisstücken gefüllt war – und mitten darin gelagert: ein halbes Dutzend Flaschen.

Kwass staunte ehrlich. Er sah fast andächtig zu, wie Pokorny diesem klirrenden Eisgewässer eine Flasche entnahm, sie zeremoniell aufkorkte, zwei Gläser füllte – eins davon wurde ihm hingereicht. Und Kwass roch daran – roch schweren Waldesduft, der besagte, daß dieser Schnaps über abgelagerten Wacholder geflossen war. Kwass kostete davon – und er kostete betäubende Schwere, berauschende Schärfe, die jedoch frei von jeder aufdringlichen Genußgewalt war, ungemein wohltuende Hochwinterkälte kam hinzu, der allein es gegeben war, dem Gehirn dampfende Dumpfheit zu ersparen.

Kwass trank sein Glas leer und sagte dann: »Herrlich!«

Und damit war alles gesagt. Pokorny atmete auf, stieß hastige Töne der Befriedigung von sich, füllte des Kwass Glas erneut und blickte dann beglückt und mächtig erregt um sich. Er hatte triumphiert. Und seine Umgebung rief »Hurra!«, auch »Bravo!«, und auch »Gott sei Dank!« Einer ungemein heiteren Harmonie stand nun nichts mehr im Wege.

So tranken sie dann gemeinsam, speisten sich durch die Stunden, durchtanzten verdauungsfördernd die Nacht, tanzten sogar nach den Klängen des »Deutschlandliedes« einen flotten Schieber, ohne sich irgend etwas dabei zu denken. Sogar ohne jemand zu finden, der ihnen eingeredet hätte, daß sie sich einiges dabei hätten denken müssen – denn Pfarrer und Bürgermeister lagen bereits unter dem Tisch. Ein einzigartiges Fest und niemand, der es störte.

Pokorny und Kwass rückten näher aneinander, nachdem sie die erste Flasche geleert hatten; sie begannen, sich nach der zweiten gemeinsamen Flasche auf die Schultern zu schlagen. Bei der dritten Flasche umarmten sie sich bereits. Die gleichfalls großzügig traktierten Musiksoldaten intonierten gerade das schöne Marschlied von den »Alten Kameraden«, als Pokorny, rauschhaft begeistert, mit heißglänzenden Fieberaugen, die vierte Flasche öffnete. Er fegte die normalen Schnapsgläser vom Tisch und zog zwei Wassergläser herbei – und die füllte er bis zum Rand.

Er trank sein Glas in einem Zug leer. Stehend. Danach, wie salutierend, rief er aus: »Auf unser geliebtes Ostpreußen und seine Menschen!« Worauf er zusammenbrach, wie wenn ein kurzer, heftiger Sturm ihm beide Beine geknickt hätte. Gleich einem gefällten Baum lag er da – und war tot.

»Herrgott!« rief der Kwass leicht taumelnd aus. »Das wird ein Begräbnis werden! So eins hat diese Welt noch nie gesehen – dafür garantiere ich.«

Doch durch die starrende, erstarrte, ungläubige, hilflose, völlig verwirrte Menge der Festgäste, die nun unvermeidlich Trauerfeierteilnehmer geworden waren, schob sich das bisher nahezu unbeachtete »Riesenbaby«, stellte sich breitbeinig auf und erklärte, als habe er den Kantschen Imperativ vorzutragen: »Ein Fest von der gleichen Qualität wird diesem folgen – aber erst dann, wenn mein werter Vater dem Vater meiner lieben Frau gefolgt ist. Das wird von mir garantiert.«

Das, so erkannten unsere Dorfbewohner sogleich, war

ein Machtwort – und ein ziemlich verbindliches noch dazu. Denn Kwass hatte sich bereits ruiniert; und die Reste des Pokorny-Vermögens gehörten nunmehr dessen Tochter und damit auch deren Mann, also dem Kwass-Sohn. Der allein war in dieser Nacht zur maßgeblichen Persönlichkeit des Dorfes geworden. Und dessen schien er, der bisher Unbeachtete, sich denn auch voll bewußt zu sein. Er legte einen seiner mächtigen Arme auf die wohlgerundeten Schultern seiner Frau und schritt mit ihr davon.

Und so kam es, daß in unserem Dorf – wenn auch zumeist nur sehr still und äußerst heimlich – nichts sehnlicher erwartet wurde als der Tod des Bauern Kwass. Allein sein Dahinscheiden vermochte das Tor zu neuerlichen Festesfreuden voll und ganz zu öffnen.

Menschen sind nun mal so.

JOHANNA WOLFF

Der Gang nach Ragnit

Es war im Anfang der sechziger Jahre zu Tilsit in Ostpreußen, da trat an einem Sommer-Sonntagmorgen, früh, da es noch tauig lag, eine einfache Frau aus einem Häuschen ganz hinten auf der Meerwisch.

Die Frau führte ein Kind an der Hand, ein Mägdelein, rundköpfig war's und kräftig gebaut, es mochte nicht ganz fünf Jahre zählen. Mutter und Kind waren sonntäglich angetan; über beiden lag es seltsam feierlich, als hätten sie einen besonderen Ausgang vor. Die Frau war nicht mehr jung; sie hatte volles, dunkel gewelltes Haar und dunkle, bange Augen in einem blassen Gesicht, das vergrämt aussah.

Das Kind an ihrer Hand war helläugig, die blonden Haare, rund um den Kopf geflochten, lagen in zwei festen kleinen Zöpfen dicht im Nacken. Behende schritt es aus und sah die Mutter an mit jener Art Verständigkeit, die einzigen Kindern eigen zu sein pflegt.

Sie gingen schweigsam durch kleine Straßen mit holprigem Pflaster, und die Kinderhand war es, die die Hand der Mutter anzog, wenn da ein Loch vor ihnen war, oder ein Stein, gegen den sie hätte stoßen können. So kamen sie auf die Landstraße, die über die Freiheit hinaus nach dem Städtchen Ragnit führte.

»Komm, Hanneken,« sagte die Mutter und saß nieder an der Ecke des ersten Kornfeldes; sie zog sich Schuhe und Strümpfe aus, das Kind tat's ihr ungeheißen nach.

Die Frau steckte sich den guten Oberrock hoch und Hanneken war sofort dabei, mit seinem Röcklein das gleiche zu tun. Die Mutter war ihm behilflich und band sich und ihm ein säuberlich gewaschenes und gesteiftes Tüchlein wie eine Haube um den Kopf. Des Kindes Hand griff auch flugs nach dem Bündelchen, in dem nun die Schuhe und Strümpfe steckten, aber die Mutter wehrte ihm. »Wirst noch müde genug werden,« sagte sie, und dann schritten sie wiederum fürbaß. Es war eine gute deutsche Meile, die man zu wandern hatte, bis man nach Ragnit kam.

Die Sonne war hochgestiegen, es fing an heiß zu werden. Der Tau war verschwunden, und blau lachte der Himmel, so weit man sehen konnte. Aber ein frischer Wind ging daher. Hanneken hörte ihn leise knittern in dem gesteiften Tuch an seinen Ohren. In sich versunken tat die Mutter einen Schritt nach dem anderen, und das Kleine fühlte die schweren Gedanken neben sich hergehen und fühlte sie wie eine Last in dem Sonnenschein, der so licht war. Leise machte es sich los und trabte für sich; es schaute den Lerchen nach, die vor ihm am Feldrain aufwirbelten, es pflückte Schafgarbe und hellblaue Zichorienblüten. Dann wieder rannte es hinter der Mutter her und maß sich an den hohen, frisch gekalkten Meilensteinen, jeden einzelnen umfaßte es und drückte sie der Reihe nach an sich in unbewußter Lust. Und die Sonne zitterte, und der Himmel war hoch und tief. Hanneken fühlte etwas Wohliges in sich, wie es mit den nackten Füßen den glatten, feinen Staub der Landstraße trat. Der war wie Mehl, sanft und weich; zwischen den Zehen quoll er durch und machte kleine Wölkchen, wie Rauch. Ein Gefühl der Macht lag darin, diese Wölkchen stäuben zu lassen, und das Kind nutzte diese Macht aus und stäubte gründlich.

»Hanneken,« rief die Mutter plötzlich, »Jesus, Kind, wie hast du dich zugerichtet.« Die gekalkten Meilensteine hatten es gut gemeint, der Staub hatte ein übriges getan, dazu der Schweiß, der dem Kind unter dem dichten Kopftuch hervorperlte.

Die Frau hob die erhitzte Kleine über den Chausseegraben und nahm ihr das Tuch ab; bei einem blühenden Erbsenfeld saßen sie nieder auf dem roten Thymian, der so schöne Polster machte. Hanneken wurde gesäubert und bekam eine Semmel mit Pflaumenmus gestrichen in die Hand, dazu pflückte es junge Schoten ab von den Ranken, die in den roten Thymian herüberhingen. Auch der Mutter legte es eine Handvoll Schoten hin. Die aber hatte die Arme um die hochgezogenen Knie geschlungen, ihr Kopf war tief gebeugt. Hanneken wußte es schon: Die Mutter weinte wieder. Es stand, die Mussemmel in der Hand, und wußte nicht, ob es zubeißen oder mitweinen sollte. Und plötzlich umfaßte die Frau das Kind, drückte sich an den kleinen, weichen Körper und schluchzte so krampfhaft, daß die stoßenden Bewegungen den Leib des Kindes erschütterten. Hanneken konnte dem Ausbruch nicht standhalten, es brach in die Knie, die Schoten fielen ihm aus der Hand und die Mussemmel rollte in den Chauseegraben.

Auf einem Häuflein lagen die beiden und weinten in das duftende Thymiankraut. Die Kopftücher hatten sich verschoben, die Sonne brannte, sie aber merkten es nicht. Und abgebrochen erzählte die Frau dem Kinde, daß sie zum Vater gingen, daß er wieder »da« sei und Arbeit genommen habe in Ragnit, und daß heute Vaters Geburtstag sei.

Und hinter den Worten stand ein großer Menschenkummer, den sagte die Frau nicht, den aber fühlte das Kind.

Es verstand so gut und genau, als hätte die Mutter zu einem Erwachsenen gesprochen; und plötzlich wurde ihm bewußt, daß es diesen halblauten Klagen nicht zum erstenmal zuhörte. Und feiner und klarer als die Mutter selber empfand das Kind das Hoffnungslose der Lage, und daß es

nie mehr anders kommen würde. Immer war es dagewesen, jenes Schwere, Unverständliche, aber Hanneken erlebte es erst jetzt. In dem großen Sonnenschein hob sich das Betrübliche und stand wie ein grauer Berg. Wie konnte nur so viel Licht da sein, so viel Blühen und Vogelsingen, wenn das andere, das Dunkle auch da war? Hanneken meinte nur für eines Raum zu haben in sich. Und ein anderer Eindruck grub sich fast gleichzeitig ein: Das Bewußtsein eines Lebensunterschiedes zwischen den Menschen.

Ein Wagen fuhr daher. In blinkendem Geschirr schnaubten die schönen Pferde vorüber; die trugen bunte Büschel an den Ohren und warfen die Köpfe hoch. Hanneken sah ihnen nach; es stand etwas auf in ihm: Mit der Mutter sitzen in jenem Wagen mit dem blinkenden Geschirr, hineinfahren in die Sonne, die zitterte, in das Blaue dort fern am Saum!

Das Gefährt verschwand. Hanneken fühlte ein fremdes Emporbäumen in sich. Wünschen und Begehren hatten zum erstenmal bewußterweise sein Herz erfaßt, und ein wehes Verständnis kam ihm, daß nicht alles Sehnen auf der Welt erfüllt sein konnte. Ein Leiterwagen holperte hinterher. »Willst mit?« fragte der Kutscher. Die Mutter nickte und reichte ihm das Kind hinauf, dann stieg sie nach und setzte sich zufrieden auf das hintere Wagenbrett. So fuhr man bis zum kleinen Gutshof, der dicht vor Ragnit lag. Man war hingekommen, und es kostete nur Handschlag und freundlich Wort. Hanneken aber dachte noch an die schönen Pferde, die vorüberschnaubten und den Kopf so stolz zurückwarfen ...

An der großen Holzpumpe wurde getrunken, man wusch Gesicht und Hände und Füße; Schuhe und Strümpfe wurden angezogen und die Röcke heruntergelassen, dann ging's hinein in das Städtchen.

Und die Frau hebt das Kind hoch und hält es gegen ein großes Fenster. Hanneken sieht drinnen von einem kleinen Schemel einen Mann aufspringen, der wirft das Haar zurück und die Arme hoch und stürmt heraus. Er packt die Frau und packt das Kind, er schwenkt die Kleine hoch und ruft immer wieder: »Min Hanneken! Min Hanneken!«

Dann sitzen die drei in dem dämmerigen Raum; es ist eine Schusterwerkstätte. Die kleinen Arbeitstische stehen rundum mit den hellen Glaskugeln, in denen buntfarbig die Sonne spielt; wunderliche Geräte liegen umher.

Hanneken löst sich von den beiden, die es zwischen sich halten wollen, und geht wieder für sich und besieht sein Gesicht in den Kugeln und tritt in den Spannriemen und befühlt die gelben Stiele von Hammer und Ahle. Der Mann streichelt die Hände der Frau; dicht an ihrem Ohr spricht er auf sie ein, sein Ton ist demütig und sacht, als hätte er viel gutzumachen.

Sie lehnt den Kopf an seine Schulter; mit den bangen Augen sieht sie zu ihm auf, und der vergrämte Zug aus ihrem Gesicht verliert sich; ein scheues Lächeln kommt ihr, eine Frohheit, daß sie getan hat, wie sie getan.

Sie wußte es ja, sie hat es immer geglaubt: Der Vater ihres Kindes war gut, seelengut. So zart konnte er sein und so zärtlich! Hätte sie sich sonst, schon in späteren Jahren stehend, mit ihm zusammengetan? Mit dem Witwer, der einen flotten, erwachsenen Stiefsohn hatte?

Es wäre auch schön gewesen, mit diesem Manne zu leben, gescheiter war er als andere und galt etwas in seinem Gewerk. Aber, aber – von Zeit zu Zeit kam es über ihn, schnürte ihm die Brust zusammen wie mit einem Reifen. Dann half alles nichts, er mußte den Reifen sprengen, mußte fort, so weit der Himmel blau war. Weithin übers Land wanderte er, oder in das Getriebe großer Städte.

Niemand wußte von ihm, wie verloren war er, wie gestorben für Weib und Kind. Er war in seiner eigenen Werkstatt Meister gewesen, aber die Kundschaft hatte sich nach und nach verlaufen, alles war auf diese Weise dahingefahren, Meisterschaft und Besitz. Von seinem Handwerk nährte er sich unterwegs, lebte von der Hand in den Mund. An die Seinen, die um ihn sich ängstigten, gedachte er dann nur wie in einem Traumwandeln.

Wenn er nach Hause zurückkehrte, war der gute Anzug, den er mitgenommen hatte, zerschlissen, seine eigenen Stiefel durchlöchert, die Hemden aus dem Ränzel verschwunden oder in Fetzen. Aber ein seltsames Leuchten brachte er mit in den Augen, und für eine Weile war Ruhe und Stetigkeit über ihm, und er arbeitete für zweie.

Dann versammelten sich um ihn die Nachbarn; bis tief in die Nächte hinein saßen sie mit ihm und hörten ihm zu. Der konnte erzählen! Die Worte fielen ihm leicht von den Lippen, wenn er vortrug von der Welt, von dem Leben und dem Reichtum der großen Städte. Bis Berlin war er gekommen! Man schauerte vor Aufregung. Es war etwas Außerordentliches mit diesem Mann, etwas Geheimnisvolles, man hatte eine scheue Achtung vor seiner Art, die irgendwie berechtigt sein mußte.

So dachte auch die Frau, deren Hände er streichelte. Am besten war's, ihm gut zu sein, ihn zu nehmen, wie er einmal war. Zank und Streit änderten nichts an ihm, die bangen dunklen Augen aber und das Kind hatten Macht. Und Hanneken kam wieder und streckte seinen festen, runden Kopf zwischen die beiden, und sah den Vater an mit fast scheuem, forschendem Kinderblick. Der Mann sprang auf und schlug sich vor die Stirn. Aus dem kleinen Spind holte er etwas heraus, das war sorgfältig eingewickelt. Kleine Stiefel waren es, grau mit blauer Seide gesteppt, mit blauen Schnürsenkeln und blauen Seidentroddeln, wie man sie damals zu tragen pflegte.

Er hatte sie selber bringen wollen, er hatte nicht, wie sonst, mit leeren Händen auftauchen wollen, den fragenden Augen seines Kindes gegenüber. Nun hatten ihn die beiden überrascht. Hanneken wurde auf den Schemel gesetzt und bekam die Stiefelchen an, die alten schäbigen Schuhe flogen in den Winkel.

Das war schön! Was war das für ein herrlicher Vater, der so etwas machen konnte! Dem mußte man doch zulachen. Und wie das paßte. Nichts drückte. Die Zehen wurden befühlt; sie konnten sich strecken; in den alten mußten sie sich schon ein wenig zusammenkrümmen.

Hanneken trat auf und ging. Das war am Ende noch schöner, als mit nackten Füßen durch den glatten Chausseestaub zu wandern! Immer wieder hob das Kind sein Röckchen auf und besah seine Füße, und die blauen Seidentroddeln leuchteten. Ach, die blauen Troddeln! Dieser kleine, wundervolle Überfluß; ein Glänzen ging davon aus, das eine lange, dunkle und verlassene Jugend erhellen mußte.

FRIDA JUNG

Dickkoppsche Nadeln

Wir lebten, wie es damals allgemein Sitte war, sehr einfach. Man trank nicht zu jeder Mahlzeit die Milch so schlankweg, wie sie aus der Kuh kommt. Das gab's höchstens zum Mittagessen. Zum Abendbrot wurde der Schmand davon sorgfältig abgeschöpft. Und wenn dieser sich bald darauf im Butterfaß unter den Händen der Schwester in Butter verwandelte, so bekamen wir davon auch nicht gerade fingerdick auf unser Brot gestrichen. Denn hiervon hatte wiederum ein Teil die Verpflichtung, die Wandlung in blanke Silbergroschen durchzumachen. Aus der Glumse stellte Mutter kleine Käse mit Kümmel her, die sehr oft unser Kleinmittag ausmachten, hin und wieder aber auch nach Nemmersdorf zum Verkauf geschickt wurden – sechs Stück für einen Dittchen. Auch Sirup wurde bei uns gekocht, aus Gelbmöhren und Rüben; er schmeckte herrlich und sparte viel Zucker.

Fleisch zu jedem Mittagessen zu erwarten, fiel niemandem ein. Und wäre jemand auf die Idee gekommen – nun, da hätte er ja an dieser allein schon etwas Hübsches gehabt und konnte nun ruhig seine Kartoffelflinsen oder Mehlkeulchen oder dicken Reis dazu essen. Die zwei fetten Borstentierchen und die sechs oder acht Gänse, die in jedem Herbst geschlachtet wurden, lieferten, von Mutter sorgfältig eingeteilt, ein schmackhaftes Stückchen Rauch- und Pökelfleisch für jeden Sonntag, Dienstag und Freitag des Jahres, und nur in besonderen Fällen wurden einmal ein paar Pfund frischen Fleisches aus Nemmersdorf geholt. Im Dorfe selbst gab es weder einen Kaufladen noch einen Krug.

Heutzutage gibt man unter den gleichen Vermögensverhältnissen wohl das Doppelte aus. Aber ich wüßte nicht, daß der Gesundheitszustand sich dadurch gehoben hat.

Jedenfalls waren wir damals frisch und blühend. Und was hatten wir für Freuden gerade dadurch, daß uns nicht alle Leckereien nur so auf dem Präsentierteller entgegengetragen wurden.

Manchmal passierte bei uns etwas Großes. Wir saßen in der Stube und dachten an gar nichts. Auf einmal hieß es: »Der Sperling ist da, der Sperling ist da!« Das war aber nicht ein Sperling mit Federn. Das heißt, ja – Federn hatte er, aber in einer Tonne. Doch fliegen konnte er nicht, denn er war kein Sperling, er hieß bloß so. Und jetzt war er wieder da, – jetzt war er wieder da!

Er saß in seinem großen Planwagen auf einem Bündel Stroh. Hinter ihm lag allerlei Greuliches – Lumpen, Felle, Knochen –, von dem man nicht begreifen konnte, warum der alte Sperling so schöne Sachen dafür gab. Vor ihm aber standen Wannen mit Heringen und grüner Seife, nun, daraus machte einer sich noch nicht so viel. Aber der große Sack mit Semmeln! Und der Kasten, der Kasten! Wenn man von dem Kasten nur ein Eckchen erblickte, schlug einem gleich das Herz bis in den Hals, denn man wußte noch vom vorigen Mal, was darin war. Auf der einen Seite Lakritzen, Gerstenzucker, Johannisbrot und Süßholz, auf der anderen Seite »dickkoppsche« Stecknadeln – nichts als dickkoppsche Stecknadeln! Die waren das Wunderbarste, was es auf der Welt gab, und hießen darum so, weil sie dicke Köpfe hatten, blaue, gelbe, schwarze; manche hatten sogar ein Vögelchen als Kopf. Die Prinzessinnen, Feen und Elfen in unseren Märchen hatten sicher auch alle ihre Schleier und Gewänder mit solchen dickkoppschen Stecknadeln zusammengesteckt.

Wenn der Wagen vor der Türe hielt, schlug ich gleich einen Purzelbaum, was mir eigentlich verboten war. Und dann hinauf auf die Lucht.

»Mutterchen, dies?«

»Nein, das is noch zu schade!«

»O jeh! Na denn aber dies – und das – und das!«

Meine Schwester Martha hatte immer das größte Bündel, aber Mutterchen nahm ihr meistens noch etwas weg. »Wo denkst du hin? Das is noch 'n guter Rock!« Schließlich aber hatte doch jeder ein ganz nettes Päckchen unter dem Arm. Wenn man jetzt nur schnell herangekommen wäre! Doch nun stand schon das ganze Dorf um den Wagen, ich konnte mich auf den Zehenspitzen recken, wie ich wollte . . .

Endlich kam der Vater, nahm mich auf den Arm und half mir beim Handel. »Zwei Stangen Süßholz, vier Lakritzen und eine Dickkoppsche«, forderte er und lachte so vergnügt, daß ich seine weißen Zähne blitzen sah.

»Gott der Gerechte, nu fängt auch noch der Herr Lehrer an, ausverschämt zu werden. Wer' ich geben aine Stange Sißholz, aine Lakritzen und kaine Dickkoppsche!«

Aber zuletzt gab er doch das, was Vater gefordert, denn der hatte auf mein Bündelchen noch einen halben Dittchen gelegt.

Wenn Mutter alle Vierteljahr etwa auf Einkauf nach Gumbinnen fuhr, das war noch viel schöner. Denn jenes war gewissermaßen ein Eintagsglück, aber dies hatte eine regelrechte Vorfreude, ein Morgenrot möchte man sagen – solch eine Fahrt plant man ja nicht von heute zu morgen, sie will bedacht und vorbereitet sein! Und während dieser Vorbereitungen . . .

Der große Tag selbst geht dann in seliger Unruhe dahin.

»Friedel, wat lachst?« fragen die Kinder in der Schule, als ich stillvergnügt an meinem Federhalter kaue.

»Na, sull eck nich lache – ons' Mutterke es enne Stadt gefoahre!«

»Ach so!«

Die Getreuen wissen Bescheid. Morgen in der Stunde wird es heimlich von Hand zu Hand wandern, und diese Hände werden von der Süßigkeit des Geschenks zusammenkleben zu unverbrüchlicher Freundschaft.

Im weiteren Verlauf spielt sich die Sache dann aber verschieden ab, je nach der Jahreszeit. Im Sommer läuft man dem Wagen bis zum Steinerberg entgegen, um noch die paar hundert Schritte mit heimzufahren, im Winter sitzt man am befrorenen Fenster, haucht sich ein Guckloch in die Eisblumen und wartet – wartet.

Endlich ein Schrei: »Sie kommt – sie kommt!« Wir stehen bereits alle im Flur. »Na bist du da, Mutterchen?« Sie versichert freundlich, ja sie sei nun da! Und weil sie fürchtet, ich könnte fragen, ob sie uns auch etwas mitgebracht, was sie mir als unbescheiden verboten, sagt sie rasch:

»Aber heut' hab' ich euch bloß was Schönes mitgebracht!«

Wir Mädel sind schon draußen. Paket um Paket wird vom Wagen oder Schlitten hereingeschleppt. – Und endlich ist es so weit. Aus dem gelben Strohpapier löst sich's langsam: Pamel – »Schusterjungens«! So lange wir zu denken vermögen, bringt Mutterchen uns schon aus der Stadt Pamel, Gebäck aus Weizenmehl, mit. Aber wir sind gerührt: Sie hätt's ja diesmal auch unterlassen können! Wir bedanken uns jeder nach seiner Art, Hanna etwas zerstreut, Marthe sehr fix und gewandt, ich mit Inbrunst.

Aber ich kann mir nicht helfen, ich erwarte vom Schicksal noch mehr. Dort das Pack aus dem Kolonialgeschäft!

Meinen Schusterjungen in der Hand, durchbohre ich es mit meinem Blick.

»Mutterchen, wird das heute noch ausgepackt?«

»Na, was meinst du, Friedel?«

Ich bin der glühenden Meinung, daß es nötig ist.

»Ja, denn mußt du mir aber dabei helfen, ich bin vom Rumlaufen in der Stadt ganz kaputt!«

O liebe, liebe Mutter! Wenn du dein Dirnlein in dem großen Paket wühlen ließest, glaub' mir, seine Wonne war größer, als wenn heutzutage ein verwöhntes Kind einen Zeppelin geschenkt bekommt. Und billiger! Sie kostete nichts als Verständnis, und davon hattest du so viel, daß du verschwenden konntest!

Oder war es etwa Zufall, daß die »bunte Tüte«, die du jedesmal für zehn Pfennige eingekauft, sich stets ganz tief unten in dem Säckchen befand, so daß die Spannung Zeit hatte zu wachsen – zu wachsen? Ich glaub's nicht. Aber in diesem und in jenem Leben glaube ich an deine Liebe.

PAUL BROCK

Das Fest des Fremden

Der Fremde kam von der Höhe herab. Er trat aus dem Schatten der blaugrünen Tannen und stieß alsbald auf die erste Hütte des Dorfes, wo der Holzfäller und Flößer Radeck mit seiner Frau und seinem Sohn Markus wohnte. Alle Männer in diesem Dorf waren Holzfäller und Flößer; es war dort am Strom die einzig mögliche Art, sich das tägliche Brot zu verdienen.

Ungeheuer groß war der Wald diesseits und jenseits der russischen Grenze, und das Dorf lag mitten darin, in einer Senke zwischen den Anhöhen, zugedeckt vom Dunkel uralter Tannen, Fichten, Buchen und Eichen.

Einen Katzensprung südwärts rauschte der große Strom durch ein Wiesental.

Es war ein Sonntag, und die Sonne war im Sinken begriffen, als der Fremde das Dorf betrat. Er erblickte den Ziehbrunnen vor Radecks Hütte und ging darauf zu. Er blickte hinab in die Tiefe des Brunnens und erkannte in großer Klarheit auf dem Grunde sein Spiegelbild. Er griff nach dem Eimer, der am unteren Ende einer langen, aufwärts ragenden Stange hing, stieß sie hinab und schöpfte mit gekonnten Bewegungen Wasser, zog ihn wieder empor, setzte ihn auf den Brunnenrand und trank in langen, durstigen Zügen.

Indessen war Markus aus der Tür der Hütte getreten.

Markus war ein großer, kräftiger Bursche mit einem guten, einfältig wirkenden Kindergesicht, über dem ein roter Schopf wie blankgeputztes Kupfer glänzte.

Der Fremde, schwarzhaarig und dunkeläugig, schlank

und von behenden Gebärden, reichte ihm kaum bis zur Schulter.

»Herrliches Wasser habt ihr hier!« rief er statt eines Grußes und zeigte lachend eine Reihe weißschimmernder Zähne. »Darf ich hereinkommen?«

Markus trat stumm in das Innere des Hauses zurück, direkt in die Stube; einen Flur gab es nicht. Auf seinem Gesicht glänzte ein Schimmer von Freude, ohne jede Verwunderung, als habe er auf die Ankunft des Fremden schon immer gewartet, obgleich sie eine seltene und überwältigende Überraschung bedeutete.

Die Radecks waren beim Abendbrot. Auf dem Tisch stand eine Schüssel mit Grütze, auf der winzige Speckstückchen lagen, von der Hitze des Tiegels gebräunt; neben der Schüssel lag ein Laib schwarzen Brotes.

Der Fremde sah sich im Raume um. »Schön habt ihr es hier«, sagte er, »sauber und warm.« Prüfend ließ er seine Blicke von einem zum anderen gleiten. Dann wandte er sich Markus zu: »Du hast das schöne Haar deiner Mutter!«

Die Leute wußten nicht recht, was sie davon halten sollten. Die Frau probierte ein Lächeln. Der Fremde erkannte, wie ungeübt ihr Gesicht darin war. Aber hübsch mußte sie einmal gewesen sein.

»Ich habe Hunger«, sagte der Fremde. »Darf ich mich an Euren Tisch setzen?«

»Wenn du mit dem Vorhandenen vorlieb nehmen willst . . .«, murrte Radeck, ohne gerade unfreundlich zu wirken.

»Schönes Brot«, lobte der Gast. »So etwas Gutes habe ich schon lange nicht mehr gehabt. Paßt auf, ich bleibe eine Weile bei Euch. Vielleicht kann ich Euch bei der Arbeit helfen? Habt Ihr ein Nachtlager für mich? Ihr macht so verdrossene Gesichter. Ist es Euch nicht recht?«

Und er lachte, aber so, daß man es ihm nicht verübeln mochte.

»Wir machen keine anderen Gesichter, als Gott uns gegeben hat«, brummte Radeck.

»Das glaube ich nicht«, erwiderte der Fremde, der sich selbst eingeladen hatte. »Gott hat Euch den Wald gegeben, köstliches Wasser, herrliches Brot und eine warme, gemütliche Hütte. Grund genug, um froh zu sein.«

»Na schön!« sagte Radeck. »Du wirst es noch merken, wie wenig das ist, wenn du hierbleiben willst. Aber schlafen kannst du bei uns nicht. Markus wird dich zur Lena bringen.«

»Ist mir recht,« sagte der Fremde. »Übrigens ... Ihr könnt mich Toko nennen. Einen Namen muß man ja haben, nicht wahr? Und wer ist Lena?«

Wer Lena war, sollte er bald erfahren. Eigentlich hieß sie Viktoria und Lenuweit nach ihrem verstorbenen Mann, aber die Leute fanden es einfacher und dem Zuschnitt ihres Lebens gemäßer, sie Lena zu nennen. Sie hatte nichts dagegen und so blieb es dabei.

Eine hübsche, junge Witwe war sie, die ein Haus hatte, auf einer Waldlichtung abseits vom Dorf, ein Haus, keine Hütte, darin sie einen Kramladen führte, den einzigen, den es weit und breit gab. Die Leute waren in gewisser Weise abhängig von ihr, aber sie fühlten sich durch sie gut versorgt.

Sie sah sich den Fremden einen Augenblick prüfend an, als Markus ihn zu ihr brachte. »Es ist gut«, sagte sie dann. »Er kann bleiben.«

Sie gab ihm eine Stube, die sie nicht benutzte, mit einem Bett und allem, was darin war und dazugehörte. Sie gab ihm auch sonst alles, was er gern mochte, und er war nicht gerade bescheiden in seinen Wünschen. Im Laufe der Zeit fanden sie sich darein, dieses Wechselspiel von Nehmen und Geben weiterzuführen, da sie es einmal begonnen hatten.

Es fing damit an, daß sie am Tisch zusammensaßen und die Mahlzeiten gemeinsam einnahmen. Zum Essen war Toko immer bereit und er fand es erstaunlich, was Lena ihm vorsetzte – nicht nur das köstliche Brot, das es bei Radecks gegeben hatte. Es war der vierte oder fünfte Tag, als Toko sich die Frage erlaubte, ob Lena die Absicht habe, ihm ein immerwährendes Fest auszurichten, und sie antwortete lachend: ». . .nein, kein Fest! Aber mir ist zumute, als ob es eins werden könnte, wenn wir beide es wollen!« Und während sie sprach, gerieten die Hände der beiden so absichtslos ineinander, daß sie sich selbst darüber verwunderten.

Schließlich wurde es doch ein Fest.

Weit war das Fenster von Tokos Stube in einer der folgenden Nächte geöffnet. Die Nacht kam von draußen und erfüllte den Raum. Es erschienen am Himmel die Sterne und blickten hinein, und der Wald raunte und rauschte.

Zur Stunde der Mitternacht war alles still und erfüllt.

»So«, sagte Toko. »Nun ist es genug.« Nachdem er sich länger als eine Woche mit Nichtstun, mit wunderlich-heiteren Gesprächen und der Vertiefung zärtlicher Herzensregung beschäftigt hatte, trieb es ihn zu den Männern im Wald. Er wollte ihre Welt erforschen.

Sie nahmen ihn in ihrer Mitte auf, als hätten sie ihn lange erwartet. »Komm«, sagte Markus. »Ich werde mich freuen, wenn du mit mir arbeiten willst, als mein Partner.« Er reichte Toko eine Axt. Sie gingen gemeinsam zum nächsten Baum, der zu fällen war.

Es war Schnee gefallen in einer Nacht.

Plötzlich hielt Toko, mitten in der Arbeit, inne: »Nun seht bloß zu«, sagte er, »daß Ihr nicht alle Arbeit an einem einzigen Tag schafft.« Er rief es ihnen zu, die in weitem Umkreis um ihn her waren und schweißtriefend schafften und sich nicht einmal Zeit nahmen, in die erstarrten Hände zu blasen und dabei immer verdrossener wurden.

»Kommt, laßt uns erst einmal Feuer machen!«

Ob die Männer es wollten oder nicht, sie ließen sich von seiner fröhlichen Art beschwatzen. Was sie nicht hatten glauben wollen, erfuhren sie in wenigen Tagen: trotz aller Ruhepausen, die der Fremde dazu noch mit kurzweiligen Reden füllte, schafften sie ihr Tagespensum mit Leichtigkeit.

»So einen lustigen Winter haben wir schon lange nicht gehabt!« sagten sie hinterher und lachten dabei.

Einmal sagte der Fremde zu Markus, der gerade einen neuen Stamm angehen wollte: »Den lassen wir stehen!«

». . . wie? Er trägt doch aber die Kerbe, das Zeichen des Försters, was bedeutet, daß . . .«

Doch Toko fiel ihm ins Wort: ». . . sieh doch nur, wie schön er ist! Statt seiner nehmen wir den dort!« Und er wies auf einen anderen Baum, der zwar nicht gezeichnet war, aber wie ein buckliger, griesgrämiger Wicht aussah. »Den schlagen wir!«

»Der Förster hat es so und nicht anders bestimmt«, warnten die Männer, die zugehört hatten. Aber der Fremde verwirrte sie ganz mit seinen Worten.

»Gehört der Wald uns?« fragte er, »oder gehört er denen dort, die in der Stadt an ihren Tischen sitzen und rechnen und von der ganzen Herrlichkeit hier keine Ahnung haben?«

Da mußten sie wiederum lachen, und insgeheim fragten sie sich, woher ihm nur solche Einfälle kamen.

Das ganze Dorf lachte darüber, auch Lena, als sie es erfuhr.

»Hör«, sagte Toko eines Abends zu Lena – (oder war es um Mitternacht?) – »mir fällt eben etwas ein: Wir veranstalten ein Fest.«

»Nein«, meinte sie und war richtig erschrocken. »So etwas hat es noch niemals bei uns gegeben. Du wirst damit kein Glück bei den Leuten haben.«

Aber bald wurde sie eines anderen belehrt. Bald sprach das ganze Dorf nur noch von »unserem« Fest. Lena selbst hatte dafür gesorgt, daß es bekannt wurde, was Toko geplant hatte; nun mußte es auch geschehen. Nichts war mehr rückgängig zu machen.

Alles Leben war von diesem Augenblick an von der Erwartung durchwoben:

Ob man nicht daran denken könnte, für diesen Tag Kuchen zu backen, und ob die Zutaten dafür wohl sehr teuer sein würden? Ein paar Mandeln, Rosinen, Puderzucker und Kardamom würden wohl nötig sein. Und Lena redete den Leuten liebreich zu: Sicher könnten sie es sich schon einmal im Jahr leisten, es würde auch nicht zu teuer werden. Als sie es Toko sagte, was sich die Frauen wünschten, klopfte er an ihr Herz, ob sie es vielleicht über sich bringen könnte, die seltenen Dinge einmal zum Einkaufspreis abzugeben.

Was ihm wohl einfiele, schalt sie ihn. Er wolle sie wohl in den sicheren Bankrott treiben? Aber er möge sich beruhigen, fügte sie lachend hinzu. Das alles habe sie selbst schon bedacht und beschlossen. Sie war glücklich dabei wie noch niemals in ihrem Leben. Jahr um Jahr war es in dumpfer Freudlosigkeit an ihr vorübergezogen, schon zu der Zeit, ehe sie Witwe geworden war; schon zu der Zeit, ehe sie geheiratet hatte.

Außerdem trug sie ein Geheimnis in sich.

Plötzlich bekam das Leben im Ort, auch für die anderen Menschen, ein neues Gesicht. Es begann von innen zu leuchten. Plötzlich fühlten sie ihre Armut nicht mehr. Plötzlich bliesen sie selber mit vollen Backen in den Nebel der Sorgen hinein, daß er jäh auseinanderstob. Bis man die Sonne sah, ohne daß erst ein Wind vom Himmel zu wehen brauchte.

Oder war es dennoch ein göttlicher, himmlischer Wind, der das Gewölk aus ihren Herzen und von ihren Stirnen vertrieb?

Und wieder kamen die jungen Frauen und Mädchen zu Lena: »Wenn du schon so gut sein willst, uns zu helfen ..., wie wäre es da mit ein paar bunten Bändern, daß wir unsere Kleider damit schmücken?«

»Gewiß!«

»Aber sage um Gottes willen unsern Männern ... unseren Vätern – nichts davon, daß wir nicht am Ende mit Striemen auf dem Rücken zum Fest kommen müssen!«

So bange wurde es ihnen selbst vor ihrem leichten Sinn, der wie eine lustige Brise in die Segel ihrer aufblühenden Wünsche blies. Und es war nicht gerade als Scherz aufzufassen, was die Frauen befürchteten.

Das sah auch Toko ein.

Um die Augen der Männer vom Tun und Treiben der Frauen und Töchter abzulenken, mußte er auch für sie eine Beschäftigung finden. Einen Palast sollten sie bauen in einer Waldlichtung, die groß genug dafür war; einen Palast aus Eis. Einen Tag vor dem Fest wurde alle Alltagsarbeit beiseitegelegt, und sie gingen daran. Eine Mauer aus Schnee, ein geräumiges Rechteck. Innen wurde der Boden so lange mit Wasser begossen, bis er einem glänzenden Parkett aus Eis gleichkam, das wiederum mit Sand ausgestreut wurde, damit die Tänzer nicht ausglitten und gar mit ihren Partnern zu Boden gingen.

Auch ein Turm wurde gebaut, auf dem nachts die Holzstöße brennen sollten, um die Szenerie zu erleuchten.

Der volle Mond würde ohnehin scheinen inmitten der Sternenpracht.

Das war eine Sache, an der sogar die ganz Alten ihren Eifer entzündeten.

Und in einer kleinen Bude aus Brettern sollte Branntwein ausgeschenkt werden, doch mit Maßen. Mehr als einen halben Liter sollte niemand trinken, und den Mädchen und Frauen sollte die Hälfte zugemessen werden.

Ob es dabei bleiben würde? Lena wagte zu zweifeln.

Nein, es blieb wirklich nicht dabei. Gleich der angezündeten Flamme loderte mit der Freude am Feiern die Lust empor. Dann lag es daran, daß die Leute vom Dorf nicht unter sich blieben. Die Kunde vom Fest war zwei Meilen entfernt in die anliegende Ortschaft gedrungen; es fanden sich Gäste ein, man konnte sie nicht vertreiben und wollte es auch nicht. Sie sollten sehen, wie lustig es unter Tokos Regie war. Und was schadete es?

Die Erde war weiß, und wunderbar schienen darüber die Sterne. Bunter, als jemals gedacht und gekannt, war die fröhliche Menge, die sich beim Tanz drehte, während drei junge Burschen die Musik dazu machten, mit einer Balalaika und zwei Mandolinen.

Toko eröffnete mit Lena den Tanz. Lena entfaltete eine naturhafte Grazie dabei. So wie in dieser Nacht hatte sie noch keiner zu sehen bekommen, und sie riß alle mit. Noch eine andere verbreitete seltenes Strahlen: das war Mirjam.

Markus hatte sie mitgebracht, um sie Toko zu zeigen, wie eine Kostbarkeit oder ein seltenes Geschenk. Ihr erster

Tanz mit Toko war noch scheu und verhalten. In der Pause tranken sie miteinander, ein Gläschen oder zwei. Danach wurden ihre Schritte und ihr Verhalten gelöster, ihr Herz wurde verlangender. Beim dritten Tanz gerieten sie, wie alle anderen, in Glut.

»Wo kommst du her?« fragte sie ihren Tänzer.

»Warum willst du das wissen?«

»Bleibst du für immer hier?«

»Du fragst mich zu viel«, erwiderte Toko. »Ich denke, du bist mit Markus verlobt?«

»O ja!«

»Liebst du ihn auch?«

»Er ist langweilig ... ein langweiliger und tolpatschiger Bär. Einer wie du könnte mir besser gefallen.«

»Geh, meine Kleine!« sagte Toko. »Markus ist mein Freund!«

Der andere tat ihm leid; das Mädchen war aus der Stadt in das Dorf gekommen, er glaubte nicht, daß Markus sein Glück bei ihr finden würde.

Lena erlöste ihn aus den Fängen der Kleinen. Lena war anmutig und schön und dennoch verläßlich.

Sie hörten eine Geige zum Himmel jauchzen. Zigeuner hatten im Vorüberziehen den Festeslärm vernommen und waren herübergekommen. Ein Alter stand jetzt neben dem Feuer und spielte, und eine Schar brauner Kinder tanzte graziös um die Flammen.

Die Männer, die ihre Pelze trugen, hatten um des Mummenschanzes willen die Felle nach außen gekehrt; die Frauen hingegen hatten es sogar verschmäht, ihre Mäntel zu tragen, nur damit man die bunten Bänder an ihren Gewändern nicht übersehen sollte.

Ab und zu gingen die Paare, die sich zusammengefunden hatten, in die Häuser, um sich zu wärmen.

Für eine Weile sah sich Toko allein. Er ging in den Wald hinein, wo er am dichtesten war. Er stand unter den stummen Tannen und blickte zu den Sternen empor. Noch niemals, so wollte es ihm scheinen, hatten sie sich so tief zur Erde herabgeneigt; noch nie hatte er sie so nahe empfunden.

Und weil ihm immer die seltsamsten Einfälle kamen, dachte er daran, auf den höchsten der Bäume zu steigen und den hellsten von ihnen herabzuholen.

Für wen? – Für Lena natürlich.

Sie wäre es wert, dachte er. Aber sie trägt das glühende Leben schon in sich. Glanz und Wärme dieses Lebens haben sich in den sieben Himmeln entzündet und werden niemals verlöschen.

Er ging zurück und suchte sie unter den anderen.

»Wo warst du?« fragte sie ihn in höchster Erregung; »ich habe dich schon eine ganze Weile vergeblich gesucht!«

»Da hast du aber noch einmal Glück gehabt, daß ich mich wieder einfand bei dir«, sagte er.

»Ich dachte schon, du wärest für immer fort.«

»O nein, noch bin ich bei dir.«

Lena erblaßte jäh, aber sie schwieg und hängte sich an seinen Arm.

»Komm«, flüsterte sie. »Laß uns nach Hause gehen!«

Der Holzstoß, gerade eben neu genährt, sprühte einen Funkenregen gen Himmel. Lachend umkreisten ihn Burschen und Mädchen. Der Zigeuner tanzte mit einer Frau aus dem Dorf, deren Füße kaum noch die Erde berührten, und auch die Zigeunerin bot sich in ihrer fremdartigen Grazie den Armen der Männer dar.

Toko, der Fremde, nur Lena vertraut, stellte sich in die Mitte des Platzes, hob die Arme und rief, seine Stimme gegen die Ausgelassenheit und den Lärm erhebend:

»Aus!«

Mit einem Schlage wurde es still. Nur hier und dort hörte man noch verhaltenes Kichern.

Das Fest war zu Ende.

Später, an einem Abend, nach einem heftigen Frühlingsgewitter, war der Fremde plötzlich verschwunden. Die Leute suchten ihn, vor allem Markus, weil sie glaubten, ein Unglück wäre ihm widerfahren, aber sie fanden ihn nicht.

Nur Lena beteiligte sich nicht an ihren Fragen und ihren Mutmaßungen, was aus ihm geworden sein mochte und wohin er sich gewandt haben könnte, obgleich sein Verschwinden für sie ebenso überraschend war wie für die anderen.

Es war zur Zeit der Mittsommernacht. Lena hatte ihren kleinen Jungen im Arm. Da brachte der Postbote einen Brief von weit her, mit fremden, bunten Marken darauf. In dem Umschlag war ein Foto, sonst nichts.

Das Bild zeigte einen Mann in buntem Schellengewand, der sich vor einem unsichtbaren Publikum verneigte. Sein Gesichtsausdruck war schwer zu deuten; er wirkte traurig und lustig zugleich.

CURT ELWENSPOEK

Damals – früh im Sommer

Wenn man zum Städtchen Osterode in der Richtung nach Hohenstein hinauskam, da wo die Schranke den Bahnübergang sicherte, führte links ein wenig benutzter Feldweg in die Wiesen. Zur Rechten dieses Weges erhob sich der Bahndamm – recht hoch, so erschien es wenigstens uns neun- oder zehnjährigen Stöpseln damals – links zog sich ein breiter, schlecht geräumter, stehender Wassergraben hin, an dem es Binsen, Schilf und fette Sumpfdotterblumen gab, auf dem Entengrütze schwamm; der also ein Paradies für Lurche aller Art, für Libellen, Schwimmkäfer und die hurtigen Wasserläufer war, die wir Schlittschuhläufer nannten. Hier schwamm auch in Massen der schleimige Gallert des Froschlaichs, auf den wir es – jeder mit einer alten Konservenbüchse bewaffnet – an jenem Sonntag im Mai (Pfingsten fiel sehr spät in dem Jahr) abgesehen hatten. Die durchsichtigen Kügelchen des Laichs wiesen schon große schwarze Punkte im Innern aus; es war ein warmes Frühjahr gewesen. Wir zwei oder drei Jungen fischten uns jeder sein Teil heraus, nahmen auch wohl einen Teichfrosch mit oder zwei für die Ringelnatter, die unser Naturkunde-Professor mit anderem Getier in dem großen Schulterrarium hegte. Der Froschlaich aber war wichtiger, denn der Lehrer hatte uns aufgegeben, das Werden der Kaulquappen selbst daheim zu beobachten und zu beschreiben. So wurde also von der Mutter für die klebrige Beute eine Glasschüssel erbettelt (die sie für so unappetitliche Zwecke nur widerstrebend herlieh), mit Wasser gefüllt, der Froschlaich hineingetan und das Ganze an ein sonniges Fenster gestellt.

Dann geschah eine lange Weile scheinbar nichts – für mich zu wenig jedenfalls, um mich die Schüssel mit dem Laich nicht halb vergessen zu lassen. Nach einigen Tagen zwar hatte sich der schwarze Punkt in jedem Glaskügelchen merklich vergrößert und etwas in die Länge gezogen. Aber dann gab es Pfingstferien, diesmal volle zehn Tage, und die Familie fuhr mit Sack und Pack aufs Land zu Verwandten.

Als wir dann heimkamen und auf Mutters Geheiß alle Fenster aufgerissen wurden, um die »tote Luft«, wie sie sagte, hinaus und frische hereinzulassen, da stand ich vor einer Tragödie. Das Wasser in der Schüssel – jetzt grün von Algen – war in den zehn sonnigen Tagen bis auf ein Drittel verdunstet. Sechs oder acht Kaulquappen wuselten noch darin herum. Die meisten aber waren über den Rand der Schüssel gesprungen; ihre ausgetrockneten Leichen bildeten ein makabres, schwärzliches Muster auf dem weißgestrichenen Fensterbrett. Ich zählte: es waren neunundvierzig Stück, die so kläglich verschmachtet und verdorrt waren.

Die Mutter schalt, Vater lachte ärgerlich; ich war tieftraurig und schämte mich. Ich tat die Überlebenden mit reichlich Wasser in die Konservenbüchse und trug sie noch bei sinkender Sonne des gleichen Tages dorthin, wo ich den Laich gefischt hatte. Seither habe ich die Fürsorge für Tiere, die ich in Obhut nahm, nie wieder vernachlässigt – vom Laubfrosch bis zum Reitpferd (wenn ich eines hatte).

Das war dann ein paar Jahre später, auf der Obertertia etwa, man zählte so vierzehn oder fünfzehn Lenze, schwärmte für Konradin von Hohenstaufen, Winnetou und irgendein Mädchen – meines hieß damals Alice. Man war auch sehr fürs Heroische, suchte Gefahr beim Segeln, beim Schwimmen, beim Klettern. Aber das Gefährlichste war doch die Schlangenjagd, daher auch das Aufregendste und Ruhmreichste. Einem Hörensagen zufolge auch das

Lohnendste. – Die großen Wälder, die mein Heimatstädtchen und den großen See an drei Seiten einschlossen, waren reich an Schlangen, an Ringelnattern, die ja harmlos sind, und an den gar nicht harmlosen Kreuzottern, deren Biß damals in der Provinz Jahr für Jahr ein Dutzend und mehr Todesopfer forderte, weil besonders die Beeren- und Reisigsammler immer barfuß in den Wald gingen.

Da hatte nun – so hieß es wenigstens, und wir glaubten es – eine obere Provinzbehörde in Königsberg Prämien für erlegte Kreuzottern ausgesetzt. Je Stück fünfzig Pfennige, das war damals immerhin Geld, ein kleines Silberstück; man mußte dazu die Schlangenköpfe einsenden.

Gefahr – Aufregung – Heldentum – und Geld dazu! Das war ein Anreiz! Wir kannten mehrere Kreuzotter-Reviere, das ergiebigste befand sich nördlich der Stadt beim Roten Krug, an dem feuchten Waldrand, wenn man links von der Chaussee abbog. Zwischen den alten Kiefern und Buchen gedieh viel Buschwerk, Hasel vor allem, Farnkraut, Maiglöckchen, Waldmeister und Pilze. Und da, wo der mulmige Waldboden ins festere Wiesenland überging, durch einen schmalen Graben nur andeutungsweise davon getrennt, wuchs auch Heidekraut, das die Kreuzottern besonders mögen.

Es war in den letzten Maitagen oder Anfang Juni, es gab noch Maiglöckchen, der Waldmeister blühte noch nicht überall, aber die Sonne brannte schon heiß, nachdem es vier Tage geregnet hatte – ein rechtes Schlangenwetter. Walter, ein romantischer Blondkopf, pflückte Maiglöckchen für seine Pensionsmutter, Otto suchte Waldmeister für die anstehende Geburtstagsbowle seines Vaters, wobei er sich über die Theorie der Kreuzotterjagd verbreitete und der Hoffnung Ausdruck gab, es möge doch einer von uns gebissen werden, weil man dann – als einziges Rettungsmittel – im

Roten Krug beliebig viel Kognak trinken könne. Nur ich war voll Jagdeifer, hatte mir eine zähe Haselgerte geschnitten und spähte nach Schlangen aus. Denn Ende Juni, am 23., hatte Alice Geburtstag, und die Schlangenprämie sollte mein Geburtstagsgeschenk für sie finanzieren helfen.

Wir sahen eine ganze Menge Ringelnattern, die ich laufen ließ, aber auch zahlreiche Kreuzottern, von denen einige entkamen; drei erwischte ich durch je einen Schlag mit der Haselrute, der den Reptilien das Rückgrat brach. Es herrschte bei uns der Aberglaube, eine Schlange könne nur mit sinkender Sonne sterben. Es waren drei Prachtexemplare: eine hellgraue mit dunkelbraunem Zickzackstreifen, eine Höllennatter, die kohlschwarze Spielart ohne erkennbare Zeichnung, und eine dicke, wohl meterlange Kupfernatter, die rötliche Spielart der Kreuzotter. Sie ringelte sich wütend nach dem ersten Schlag, der ihr nichts Ernstliches getan hatte, und reizte mich zu dem alten Bravourstück: Ich ergriff sie schnell bei der Schwanzspitze und ließ sie am ausgestreckten Arm baumeln. Sie züngelte und hob den Kopf nach meiner haltenden Hand, aber immer nur bis zur halben Höhe; die Kreuzotter ist zu schwerfällig, um sich emporschnellen zu können, es ist ganz ungefährlich und sieht doch beängstigend aus; aber mit keiner anderen Giftschlange wäre es zu wagen.

Erschrocken vielleicht, vielleicht auch angewidert oder auch aus Übermut schlug Otto mir das Reptil mit seinem Spazierstock aus der Hand – es fiel Walter, der leichte Halbschuhe aus Segeltuch anhatte, unmittelbar vor die Füße. Ich war geistesgegenwärtig genug, sofort zweimal zuzuschlagen; die Otter ringelte sich wütend und zischte, konnte aber nicht mehr kriechen, nur Kopf und Hals erhob sie noch höchst angriffslustig.

Der überwundene Schreck machte mich tollkühn. Ich

hatte gelesen, daß indische Schlangenbeschwörer vor ihren Vorführungen die Kobra in ein Tuch beißen lassen, um die Giftdrüsen zu entleeren. Das wollte ich auch mit dieser Kreuzotter versuchen. Ich hatte ein sogenanntes »Kavalierstüchlein«, ein buntes Schmucktaschentuch bei mir, das mir Alice aus roten und gelben Zigarrenbändern genäht hatte – Talisman und Liebespfand zugleich. Dahinein ließ ich die wütende Kreuzotter beißen.

Ich hatte ihre Kraft unterschätzt – oder ihre Wut. Sie schnellte beim Zubeißen den Kopf so weit vor, daß ihr hinterer Kieferrand (wo der Giftzahn sitzt) noch meinen Finger streifte. Es handelte sich buchstäblich um einen Millimeter!

Wir waren alle drei blaß geworden. Ich riß der Schlange das Tuch aus dem Rachen, schlug sie vollends tot, schnitt nun – freilich widerstrebend – den drei Schlangen mit dem knirschenden Taschenmesser die Köpfe ab und tat die in eine Schachtel, um sie nach Königsberg einzuschicken.

Dann gingen wir heim und fanden erst allmählich unsere muntere Laune wieder. Ich kam mir schließlich recht heldenhaft vor und versäumte nicht, Alice, die vor der Tür der elterlichen Drogerie stand, von meinen Taten zu berichten und ihr die drei Schlangenköpfe zu zeigen.

Ich hätte es nicht tun sollen. Sie prallte, von Ekel und Entsetzen geschüttelt, zurück und schrie: »Pfui, du Schwein!« Das mochte hingehen. Aber daß ich in das von ihr geschenkte Tuch ein giftiges Reptil hatte beißen lassen, das verzieh sie nie. Es war aus.

Aber Alices Hochzeit mit einem anderen durfte ich sieben Jahre später doch mitmachen.

Auf die Prämie für die drei Kreuzotterköpfe warte ich übrigens seit damals – bis jetzt vergeblich ...

GERTRUD PAPENDICK

Die Bauern von Boskollen

Boskollen liegt im Osten, jenseits der Seenkette, nicht mehr sehr weit von der polnischen Grenze entfernt. Die Bauern von Boskollen sind die Nachbarn der Wildnis. Ihre Höfe liegen verstreut, und ihre Ackerstreifen schneiden in Wald und Bruch. Im Winter wechselte früher zuweilen der Wolf aus Polen herüber. Die Wälder sind voll Wild und gutem, schlagbarem Holz. Die Leute dort kennen alle Schleichwege kreuz und quer und weiter nach drüben. Ihre Furcht vor Grenzjägern und Förstern ist nur gering. Vielleicht ist es darum, daß sie zu allen Zeiten darauf gehalten haben, mit dem lieben Herrgott auf gutem Fuß zu stehen.

In alten Zeiten besaß Boskollen keine eigne Kirche, sondern der Weg der Frommen ging an den Tagen des Herrn fast eine Stunde durch Wald und über Feld bis nach Riblick. Zur Kirche von Riblick gehörten auch die Gemeinden der Dörfer Czianowen, Korunken und Blaskeim, und jede von ihnen hatte darin ihren besonderen Stand, ein großes festes Gestell aus Tannenholz, mit zwei oder drei Bänken, gegen Eindringlinge aus fremdem Lager mit einem großen Schlüssel verschlossen. Diesen Schlüssel trug der jeweils angesehenste Bauer der Gemeinde an einer Schnur um den Hals, und es mag wohl sein, daß um dieser Ehre willen der Kirchenbesuch zu Riblick in jenen Tagen eifriger war als anderswo. Die Bauern von Boskollen hatten ihren Stand ganz hinten in der Kirche, weil ihr Dorf das geringste war.

Nun begab es sich im Jahre des Heils 1692, daß am ersten Christtag ein grausiges Wetter herrschte. Drei Tage und drei Nächte war Schnee gefallen, dann kam der Frost,

und dann kam der Sturm. Da hatte die Welt draußen keine Wege mehr, und die Luft zum Atemholen war auf und davon. Der Pastor von Riblick stapfte mühsam gegen den Wind die wenigen Schritte von seinem Haus nach der Kirche hinüber; aber als er hineinkam, siehe, da war sie leer. Nur hinten im Stand von Boskollen saßen vier Männer; der Zacharias, der Kulenka, der Pawelzig und der Jakob John. Die Bauern von Boskollen, was scherte sie das Wetter, und wenn schon die Weiber sich nicht getraut hatten, sie wußten, was sie ihrem Herrgott zur Weihnacht schuldig waren.

Am Altar brannte der Christbaum, und die Lichter flackerten im Zug. Die Bauern von Boskollen staken in Schaftstiefeln bis über die Knie, sie saßen bis über die Ohren in Pelz und Wolle, so waren sie gekommen, und da waren sie. Sie saßen in Reih und Glied und sangen aus Fell- und Friesmützen heraus mit tiefen rauhen Stimmen von hinten her durch die leere Kirche: »Vom Himmel hoch, da komm ich her . . .«

Der Pastor von Riblick war ein alter Mann, der feuchte Torf im Ofen schwelte und stank, die Kirche war kalt, und er hatte es auf der Brust. Er hätte wohl gern seine Stimme ein wenig geschont; darum, als das Lied zu Ende war, erhob er sein Haupt und sprach: »Ihr von Boskollen, kommt und setzt euch vorne hin.«

Da sahen die vier sich an, einer den andern nach rechts und nach links. Dann standen sie auf und traten heraus. Sie stellten sich auf, zwei rechts, zwei links, sie spuckten in die Hände und faßten zu. Sie hoben den schweren Stand von seinem Platz, sie wuchteten ihn hoch und stemmten die Schultern an. Und kraft ihrer Leibesstärke trugen sie ihn in stummer Prozession durch den Mittelgang nach vorne auf den Altar zu. Ihre schweren Stiefel dröhnten auf den Dielen.

Der Pastor stand und staunte, als wäre das Wunder wieder aufgestanden in der Welt und käme vor seinen alten Augen Sankt Christophorus in leibhaftiger Gestalt durch die Kirche geschritten. Die Bauern setzten ihren Stand rechts vom Altar, unterhalb der Kanzel, nieder und nahmen darin Platz, um in Andacht das Wort des Herrn am heiligen Christfest zu vernehmen.

Seitdem saßen die Bauern von Boskollen in der Kirche zu Riblick zuvorderst am Altar, zunächst dem lieben Gott, und saßen dort hundert Jahre und länger, bis um die Zeit nach den Freiheitskriegen ihr Dorf seine eigne Kirche baute. Ihr Stand aber, in dessen Kopfleiste die Namen der vier Christträger und die Geschichte jenes Feiertagmorgens hineingeschnitten waren, verblieb zu Riblick zur Ehre Gottes und zum Gedächtnis. Dagegen stiftete das Konsistorium für Boskollen ein Altarkreuz.

Die Kirche von Boskollen wuchs in die Welt in harter und karger Zeit, sie war nur ein armes, kleines Ding, ach, sie war es kaum wert, eine Kirche genannt zu werden. Man konnte wohl sagen, daß sie nicht gebaut, sondern aus Brettern zusammengeschlagen war, und wer sie sah, mochte denken, daß es ein Schuppen oder eine Scheune sei. Sie hatte Bänke genug für die Kinder ihrer Gemeinde, sie hatte einen Altar und eine Kanzel, sie hatte das Altarkreuz, eine Bibel, und eine weiße Decke mit einer Spitze und zwei eiserne Leuchter. Mehr hatte sie nicht. Sie hatte keine Orgel und keinen Chor und keinen eignen Pastor. Vor allem aber hatte sie keinen Turm. Sie trug einen rundgedeckten Stumpf und stand unter dem masurischen Himmel kurz und klein und seltsam verstümmelt da. Die Glocke aber hing draußen auf dem eingehegten Platz, in den fortan die Toten von Boskollen gebettet werden sollten, in einem besonderen Holzgestell. Sie war eine alte Dorfglocke, nichts weiter; in ihrem Läuten schwang der Klang der Arbeit, von Mittagsrast und Feierabend mit.

Es muß hier gesagt werden, daß die Holzkirche von Boskollen die Jahrzehnte überdauerte. Sie stand in Sturm und Wetter, es geschah ihr nichts. Gott hielt sie in seiner Hand.

Darum war es wohl, daß die Leute im Dorf darauf verfielen, der Kirche ihre letzte Habe anzuvertrauen, sobald sie sich ihrer Zeitlichkeit bewußt wurden. Unter dem Dach befand sich ein Bodenraum, nicht so hoch wie eine aufrechte Mannslänge, doch geräumig genug für eines Mannes Lager. Dort stellten die Bauern ihre Särge auf, wenn sie über sechzig waren.

Das Leben war ein einfaches Ding, es bestand aus Sommer und Winter, Arbeit und Essen und Schlafen. Das letzte war der Tod, er gehörte dazu; es war gut, beizeiten für ihn zu sorgen. Wenn er kam, war alles bereit. Der Sarg, der dort stand und wartete, durch Jahre und Jahre vielleicht, wurde geweiht durch den Frieden Gottes.

Sieben Särge standen auf dem Dachboden, als an einem Tag in der Roggenernte der Blitz in die Kirche fuhr. Sie war wie ein Haufen aufgeschichteter Scheite, es brauchte keinen Spöker und keinen Blasebalg, sie brannte herunter wie Zunder. Als die Spritzen aus Riblick und Czianowen anrückten, waren ein Lager Asche und ein Häuflein Plättkohle übrig.

Die Bänke waren verbrannt, die Kanzel, der Altar und das Kreuz und die sieben Särge mit den Namen darauf.

So erging es nun mit Boskollen: das erste war die Verwirrung, das zweite war die Sorge, das dritte war die Angst.

Der rote Hahn war ein Feind, aber man kannte ihn: wenn er sich satt gefressen hatte, wurde er still. Die Kirche war dahin, doch die Gemeinde war ja nicht ganz und gar ohne Verstand gewesen, sie hatte ihre Kirche versichert; es würde nicht langen, es würde Monate dauern und vielleicht ein Jahr, aber gewiß half das Konsistorium. Man würde eine neue Kirche bauen, eine Kirche mit einem Turm vielleicht.

Aber niemand würde die Särge bezahlen. Das war gewiß, die Särge waren verloren. Ein Sarg war nicht ein rostiger Hufnagel oder ein Strohwisch, ein Sarg war ein Stück Geld wert. Die Bauern von Boskollen hielten auf sich, sie nahmen Eiche. Es war nicht sicher, daß man einen guten Platz im Himmel erwarb, wenn man aus einem Tannensarg auferstand. Und die Sache mit der Eiche war nicht so, daß man groß und laut davon sprach, sie war auch keineswegs so einfach gewesen, als schöbe man den fertigen Brotteig in den Ofen.

Es gab nicht so viel Eichenbestand in der Gegend, daß

man nur in einer dunklen Nacht loszugehen und zu schlagen brauchte. Man mußte weiter danach und sich den richtigen Stamm suchen. Eiche war zäh und fest, es war kein Kinderspiel mit ihr. Es kostete manche Nacht, bis man damit unter Dach war. Und niemals konnte man vor dem Förster sicher sein. Doch war es nicht gewesen, als nähme Gott das fromme Werk in Schutz?

Die Bauern von Boskollen waren vielleicht nicht immer ehrlich gewesen in ihrem Leben; aber daß der Mensch den Menschen betrog und um das Seine brachte, das war der Lauf der Welt gewesen von Anbeginn. Doch mit Gott hatten sie allezeit ihre Sache im reinen gehabt und hatten gemeint, sich ein selig Sterben und ein ehrlich Begräbnis verdient zu haben. Jetzt aber hatte Gott sie heimgesucht und ihre Särge verbrannt.

Man konnte ja wohl in den Wald gehen und eine neue Eiche schlagen. Aber es war noch nicht gewesen in der Welt, daß ein Mensch zwei Särge brauchte für den einen Tod. Was war es, das Gott im Sinn hatte mit ihnen und ihrem Sterben? Das war das dritte: die Gewissensnot.

Eines Abends kam vom schwarzen Grund her der Dargel durch den Wald zum Woyda, der beim Pflügen war. »Die Frau«, sagte er und ging neben dem Woyda her, »die Frau sagt: es ist wegen der Eiche. Es bedeutet Unheil.«

Der Woyda wendete und pflügte den Strich zurück und antwortete nicht. Der Dargel blieb neben ihm. »Die Frau sagt: Du und ich und der Zacharias und die anderen vier, die werden im Moor versinken, da brauchen sie keine Särge.«

»Nee«, sagte der Woyda, »die brauchen sie nicht.«

»Wenn einer im Moor versinkt«, sagte der Dargel, »der kann nicht in'n Himmel kommen.«

»Nee«, sagte der Woyda, »das kann er nicht.«

Es dauerte nicht lange, so hieß es in Boskollen und wanderte weiter durch die Gegend: Wem der Sarg verbrennt, der ist verdammt. Gott bewahre uns vor den sieben aus Boskollen!

Doch an einem Sonntag im Spätherbst vor dem ersten Frost, als die Leute aus Riblick zur Kirche kamen, saß im alten Stand von Boskollen der Zacharias. Er war allein gekommen, niemand war mit ihm. Die Leute starrten ihn an und gingen vorbei; keiner getraute sich's, sich neben den zu setzen, den Gott verstoßen hatte.

Die Zacharias' waren ein starkes Geschlecht und mehrten sich auf der Erde. Sie saßen auf dem alten Hof wie vor zweihundert Jahren. Der Johann Zacharias war ein handfester Kerl, wiewohl er an die Fünfundsechzig war; es hieß, daß er einmal in seiner Jugend einen Wolf mit den Händen erwürgt hätte; es konnte wohl sein, daß er sich unterfing, mit dem lieben Gott um seine Seele zu ringen.

Als der Gottesdienst aus war, stand der Zacharias draußen vor der Kirchentür und wartete auf den Pastor.

Dieser Pastor von Riblick war ein junger Mann, er war neu im Amt und neu in der Stelle, darum begriff er die Sache, um die es ging, nicht sogleich ganz und gar. Er mußte ihn mit hineinnehmen. Der Zacharias füllte die enge Amtsstube fast vollständig aus. »Es ist wegen dem Begräbnis«, sagte er. – »Begräbnis?« – Ja, und da wäre alles bereit. Der Platz da hinter der Kirche, wo die alten Zacharias' lägen. Auch der Stein stünde schon da. Und hier wäre das Geld für die Leichenrede.

Fünf Mark legte der Zacharias auf des Pastors Schreibpult. Ja, ob denn die Frau gestorben wäre, fragte der Pastor.

– Nein. – Ein Kind also? – Nein. – Ja, wer denn? – Keiner.

Erst draußen auf dem Korridor wurde die Sache eindeutig klar. Da stand neben dem Grab des letztversenkten Zacharias ein neuer Leichenstein, Marmor mit Gold: »Hier ruhet in Gott Johann Zacharias, geb 7. 12. 18 . . ., gest. . . .«

Der Stein hatte Geld genug gekostet, mehr als eine Eiche, die man nächtens schlug. Der Zacharias hatte ihn selber hergetragen, seinen eigenen Leichenstein, und an Ort und Stelle eingesetzt. Er konnte nicht weniger als sein Vorfahr, der den Kirchenstand auf den Schultern trug. Damit war die Sache in Ordnung gebracht; Stein in der Erde war sicherer als Holz unterm Dach. Es war ein Bauernhandel, echt, und vorbedacht: Gott konnte nicht einen verstoßen, dem schon der Stein mit seinem Namen in seinem Acker stand.

Es half dem Pastor nichts, er mußte auch das Geld annehmen und in sein Kassenbuch eintragen: Fünf Mark für das Leichenbegängnis des Johann Zacharias aus Boskollen, von ihm selbst bezahlt . . .

Wir wissen nicht, was aus den anderen sechs wurde, und ob ihnen die Gnade des Herrn nicht doch einen neuen Schrein für die letzte Ruhe vergönnte.

MICHAEL REHS

Ein Weihnachtsmärchen für Erwachsene

Der Tag, an welchem den Menschen der Erlöser geboren wurde, war herangekommen. Der spärliche Schnee bemühte sich liebevoll, die Welt mit einem weißen Mantel der Unschuld zuzudecken.

Der kleine Rostin lag in seinem Bett, irgendwo in einem notdürftig wieder hergerichteten Zimmer. Die letzten drei Winter, seit jenen klirrenden Tagen, an denen er sein Haus in der Ferne kleiner und kleiner werden und für immer im Feuer fremder Kanonen versinken sah, hatte er ja überstanden. Aber jetzt wollte es nicht mehr so recht. Seine Frau und seine erwachsenen Kinder hatten ihn damals allein auf der Erde zurücklassen müssen. Ob sie jetzt wohl oben beim Baumschmücken halfen?

Gestern war er noch in einer Straße, die er bisher nicht aufgesucht hatte, die Treppen hinauf und hinunter gestiegen, hatte an den Wohnungstüren kurz und zaghaft geläutet und seine Mütze hingehalten. Viel mehr als einen Haufen abgewerteter Groschen hatte er nicht mit heimgebracht. Aber was tat's. Heute konnte er nicht mehr.

Außerdem war heute Weihnachten und da haben die Menschen anderes im Sinn, als sich ihre große oder kleine Festesfreude durch einen Bettler trüben zu lassen. Rostin verstand das. Mitleid gibt es genug auf der Welt, solange man nichts zu tun braucht.

Heute lag er im Bett. Herz und Atem gingen nur schwach. Die Frau von nebenan, die sich hin und wieder um ihn kümmerte, hatte ein wenig geheizt und einen zusammengerollten Sack vor das Fenster gelegt, damit es nicht so ziehen sollte. Der kleine Rostin hielt ein paar zerknitterte Postkarten in den Händen, Bilderpostkarten, wie man sie beim Krämer und im Krug sich auf einem drehbaren Ständer aussuchen kann. Sie hatten auf der Flucht in seiner alten Joppe gesteckt.

An seinem Kopfende stand der Dunkle. Er fühlte es, aber er blickte sich nicht um. Ja, ihm war sogar, als schütze er ihm den Rücken, der da in der dämmrigen Ecke stand, im toten Winkel des Lichts.

»Was willst du mit den Postkarten?« fragte der Dunkle.

»Nach Hause«, dachte der kleine Rostin mit zitterndem Eifer. »Wenn ich hineinsehe, öffnet sich die Ebene. Dort ist der Weg, wo es heimgeht, ich gehe und gehe und vergesse, daß ich in ein Bett gezwängt bin zwischen ziegelnen Käfigen.«

»Laß das«! meinte der Dunkle gutmütig, »was hast du von deinem Heimweh? Deine Heimat bin ich. Komm ruhig mit mir, du wirst es dort viel schöner haben als je.«

»Angst«, dachte der kleine Rostin, »Angst«, während seine Stirn feucht wurde.

»Merkwürdig seid ihr Menschen«, fuhr der Dunkle fort, »fürchtet euch vor etwas, das ihr nicht kennt, nur weil der Grenzübertritt manchmal ein bißchen weh tut. Was wißt ihr, ob ich euch nicht viel Besseres bringe als euer kurzes hasterfülltes Erdenleben. Einer von euch, es mag schon eine Zeitlang her sein, der war klug und vernünftig und fürchtete sich nicht vor mir. Ich glaube, er hieß Sokrates.«

»Sokrates?«, dachte der kleine Rostin, »den kenne ich nicht.«

»Aus mir kommt ihr und in mich müßt ihr zurück«, sagte der Dunkle, »ich bin nur einer der vielen Arme, mit denen der Herr segnet. Er lächelt immer, wenn er euch zweifeln sieht. Ich komme gerade von ihm. Er befahl mir, den kleinen Rostin zu bringen. Er solle noch heute mit seiner Frau und seinen Kindern Weihnachten feiern.«

Der kleine Rostin stöhnte, um gleich darauf verzweifelt zu husten.

»Weihnachten«, sagte der Dunkle träumerisch, »das heilige Fest der Liebe. An ihm spüren die Menschen einen Hauch von Seinem – dem ewigen Reich. Manche verzeihen auch, weil sie das Rauschen meines Mantels hören. Sie beschenken sich, um das Hiersein zu nutzen und schöner zu machen. Manche Eltern schenken ihren Kindern schöne Spielzeuge, manche haben nur einen Kuß. Alle beugen sie sich vor dem Schöpfer, indem sie ein ander Stück von ihm, als sie selbst sind, in ihr Zimmer holen. Du hast gar kein Bäumchen, Rostin, du sollst aber auch feiern.«

Plötzlich begannen draußen die Glocken zu läuten. Es mochte vier Uhr sein, die Zeit zum ersten Gottesdienst. Es begann stärker zu dämmern.

»Es wird Zeit«, sagte der Dunkle eilig, »bald ist Bescherung, wir kommen zu spät, sie warten auf dich!«

»Nicht nach Hause?« murmelte der kleine Rostin.

»Ja, ja, nach Hause«, begütigte der Dunkle, »sieh dort!« Und er bog Rostins Blick mit seiner blassen schlanken Hand ein wenig zur Seite, in die gegenüberliegende Ecke des Zimmers. Dort gingen die Mauern auseinander, es wurde auf einmal alles weit und frei. Da stand der kleine Rostin in der Ebene, dort war ja auch der Weg, wo es heimging, aber merkwürdig, es sah alles so anders aus, so unwirklich.

»Komm«, sagte der Dunkle, »der Baum ist fertig, sie warten schon.«

Da ließ sich der kleine Rostin bei der Hand nehmen und ging mit, immer weiter, auf seinem Weg, wo es heimgeht.

Die Glockentöne von draußen wurden immer verschwommener und leiser, bis sie nur noch als ein kaum hörbares Schwingen den Raum erfüllten.

Als nach einer Weile die Frau von nebenan hereinkam, um dem kleinen Rostin heißen Malzkaffee und ein paar Waffeln zu bringen, starrten seine gebrochenen Augen immer noch in die Ecke des Zimmers, dorthin, wo die Mauern auseinander gegangen waren. Sein Gesicht schien zu lächeln, während die eine Hand noch die Postkarten hielt.

HANSGEORG BUCHHOLTZ

Dünensand

Es muß das Jahr 29 gewesen sein. Ein Filmregisseur hatte an mich geschrieben, er werde einen Film drehen, einen Film vom Sand. Im Sommer waren wir dann auf der Kurischen Nehrung unterwegs, um die Landschaft zu finden, die ihm vorschwebte. Sarkau, Rossitten, Pillkoppen ...

»Ja, Pillkoppen«, meinte seine Begleiterin, die junge Schauspielerin, »das wäre schon so etwas. Das Dorf im Schatten der Düne.«

Aber ich drängte weiter und über Schwarzort hinaus. Nach Preil, nach Perwelk wollte ich sie führen. Es waren heiße Hochsommertage, und sie brachten uns immer tiefer hinein in die unwirkliche, schweigende Welt der Sandberge zwischen Haff und See.

Wir wanderten mit Rucksack und Kamera im Wegelosen, im Wüstenhaften. Dörrten im dünnen Schatten kärglicher Birken am Rande des Kupstengeländes, suchten Kühlung im Meer oder liefen auch in das flache sandgetäfelte Haff hinaus. Wir kochten uns frugale Mahlzeiten an Feuerchen in Dünentälern und schliefen unter einem alten umgekehrten Kahn oder auf der Heulucht einer Fischerkate. Abends saßen wir wohl und träumten zum Mond hinauf, wenn er über dem Haff stand und die Kurenkähne draußen schattenschwarz im Silber sich schaukelten. Wir zwei Männer waren in die junge Frau verliebt, und alle drei waren wir verzaubert vom Licht, von den Farben, von der Glut und der seltsamen flimmernden Fahlheit der Sande.

In Preil nächtigten wir im Krug. Doch es sollte uns wenig Zeit für den Schlaf bleiben. Wir hatten im versandenden Friedhof des Dörfchens seltsame, geschnitzte Grabkreuze bemerkt und einen vorübergehenden Alten darüber befragt. Es schnitze sich ein rechter Fischer hier sein Grabkreuz selber, und jeder mache es, wie er es haben möchte. Auch er sei schon dabei. Das war die gelassene Antwort. Sie schien uns zu dem Spruch zu passen, der über dem hölzernen Friedhofstor eingeschnitzt war: »Hier ruhen wir und sind in Frieden und leben ewig sorgenlos.«

Wir luden den Alten zum Abend ein.

Im Krug unter der Petroleumlampe am groben Tisch vor seinem Glase begann er dann.

»Vom Dorf soll ich erzählen? – Gut! – Als mein Urgroßvater Gemeindevorsteher wurde, sind sie vor dem Sand hierher geflohen und durch den Fiskus angesiedelt worden. Mein Urgroßvater war der Fischerwirt Kajetta, der ole Kajett'.« Er lachte kurz in sich hinein, fuhr sich durch das weiße Haar über der knochigen braunen Stirn. »Heute bin ich der ole Kajett! Matull war Mitschmeißer auf Urgroßvaters Boot. Mitschmeißer hießen die Armen, die selbst kein Boot hatten. Für ihre Arbeit durften sie ein Netz für sich auslegen.

Die Menschen waren ja so arm. Sie hatten auf dem Sand kaum noch Kartoffeln und vermahlene Birkenrinde kam ins Brot. Perkuhn war der Gastwirt und zugleich Gemeindevorsteher. Bei ihm kamen sie zusammen. Das hieß Gemeindebesprechung. Aber manche tranken nur. Oben am Brettertisch soll immer ein Matzkies gesessen haben. Enkel von ihm leben heute noch hier. Dann war da ein Suplieth, ein schwarzer mit langer Nase. Die Supliehts im Dorf sehen heute noch so aus. Der Totaudehm war der Schreiber. Die Söhne sind auf See geblieben. Die Familie hieß Totaudehm, weil in alten Zeiten einer von ihnen einen Fischaufkäufer umgebracht haben soll. Mein Urgroßvater war natürlich immer dabei und auch sein Mitschmeißer, der Matull. ›Wir haben doppeltes Unglück‹, soll der ole Kajetta oft gesagt haben: ›Die Düne mit dem Sand und den Perkuhn mit dem Schnaps.‹

Aber der Krugwirt schenkte ihnen immer wieder ein, wenn die Gläser leer waren, und wer kein Geld hatte, der mußte ihm den nächsten Fang überlassen. Am schlechtesten stand es mit Matull. Hinter seinem Haus begann die Düne. Sie warf ihm bei Sturm den Sand in die Stube. Er hatte eine gute Frau und viele kleine Kinder. Aber von den Matulls lebt keiner mehr bei uns. Er ist verschwunden damals und die Frau mit den Kindern aufs Festland gegangen. Das geschah alles durch einen Abend bei Perkuhn.

Der hatte sie wieder einmal bei sich versammelt und ein Faß Sprit kommen lassen. Eigentlich handelte es sich um einen Brief, den der Kajetta an die Regierung nach Königsberg absenden lassen wollte, ein Bittgesuch um Hilfe für die Gemeinde. Perkuhn aber, der Vorsteher, war dagegen. Er machte ja mit der Not die besten Geschäfte.

Matull am untersten Ende des Tisches war schon so voll, daß er von allem nichts mehr begriff. Wenn aber der Kajett verbot, noch mehr einzuschenken, dann füllte Perkuhn Matulls Glas erst recht. Er sollte nicht mit abstimmen können, wenn es um den Brief ging. Und wie der dürre geizige Kerl sich wieder einmal mit dem Krug über Matulls Schulter beugte, da ging die Tür auf. Im dunklen Rahmen stand eine Frau, hatte zwei kleine Kinder neben sich. Es war die Matullsche.

›Perkuhn!‹ soll sie geschrieen haben, ›du bist schlimmer als der Sand!‹ – Und dann ließ sie die Kinder los, bückte sich, und Gott mag wissen so sie ihn herhatte -- warf sie den Sand handweise dem Gelben ins Gesicht. Plötzlich war sie wieder verschwunden. Der Wind warf die Tür zu. An jenem Abend aber haben sie den Brief alle unterschrieben bis auf den Perkuhn und den Matull. Der ist hinausgegangen, aber nicht nach Hause. Im Kirchenbuch steht: Verschollen.

Die Regierung schickte eine Kommission. Das Dorf wurde verlegt. Der ole Kajett war der erste Vorsteher im neuen Ort.«

Für uns drei und den Alten wurde es eine lange Nacht. Der Regisseur und der Weißkopf fanden kein Ende. Ich trat schließlich vors Haus und ging die wenigen Schritte zum Haff hinunter. Als ich schon eine Weile auf dem Rand eines Bootes gesessen hatte, kam sie. Ihr Kopftuch leuchtete hell. Sie hatte sich einen bunten Wollschal umgehängt und sah aus wie eine der hochgebauten jungen Fischerfrauen. Die Schauspielerin. Sie setzte sich neben mich. Der Mond zeichnete unsere Schatten. Ich ergriff ihre Hand.

»Sie sind so kühl«, sagte ich.

»Und Sie so warm wie der besonnte Sand«, entgegnete sie leise, rückte aber sogleich von mir ab und fuhr nach einer Weile des Schweigens fort: »Es war schön. Wir sollten es darum jetzt beenden. Meer und Haff und die weiße Düne dazwischen ... Eine Romanze – flüchtig wie der Sand? Ein Gedicht vielleicht! Eine Drehbuchidee?«

Sie erhob sich: »Ich wollte Ihnen nur Gutenacht sagen!« Und ging wieder. Ich sah ihr betroffen nach.

Bald erschien der Regisseur in der Tür und winkte mir. Da ging ich wieder hinein zu ihm und dem Alten.

Als ich gegen Morgen mein Zimmer aufsuchte, lag ein Brief auf dem Kopfkissen. Sie schrieb:

»Die Tochter des Gastwirts bringt mich in aller Frühe mit dem Fischwagen nach Schwarzort. Von dort geht es mit dem Schiff weiter. Ich weiß, daß Sie es ›ihm‹ auf eine gute Weise beibringen werden, auch, daß er sich eine andere für seinen Film wird suchen müssen. Ihnen schenke ich, was mir diese Tage gegeben haben, wenn Sie so wollen, die Hymne an den Sand.«

Ich las:

... es gibt nichts, was so lebendig wäre wie der Sand. Nicht nur, daß er mit dem Winde fliegt, nadelscharfe kleine Geschosse, nicht nur, daß er wächst und wieder abnimmt und weiterwandert, Hügel formt wie Wellen, Felder übergießt wie ein Strom und große Berge türmt, höher als Kirchturmspitzen, die richtigen Gebirgen gleichen.

Auch wenn der Wind im Meer schläft und die Sonne glüht und der Himmel blau über dem Strand liegt, wenn alles im Arm des Mittags träumt und selbst die dunstblaue Seeferne keinen Atem mehr hat, der Sand hat auch dann keine Ruhe. Seine funkelnden Körnchen rollen fort und fort, von der Hitze gelöst, in die kleinen Abgründe, die der Wind aufriß, die die Wellen hinterlassen haben, die Tier- und Menschenfuß in ihn gesenkt. Seine winzigen diamantenen Blöcke rollen und springen wie Sonnen leuchtend, Felsstürze für unendlich kleine Wesen, wenn solche in seinen flimmernden Gefilden leben.

Er ist fein und weich und zart, ein Bett für die Liebenden und doch zugleich ein Dämon. Er schillert in allen Farben der Welt, wie Tag und Abend, wie Sonne und Mond und Wolkenschatten das Kleid ihm malen und trägt doch mit sich den grauen Tod.

Aus dem Meer hebt ihn die Woge, klares Quarz und buntes Gekörn. Die Seedüne steilt sich auf aus ihm. Er fließt zwischen den harten Gräsern und dem struppigen Strauchwerk der Kupsten wie ein Schleier. Ein Teppich, legt er sich in großen Wellen kreuz und quer und zieht sein helles Tuch bis in den Wald hinein. In Sturmesnächten und im leisesten Windhauch wandert die Düne, die er getürmt. Sie steigt aus den Kupsten, durchbricht den Wald, sanft ist ihr Abhang zur Seeseite hin, hell gewölbt wie der Rücken einer Frau. Sie liegt auf verschränkten Armen, steil fällt ihre Brust. Ihr Haupt späht dem Haff entgegen.

Im Sand wächst nur das bläuliche Seegras und da und dort, wo sich im Grunde das Wasser hält, ein letzter Busch und grüne Schilfgräser in einer Senke. Das sind die Inseln, Leben im Grau des Todes. Über dem Sand flirren die Libellen, wenn die Hitze über ihm zittert. Im Sand blüht die Stranddistel, verzauberte Blume, Blüten wie Mädchenaugen zwischen blaubleichen Blättern, die bläulich geädert sind und breit und glatt sind, und Dornen tragen, und hart sind und kühl . . .

Ich faltete das Papier zusammen, barg es gut und ging ans Haff hinunter. Dort wartete schon der andere.

KL. KLOOTBOOM-KLOOTWEITSCHEN

Die Schlittenfahrt im Juli

Erster Auftritt. Carol traf in seinem damaligen Stammlokal Ledoyen an den Champs-Elysées in Paris einen älteren, sympathischen Jagdfreund, Montmorency. Der hatte eine lebhaft südliche Aussprache. Ein Gespräch entwickelte sich rasch. Carol fragte: »Woher sind Sie?«

»Vom Süden. Und Sie?«

»Vom Norden. Äußerster Süden?«

»Provence. Und Sie?«

»Äußerster Norden. Ostpreußen. Ist die Provence sehr südlich?«

»Zweifeln Sie?«

»Ja. Ist die Gascogne nicht südlicher?«

»Nein, wir sind der Sonne näher. Was glauben Sie, wir können im Juli Eier im Sande garkochen! Wir brauchen sie nur hineinzulegen.«

Carol gefiel der Ton und der Mann. Er antwortete: »Das ist gar nichts. Bei mir in Eichenort fahre ich das ganze Jahr rund . . . Schlitten. Wir brauchen uns nur hineinzusetzen.«

Montmorency tat schwerhörig. »Ich habe nicht verstanden. Was fahren Sie?«

»Wir fahren bei mir das ganze Jahr rund Schlitten.«

»Verzeihung. Sagen Sie das bitte noch einmal, wenn Sie können.«

»Gern! Wir fahren das ganze Jahr rund bei mir Schlitten!«

»Jetzt habe ich Sie festgenagelt, Sassenburg! Unmöglich! Unmöglich! Und zum drittenmal unmöglich!«

»Ich kann mein Klima nicht ändern. Ich lade Sie ein. Überzeugen Sie sich, ehe Sie bei mir in Eichenort ... etwas für unmöglich erklären. Sie brauchen nur in den Schlitten einzusteigen.

»Ich gehe jede Wette dagegen ein, daß Sie im Juli Schlitten fahren.«

»Die verlieren Sie.«

»Das werden wir sehen. Ich habe ernsthaft Lust, mit Ihnen zu wetten.«

»Ich auch.«

»Um so besser.«

»Für mich!«

»Ich wette 10 000 Franken, daß Sie nicht im Juli Schlitten fahren können.«

»Ich halte die Wette, mein lieber Herr und Freund. Ich fahre mit dir Schlitten.«

»Es gilt!«

Montmorency war voll Vergnügen und Eifer.

»Also 10 000 Franken«, sagte Carol gelassen.

»Herr Ledoyen, lassen Sie bitte einen Notar kommen.«

Der Notar kam und besiegelte das Dokument. Es enthielt das Datum des 3. März 19 ... zu Paris. Es beurkundete mit den Ketten des Rechtes eine Wette, dergestalt, daß die Wette um 10 000 Franken gewonnen oder verloren wird. Montmorency muß bezahlen, wenn eine Schlittenfahrt im Juli in Eichenort möglich ist. Carol muß bezahlen, wenn nicht.

Dritter Auftritt. Die Provence stöhnte unter Juligluten. Montmorency mußte kräftig lachen. Er öffnete ein Telegramm aus Eichenort: Herzliche Einladung zur Schlittenfahrt. Eilen Sie, sonst taut der Schnee. Sassenburg-Eichenort.

Montmorency fuhr nach Paris. Dort war es merklich

kühler. Er hatte eine Konferenz mit seinem Freunde Flammarion, der von arktischen Kaltluftpolstern philosophierte und nicht ja noch nein sagte.

Montmorency fuhr weiter nach Berlin. Frischere Luft. Er hatte eine Konferenz mit Wilhelm Bode im Kaiser-Friedrich-Museum über seinen Rembrandt. Bode lachte: »Ostpreußen? Kenn ich von Friedrichstein her. Dort ist alles möglich. Mein Freund August Dönhoff pflegt zu sagen: Ich will vom ostpreußischen Wetter nur eins sicher prophezeien. Mann kann im Juli bestimmt nicht Schlittschuh laufen. Aber Schlitten fahren? Wer weiß?«

Montmorency depeschierte und nahm den Schnellzug nach Rastenburg. In Rastenburg war kühlere Luft. Von Schnee keine Spur.

Am Bahnhof standen die verschiedenen Abholer. Kein Schlitten darunter.

Ein Wagen mit vier Pferden, vom Sattel gefahren, hielt vor dem Hauptportal der Station. Roßmuth, im Schafpelz, erkannte sofort den Gast aus der Provence und bat ihn, im Wagen nach Eichenort Platz zu nehmen. Er hing ihm einen Fahrpelz über, brachte eine Pelzmuffe und knüpfte eine schwere Pelzdecke fest. Das Gepäck wurde verstaut.

»Wozu der Viererzug am leichten Wagen? Und wozu das Pelzwerk? Ist das bei euch landesüblich?«

»Wir kommen sonst nicht durch, Eure Hoheit!«

»Was sollen die beiden Reiter da vorn mit den Spaten?«

»Das sind die Vorreiter zum Ausgraben. Wir haben auf der Herfahrt ausgraben müssen.«

»Ja, woraus denn in aller Welt ausgraben? Was meinen Sie mit dem Ausgraben?«

Roßmuth schlug den Kutschenschlag zu und sagte: »Wenn wir im Schnee steckenbleiben!«

Nachdem er das kühne Wort gesagt hatte, eilte er verdächtig schnell nach vorn, um auf den Kutschbock aufzusteigen. Montmorency rief vorwurfsvoll: »Pfui! Du hast getrunken! Abfahren!«

Es ging hinauf in die Wälder. Sie waren grün. Aber ein kalter Wind wehte. Die Fahrt war lang. Dreißig Kilometer. Allmählich sank der Abend herab. Der Gast aus Frankreich blickte unwillkürlich aus einer seelischen Abwehr immer wieder sorgend nach rechts und links auf die Feld- und Waldstücke. Er beruhigte sich immer wieder. Es war alles sommerlich grün.

Als es dämmerte, fingen die Hufe der Pferde und die Räder des Wagens an, eigentümlich zu knirschen. Montmorency warf einen erschreckten Blick auf die Straße. Sie war schneeweiß! Das Knirschen und Mahlen wurde stärker. Der Gast aus der Provence traute seinen Augen nicht. Die vier Pferde mühten sich und schwitzten durch Schneewehen bis an die Bäuche, der Wagen sank bis an die Achsen hinein, der Schnee türmte sich auf. Der Wagen hielt. Die Vorreiter sprangen ab und schaufelten eifrig die Wagenräder aus. Unter wildem Johlen wurden die Pferde angetrieben. Vergebens! Der Wagen stockte, legte sich schräg und war nicht vorwärts und nicht rückwärts zu bringen.

Klirrendes, melodisches Schellengeläut im Traberruck und -zuck drang die große Eichenallee herauf. Glöckchengeklingel und Pferdegewieher, blitzende Laternen und flatternde Behänge! Ein Schlitten, bespannt mit einem Viererzug Rappen, jagte heran. Carol im Pelz rief herüber: »Steigen Sie bei mir ein! Eichenort begrüßt Sie von Herzen! Aber schämen Sie sich! So dicken Schnee mitzubringen!«

Montmorency wurde im Triumph die lange Eichenallee zum Schloß gefahren. Zur Rechten Carols sitzend, durch das nachtdunkle Eichengewölbe, auf schneeweiß stiebender

Schlittenbahn, im vollen Galopp des Viererzuges, im Geläut der silbernen Glöckchen, und so über den weiten Platz, der in seiner ganzen Größe schneebedeckt dalag. Und so vor das alte weiße Haus, das dastand als ein strahlender Anblick, die Fensterreihen blinkten von Lichtern, und so vor die Haustür, die mit weißbeschneiten Tannengirlanden geschmückt war. Der Widerhall der Schlittenglocken klang von allen Seiten zurück.

Der Schwung der Überraschung riß Montmorency hin. Beim Aussteigen schüttelte er den Schnee ab und rief Carol zu: »Eine herrliche Schlittenfahrt! Gerade, weil sie unmöglich ist, Sie Magier! Das nenn ich eine königliche Begrüßung! Also das ist Eichenort im Juli!« Feierliche Umarmung.

»Daß Sie ein Sassenburg sind, wußte ich! Daß Sie aber Macht über die Elemente haben, weiß ich seit heut!«

Er schnippte sich den Schnee vom Pelz. Ein Körnchen Schnee führte er zum Munde. Mit einer Grimasse lachte er Carol an: »Salziger Schnee!«

Hochgehende Festwogen folgten. Es war wohl der schönste und geglückteste Abend, den Eichenort jemals gesehen hat. Es war vielleicht der Höhepunkt von Carols törichtem Leben. Aber wer erkennt schon den Höhepunkt im zerrinnenden Augenblick, während er ihn erlebt?

Der zweite Auftritt hatte sich vier Wochen vorher abgespielt. Gutsbüro in Eichenort. Vor Carol sein langjährig verbundener Lieferant Budgereit, der für den Herbst über Viehfutter und Kunstdung abschloß.

Carol betrachtete prüfend die bunte Reihe der Probegläser mit den verschiedenen Sorten von Kunstdünger. Er fragte: »Budgereitchen, nun sag mir mal, welches ist die weißeste Mischung in deiner Giftküche?«

Budgereit, höchst erstaunt: »Die weißeste? Wieso die weißeste?«

»Möglichst weiß wie Schnee!«

»Weiß? Dies ist weiß.«

Carol nahm das Probeglas, öffnete den Stöpsel und schüttelte den Inhalt zum Fenster hinaus.

»Schön, sehr schön«, sagte er und blickte auf den Kiesweg vorm Haus.

»Wie heißt das Zeug?«

»Schwefelsaures Ammoniak, das beste für die Hackfrucht.«

»Kannst du das als Fixgeschäft liefern, prompt zum Termin?«

»Jede Menge sicher wie Gold und zu jedem Tag.«

»Na, dann liefer mir mal zum ersten Juli prompt etwas schwefelsaures Ammoniak, sagen wir ... zehn Waggons, adieu!«

Verdutzter war Budgereit nie. Aber er lieferte prompt. Daher kam es, daß in der Grafschaft Eichenort in jenem Jahr eine sagenhaft reiche Ernte eingebracht worden ist, Kartoffeln wie Melonen und Rüben wie Kürbisse, weil ein Montmorency aus dem reinsten Blut Frankreichs über den Kunstdung Schlitten gefahren war. Bei jeder Ernte von dicken Kartoffeln erzählen die Leute noch heut von dem Märchenbilde der Schlittenfahrt im Juli, die der Carol für einen provençalischen Königssohn veranstaltet hat.

Ein kleines Nachspiel hat einige Wochen nach der Fahrt beim Frühstück stattgefunden.

»Geben Sie mir das Salz zum Frühstücksei!« sagte die alte Kusine Goby zum Güterdirektor Hintersass.

Er seufzte vernehmlich, durch gekniffene Lippen atmend: »Ach, du lieber Gott! Ich kann Salz schon gar nicht mehr sehen! Alles schmeckt nach schwefelsaurem Ammoniak. Wenn er doch wenigstens Kali genommen hätte! Das hätten wir für die Winterung brauchen können, und es wäre billiger gekommen. Oder Guano?«

»Ja, wollen Sie lieber Guano zum Ei nehmen?« fragte Kusine Goby maliziös. Man lachte.

»Was mag das Ganze gekostet haben?« fragte der dicke Münzgelehrte Schlank.

»Ach, du lieber Gott! Wenn er doch Kali genommen hätte! Das hätte mehr gebracht.«

»Gebracht? Glaub ich nicht. Sie meinen ein Heidengeld gekostet!«

»Die Rechnung von Budgereit über das Ammoniak macht 8037 Mark und 80 Pfennig. Ach, du lieber Gott! Die Reichsbank hat vorige Woche über den Credit Lyonnais von Montmorency die Franken mit zehn Mille überwiesen. Der Kurs ist so schlecht! Die machen 8120 Mark und 33 und eigentlich noch ein Drittel Pfennig, aber die Bruchteile zahlt die Reichsbank nicht aus. Ach, du lieber Gott! Worüber ich nicht aufhören kann, mich zu verwundern: Bei solchen Sachen macht er schamlos 92 Mark und 47 Pfennig Überschuß!«

Charlotte Keyser

Phantastische Mondscheinfahrt

Spät in der Nacht, bei leuchtendem Vollmond, kehrten sie von einem fröhlichen Fest des landwirtschaftlichen Frauenvereins zurück: das Ehepaar Mertineit mit Tochter Martha, Nichte Elfriede und Anton Reimer, dem zweiten Lehrer aus dem Dorf. Diese festlichen Zusammenkünfte, die einmal im Jahre in der Kreisstadt abgehalten wurden, bedeuteten schon etwas. Man traf mit vielen guten Freunden und Bekannten zusammen und pflegte solch einen Tag mit reichen Spenden an Kuchen, Bowlen und den verschiedensten Braten gebührend zu feiern. Dazu gab es eine Verlosung mit den prachtvollsten Gewinnen, angefangen von lebendigen Hühnern, schweren Würsten, Torten, Weinen und Likören. Man blieb lange beisammen und war noch in gehobener Stimmung, wenn man die Heimfahrt antrat. So frohgemut gestimmt hatten auch der Landwirt Julius Mertineit und seine Familie das Fest verlassen.

Anton Reimer, der Lehrer, war eigentlich ein Überzähliger inmitten dieser Gemeinschaft, er war mit einem anderen Fuhrwerk zur Stadt gekommen, aber als man ihn zur Rückfahrt einlud, wollte er sich ungern aus dem Kreise der Tanzenden lösen. Da war ja aber noch der Gutsbesitzer Mertineit, der würde ihn vielleicht mitnehmen.

»Machen wir«, sagte Julius Mertineit. »Wir werden uns schon einschachteln. Hauptsache, daß meine Gäule sich nicht über die Mehrbelastung beklagen«, fügte er mit leisem Schmunzeln hinzu, denn Anton Reimer verfügte trotz seiner erst 26 Jahre bereits über ein ansehnliches Körpergewicht.

Und nun befand man sich auf der Rückfahrt. Die siebzehnjährige Nichte Elfriede freute sich ganz besonders, daß sie als Gast von Onkel und Tante mitgenommen worden war. Sie, die immer leicht fror, hatte man zwischen Tante und Kusine plaziert. Vorn auf dem Bock aber thronten der selbstkutschierende Vater Mertineit und Anton Reimer.

Als man die Brücke überquert hatte und die Stadt hinter sich gelassen, mußte die junge Elfriede ihrer überschwenglichen Freude Luft machen.

»Daß ich nach diesem fabelhaften Fest auch noch eine so wunderbare Mondscheinfahrt mitmachen darf, ist geradezu phantastisch. So durch die Nacht zu fahren, ist einfach ein Erlebnis. Wie ich das genieße!«

»Na, dann genieße man«, grunzte der Onkel auf seinem Bock und pfiff ermunternd durch die Zähne, um die Braunen aus ihrem etwas trägen Trab aufzuscheuchen. »Hüo! Hüo! – Na Menschenskinder, das ist ja gerade so, als hätten die Gäule Schlummerpunsch getrunken. Zuerst ging die Fahrt flotter, was?«

»Ja«, sagte Anton Reimer, »das scheint mit denen genauso zu sein wie mit den Menschen, sie kommen eben auch mal auf den toten Punkt.«

Es war gerade so, als habe der arglose Mann eine Zauberformel gesprochen, denn im gleichen Augenblick trat der tote Punkt ein. Die Pferde standen.

Julius Mertineit schnalzte mit der Zunge. »Ha, ihr Rackerzeugs, wird's bald? Flott, flott!«

Er griff zur Peitsche.

»Besinnt euch gefälligst, sonst hagelt es Hiebe!« Die Pferde rührten sich nicht.

»Na, Reimer, Sie haben den Teufel an die Wand gemalt, die Biester stehen.«

Ja, sie standen, standen wie angewurzelt. Da half kein Schnalzen, kein Hü und Hott, keine Drohung, kein Peitschenstrich. Sie schnaubten, prusteten, bäumten sich hoch – aber standen. Frau Mertineit lachte: »Du wirst diesen störrischen Kreaturen wohl anders zu Leibe rücken müssen.«

Ächzend stieg Julius Mertineit vom Wagen. »Ich will euch wohl helfen!« rief er mit Donnerstimme und zerrte mit energischem Griff am Zaumzeug. Aber alles was er erzielte, war ein erneutes Prusten und Schnauben der störrischen Tiere. Sie rührten sich nicht vom Fleck.

»Na da soll doch gleich ...!« fluchte er.

»Warten Sie, Herr Mertineit – ich helfe mit. Das müßte ja nicht mit rechten Dingen zugehen, wenn wir die Gäule nicht auf den Trab brächten.«

Mit einem Satz war der Lehrer vom Bock gesprungen. Er lachte. »Sollten wir zwei etwa nicht Manns genug sein, die Biester in Bewegung zu setzen? Also los dafür!«

Der Braune auf der linken Seite bäumte sich noch einmal hoch, dann ging's voran.

»Na also!« triumphierte der Lehrer.

Julius Mertineit schwang Leine und Peitsche, und die Fuhre kam wieder ins Rollen.

»Nun wird's ja wohl klappen – – also hinauf!«

Aufstöhnend sank der Gutsherr auf den quietschenden Ledersitz. Dann folgte das ermunternde Hüo, die Pferde zogen kurz an, um gleich darauf wieder stehen zu bleiben.

Mutter und Tochter fanden die Sache höchst vergnüglich und hielen mit ihrem Gelächter nicht zurück.

»Ja Herrschaften, amüsant ist das ja nun nicht, wenn ich hier dauernd rauf und runterklettern soll«, schalt Vater Mertineit.

»Versuchen wir's also noch einmal«, beschwichtigte Anton Reimer, »ewig kann das ja schließlich nicht so gehen.«

Julius Mertineit seufzte.

»Das ist nämlich die Sache: Die Kreten sind noch jung und gehen erst kurze Zeit im Geschirr. Auf längerer Tour sind die noch nicht gewesen, und die Nachtruhe ist ihnen noch nie geraubt worden.«

Unter dem festen Griff am Zaumzeug bäumte sich Hektor, der Braune zur Linken, von neuem auf.

»Vieh, erbärmliches!« donnerte Julius Mertineit.

»Warum hast du nicht lieber Prinz und Lola genommen? Das wär' eine flotte Fahrt gewesen«, sagte mit spürbarem Vorwurf Martha.

»Wo denkst du hin?« lachte die Mutter, »wir mußten doch unser neuestes Gespann vorführen.«

»Ja, nun geht das wieder los, das Gepredige, was man alles hätte tun und nicht tun sollen«, brauste Julius Mertineit dazwischen. »Nun sind's eben nicht Prinz und Lola, sondern die neuen Braunen, und damit basta. Los, Reimer, wollen doch noch mal . . .«

Aber diesmal glückte es nicht, die Gäule sträubten sich und standen.

»Steigt aus!« befahl der Gutsherr. Mutter und Tochter konnten kaum das Lachen unterdrücken, dagegen stieß Elfriede, die Nichte, einen Seufzer tiefsten Unwillens aus.

»Phantastische Mondscheinfahrt, was, meine Tochter?« sagte Julius Mertineit mit grimmigem Gelächter. Aber mit diesem Auflachen schlug seine Stimmung jäh um, auch er erfaßte die Komik der Situation.

»Alle Mann ran!« kommandierte er. »Vor allen Dingen Sie, Reimer, als Hauptschuldiger. Meiner Ansicht nach haben unsere schönen Braunen die Überbelastung übelgenommen. Also ran, Herrschaften! Hier hinten her! Schieben wir einmal die Karre. Wenn den Gäulen die Fuhre auf die Hacken kommt, müssen sie ja voran.«

Ja – so ging's – immer Schritt für Schritt. Standen aber die fünf so eifrig Schiebenden erschöpft still, so standen auch die Pferde. Da nützte es nichts, daß man die Peitsche schwang oder ihnen gut zuredete und den Hals klopfte, sie taten freiwillig keinen Schritt. So hieß es weiterschieben.

»Das ist ja toller, als wenn die Bienen schwärmen, was Reimer? Wenn ich so als Junge mit der großen Holzspritze stehen mußte und die zusammengeballten, wimmelnden Klumpen spritzen und spritzen mußte, bis der Vater vom Acker geholt wurde, dann wollte und wollte das auch kein Ende nehmen.«

»Mal werden wir ja nach Hause kommen«, beruhigte Martha.

»Mal ja – fragt sich nur, wann das ist.«

»Das kann ja aber unmöglich so weiter gehen – die Tiere müssen sich doch schließlich einmal besinnen«, wandte Anton Reimer ein, und etwas wie unterdrückte Empörung schwang in seiner Stimme.

»Abwarten, wie das mit dem Besinnen ist«, brummte Julius Mertineit vor sich hin. »Diese Trakehner sind ein sehr empfindliches Blut.«

»Der Weg ist ja schauderhaft«, ließ sich jetzt Elfriede vernehmen. »Meine schönen neuen Schuhe!«

»Also tu mir den Gefallen, Elfriede, und verfüg dich wieder auf den Wagen. Deine 88 Pfund werden wir auch noch zwingen. Also los – steig ein! – Kalt ist mir grad nicht, Mutter! Eine Pelle muß runter«, und er warf Hut und Mantel in den Wagen. Reimer folgte seinem Beispiel. Er ließ die Taschenlampe aufblitzen. »Fünf Minuten nach drei«, verkündete er. Martha suchte in einer leeren Tortenschachtel nach Bindfaden zum Aufschürzen der Kleider. »Wegen der guten Schuhe lasse ich mir keine grauen Haare wachsen, aller Schaden geht auf Vaters Konto.«

Und so schoben sie weiter. Seufzer und Schlagworte wechselten, aber das Seufzen und Schnaufen gewann allmählich die Überhand.

»Wie lang kann diese Tortur wohl dauern?« fragte atemschöpfend Anton Reimer.

»In diesem Tempo bis zum frühen Morgen«, war die Antwort. »Wir können ja auch nicht unentwegt schieben, man muß sich ja auch mal verpusten.«

»Wenn ich doch bloß mit Hennigs zurückgefahren wäre«, klagte Anton Reimer. »Ich muß ja doch pünktlich in der Schule sein – wir geben ausgerechnet morgen die Herbstzeugnisse.«

»Ja, lieber Reimer, da hilft nun nichts. Mitgefangen – mitgehangen. Muß sich eben der gestrenge Präzeptor auch noch Ihre Gören auf den Hals laden und die Zeugnisse verteilen.«

»Aber die Zeugnisse habe ich ja eingeschlossen – da kann niemand ran.«

Bei dieser Vorstellung wurde ihm noch heißer, so daß auch er seinen Rock auszog und in den Wagen warf.

»Richtig so – mache ich auch!« rief Julius Mertineit, und nun schoben sie in Hemdsärmeln.

»Machen Sie's nicht so tragisch, Herr Reimer«, versuchte Martha zu trösten.

»Man hat ja aber schließlich ein Pflichtbewußtsein«, begehrte er auf.

»Ja, es ist etwas Schönes um ein Pflichtbewußtsein. Wenn nur diese Biester den zehnten Teil davon hätten«, schmunzelte Julius Mertineit. In demselben Maße, wie bei dem pflichtbewußten jungen Mann die gute Stimmung absackte, nahm sie bei den Mertineits zu. Sie schoben unverdrossen, wenngleich auch manches Kraftwort und manch ein Stöhnen laut wurden.

Eine Stunde mochte vergangen sein, als man sich eine längere Ruhepause gönnte.

»Ich habe einen großartigen Einfall, Herrschaften!« hatte Vater Mertineit gerufen. »Wir ergötzen Leib und Seele an dem guten Schnaps, den ich bei der Verlosung gewonnen habe.«

Triumphierend wurde die Flasche hervorgeholt und entkorkt und wanderte dann, stürmisch begrüßt, als wahrer Labetrunk von Mund zu Mund.

»So, Elfriede, nimm auch 'mal 'nen kräftigen Schluck; der Schnaps ist einfach phantastisch.«

Elfriede ärgerte sich, daß der Onkel ihr andauernd ihr Lieblingswort »phantastisch« unter die Nase rieb. Unwillig nahm sie das gepriesene Getränk in Empfang.

»Ich habe noch nie aus einer Flasche getrunken«, sagte sie abweisend.

»Na dann streich dir diesen wichtigen Akt nachher im Kalender rot an. Du kannst doch unmöglich verlangen, daß ich dir zwischen Nacht und Morgen, mitten auf dem Wege zwischen Planschwarren und Winge, Likörgläser auf silbernem Tablett serviere.«

Erbost nahm Elfriede einen Schluck. »Das läuft einem ja alles an den Seiten runter – dies abscheulich bittere Zeug.«

»Hauptsache, es ist ein Teil davon bis in den Magen gekommen, alles andere interessiert mich nicht.«

Die Stimmung wuchs, auch Anton Reimer wurde wieder gesprächiger.

»Könnten wir nicht auf irgendeinen Hof fahren und versuchen, die Pferde bis zum Morgen auszutauschen?«

»Na hören Sie mal, Reimer, da möchte ich wohl sehen, was die Leutchen für Gesichter machen würden, wenn man ihnen vier Uhr morgens mit solch einem Anliegen käme. Da hilft nichts, wir müssen schon weiter schieben.«

Auch die erneuten Versuche, die Tiere auf den Trab zu bringen, scheiterten. So schoben die schon reichlich ermatteten Festteilnehmer noch beflissen hinter dem Wagen her, als schon der Morgen graute.

Da lehnte in aller Herrgottsfrühe der Müller Bükner am Zaun.

»Morgen, Herr Mertineit«, rief er und wiegte mit breitem Grinsen den Kopf hin und her. »Das ist ja ne seltsame Fuhre.«

»Ja, Bükner – ist eine verdrehte Welt. Wir fahren nämlich unsere Pferde nach Hause.«

Und weiter ging's. Der rote Sonnenball trat in das nebelhafte Morgenrot.

»Wir werden gerade zum Melken zu Hause sein«, seufzte Julius Mertineit, »jedenfalls eine hübsche Leistung, was Reimer. Wir haben uns wirklich im Schweiße unseres Angesichts das Morgenfrühstück verdient.«

Da – an der Wegbiegung beim alten Preugschat gab es einen gewaltigen Ruck. Hatten die Gäule Heimatluft gewittert? Mit einem Schlag setzten sie sich in kräftigen Trab.

»Gewonnen! Land, Land!« trompetete Julius Mertineit in die Morgenstille. »Einsteigen, aber flott!«

Erlöst sanken sie in die Wagenpolster.

»Endlich fahren wir!«

Ja, sie fuhren wirklich, und an der nächsten Wegkreuzung konnte Anton Reimer innerlich getröstet absteigen, um in seinen Dorfweg einzubiegen. Er stand da und schien nach einem passenden Wort zu suchen.

»Bedanken brauchen Sie sich nicht, lieber Reimer, wir sind ja diesmal selbst die Gäule gewesen. Wenn wir unseren Muskelkater ausgeschlafen haben, lade ich Sie zu einer Sühnefeier, wir haben uns ja alle mächtig die Gliedmaßen verrenkt. Aber einen weiß ich, der ganz auf seine Kosten gekommen ist: unsere liebe Elfriede. Sie hat eine Mondscheinfahrt gemacht, wie sie ausgiebiger und abwechslungsreicher nicht sein konnte – einfach phantastisch!«

HEINZ PANKA

Der Schmandschmecker

Der Onkel Ferdinand war ein stattlicher Mann mit dunkelblondem Haar, das sich zu seinem Leidwesen über den Schläfen schon stark lichtete. Er hatte dunkelbraune Augen, und man wußte nie so recht, was sich dahinter verbarg, war es Scherz oder war es Ernst. Er liebte es, vergnügte Gesichter um sich zu sehen. Vielleicht gerade, weil er es in seiner Jugend schwer gehabt hatte. Ursprünglich wollte er Tierarzt werden und war einige Jahre auf die höhere Schule der Kreisstadt gegangen, aber nach dem unerwarteten Tod seines Vaters mußte er den Hof übernehmen, einen stark verschuldeten Hof, der ihm viele Sorgen machte. Auch jetzt noch sprach er wenig und ungern über jene Tage, und er meinte, nur seine breiten Schultern und sein besonderes Maß an Sturheit hätten ihm darüber hinweggeholfen.

Nun, das lag lange zurück, und er war ein tüchtiger, im Kreis bekannter Bauer geworden.

Man konnte sich schwer mit ihm streiten, und Tante Luise, eine naive, rundliche Frau, die vollauf in Küche und Garten zu tun hatte, war schon aus Bequemlichkeit seiner Meinung, nahm hin, was er sagte. Nur über den Milchprüfer wurden sie sich nie einig.

Nicht, daß sich der Onkel viel mit dem Milchprüfer befaßte. Es gab genug andere Sorgen und wichtigere. Die Tante war guter Hoffnung, und er hätte zu gerne einen Hoferben gehabt; ihr erstes Kind war noch bei der Geburt gestorben. Die Ernte stand vor der Tür. Der Onkel hatte schon mal die Körner einer Ähre gezählt. Sie würde gut werden, wenn sich das Wetter hielt. Nein, der Milchprüfer oder Schmandschmecker, wie er allgemein hieß, war nur eine Randerscheinung im Leben der Familie.

Die Tante Luise hielt ihn ja für einen netten jungen Mann, an dessen Manieren sich ihr Ferdinand hätte ein Beispiel nehmen können, und dem man mit Gewinn zuhörte.

Der Onkel dagegen nannte ihn einen aufgeblasenen Schwätzer, der sich in jede Unterhaltung mischte und spräche wie Hochwürden zu seinen Schäfchen.

Nach der letzten Gemeindeversammlung – sie hatten anschließend noch in der Gaststube von Neher zusammengesessen – sagte er zur Tante:

»Jetzt hat er sich ein paar unverständliche Bücher aus Königsberg schicken lassen, jetzt ist es völlig mit ihm aus, aus und vorbei. Viel fehlte nicht und wir wären aneinander geraten. Bei seinen Erleuchtungen, mit denen er alles Geschehen durchgeistigt, wird mir immer ganz dunkel.«

»Ferdinand, du bist ungerecht«, sagte die Tante mit leisem Vorwurf. »Ich finde, er spricht sehr sinnvoll.« »Ach, euch braucht man bloß etwas vorzureden, was ihr nicht versteht,« brummte er, »und schon seid ihr hin.« Und da lag der eigentliche Grund für seinen Ärger, daß auch die Luise auf so einen Schaumschläger hereinfiel, seine eigene Frau, die doch ihm am nächsten stehen sollte.

»Sehr sinnvoll spricht er«, wiederholte die Tante, jetzt noch elegisch und zum Beweis, wie wenig sie ihm zugehört hatte.

Und dabei blieb's.

Kein Wunder also, daß der Onkel nur hm, hm murmelte, als sie ihm ein paar Tage später verkündete: »Der Milchprüfer kommt morgen.«

Er kam gerade vom Felde, hängte Strohhut und Jacke

auf den Kleiderhaken im Flur und trat durch die halboffene Tür in die Küche.

Die Familie hatte Ferienbesuch. Der Neffe aus Königsberg, ein blasses Bürschchen, war da und sollte sich auf dem Lande von den Anfängen in Latein und Französisch erholen. Er saß schon am Tisch, baumelte mit den Beinen und spielte mit dem Löffel.

Der Onkel kitzelte ihn im Nacken, als er hinter ihm vorbeitrat, daß der Neffe den Kopf zurücklegte und hin- und herdrehte.

»Neffe, du machst wieder ein Gesicht«, sagte er – er sagte nicht Kurtchen, sondern stets Neffe –, »als hättest du die Weisheit mit Löffeln gefressen, wie der Milchprüfer. Auch das noch!«

Das letzte galt nicht dem Neffen, sondern dem Essen, das die Tante soeben auf den Tisch setzte.

Sie merkte die Spitze in dem »das noch« wohl, denn es gab weiße Bohnen. Weiße Bohnen aber mochte der Onkel nicht.

»Ich werde doch einmal im Monat weiße Bohnen kochen dürfen«, sagte sie.

Er warf einen kritischen Blick auf die Terrine, die bald überzuschwappen drohte, und zum Herd, wo ein großer, blaugesprenkelter Emailletopf über dem Feuer stand. »Bohnen kochst du gleich immer so viel, als sollte ein Schwein gemästet werden.«

»Kann ich dafür, daß du den Milchprüfer nicht magst?« sagte die Tante gereizt und schöpfte den Teller des Neffen voll.

»Den sinnvollen jungen Mann.«

»Ist er«, sagte sie. »Sehr sogar.«

Der Onkel schnitt sich eine Scheibe Brot ab: »Wenn er weg ist, wirst du auch wieder Neues zu berichten haben.«

»Soll ich ihm denn den Mund verbieten?« fragte sie. »Wo er von Hof zu Hof zieht.«

»Und er trägt so schön dick auf.«

»Die Wahrheit«, sagte sie, »die reine Wahrheit.«

»Meinst du? – Du verteidigst in ihm ja nur deine eigenen Schwächen.«

Nun war die Tante beleidigt, weil's stimmte. Besonders darum. Und als der Onkel am Schluß des schweigenden Mahles beiläufig bemerkte: »Ich fahre nachher in die Stadt«, sagte sie: »Fahr nur!« Und da es ihr einmal entschlüpft war, wiederholte sie: »Fahr nur, fahr nur!«

Er forderte sie auch nicht weiter auf. Es war ihm im Innersten recht, daß sie zu Hause blieb, denn er fürchtete, der holprige Weg könne ihrer Gesundheit gerade jetzt schaden.

Gleich nach dem Essen spannte er an, warf ein paar Sack Hafer auf den Wagen, die er dem Kaufmann versprochen hatte, und auf ein kräftiges Jüa! legte sich der Gaul in die Sielen.

Er fuhr also wirklich alleine. Und die Tante wäre so gerne mit in die Kreisstadt gekommen, wenn sie der Onkel nur gebeten hätte.

In den Tagen vor der Ernte war es ja noch möglich, in Ruhe tief Luft zu holen und sich auf die folgenden schweren Wochen vorzubereiten, wo man am Abend nach dem Essen beim Gähnen kaum die Hand zum Mund bekam, einfach weil man zu müde war. Die Tante hatte auch noch einiges in der Stadt zu besorgen, was es nicht so reichhaltig im Dorfe gab, eine Schürze, Schlorren; der Schöpflöffel war zwischen Stiel und Kelle angebrochen; auch Zucker konnte sie gleich mitbringen, Gelatine und andere Kleinigkeiten.

Aber Schürze und Schlorren, gut. Wichtiger war das neue Café in der Kreisstadt, das jeder besucht und gesehen haben mußte. Die Nachbarn erzählten Wunderdinge davon. Und eine Kapelle spielte da, leider nur noch eine Woche, während des Einweihungsmonats, die gab es bestimmt nicht schöner und größer in Königsberg. Jetzt hatte die Provinz die Tore zur großen Welt weit geöffnet, hatte keine Mühe und Kosten gescheut, um die Segnungen der Kultur ins fernste Ostpreußen zu ziehen, jetzt hieß es, sich aufgeschlossen zeigen und zu beweisen, daß man sie brauchte.

Der Ärger der Tante wuchs, nicht auf ihr voreiliges »Fahr nur«, sondern auf den Onkel, der sie an dem Vergnügen gehindert hatte, und ihr Ärger war noch am anderen Tage frisch und stark.

Sie fragte ihn auch nicht, wie es gewesen war. Für sie existierte dieser Ausflug nicht. Sie strafte ihn mit Mißachtung. Dabei mußte sich nach seinen Andeutungen in der Stadt einiges ereignet haben, was ihr Ferdinand kaum als Ruhmesblatt vorweisen konnte.

Zu Mittag gab es als kleines Strafgericht Bohnen. Während des Essens kam der Milchprüfer. Er hatte eine hohe Stirn und eine lange Nase. Seine magere Gestalt stieß fast an den Türrahmen. Der Onkel, dem der Streit mit der Tante längst leid tat, lud ihn gleich ein: »Nu lassen Se sich nich erst nötigen, sondern setzen Se sich hin und langen Se zu.«

Und der Milchprüfer schob seine Beine unter den Tisch, hing seine Nase über den Teller und löffelte eifrig an der Sühne für eine Tat mit, an der er nur geringen Anteil hatte.

»Schmeckt prima«, sagte der Onkel.

»Ich hörte, Sie waren gestern in der Stadt«, sagte der Milchprüfer mit sonorer, leicht singender Stimme, bei der jeder sich zunächst vergewisserte, ob sie von dem doch recht hageren Menschen herrührte.

»Sie hörten es«, sagte der Onkel.

»Ja, vom Steppun ... In dem neuen Café«, sagte er.

Der Onkel wischte sich über den Mund. »Noch einen Teller, Neffe? Bohnen sind gesund.«

»In Königsberg gibt es eine Gesellschaft« – der Milchprüfer gönnte sich eine belehrende Abschweifung –, »alles kluge Leute, da wird sogar ein Bohnenkönig gewählt. Wer nämlich die Bohne in seinem Essen findet, wird für ein Jahr Bohnenkönig.«

»Sehr interessant«, sagte die Tante. Sie trat an den Herd und füllte die Terrine nach. »Und die essen Bohnen?«

»Eine.«

Der Onkel löffelte. »Das ist allerdings wenig.«

»Die Bohne symbolisiert gewissermaßen den Zufall«, sagte der Milchprüfer. »Dem Walten des Geschicks wird hier Raum gelassen, wenn man dahintersieht.«

»Ich finde das sehr verständlich«, sagte die Tante im Hinblick auf den Onkel.

»Ich auch«, sagte der Onkel.

»Wie war's denn so als Kapellmeister?« nahm der Milchprüfer seinen alten Faden wieder auf.

»Haha«, lachte der Onkel. »Das war was!« Ja ja, das war etwas, und er schob seinen Teller zurück. »Ich hab da noch ... Ich muß noch ...«

Er sagte nicht, was er noch hatte und noch mußte, sondern erhob sich. »Mahlzeit!«

Als er hinter dem Neffen vorbeiging, unterließ er es, ihn im Nacken zu kitzeln. Der Milchprüfer würde ihn im Dorfe noch zum Kapellmeister stempeln.

Wie üblich riß er das Blatt vom Kalender neben dem Küchenschrank ab, las die Rückseite, um zu sehen, was es zu Mittag gegeben haben sollte, zerknüllte es, zog es auseinander und las wieder. Es zuckte um seinen Mund. »Wir sehen uns doch noch heute abend«, sagte er zum Milchprüfer und steckte das Blatt in die Tasche.

Der Milchprüfer nickte. »Ich muß sowieso erst ins Dorf.« Das sagte er sehr zum Bedauern der Tante.

Aber der Abend fand die vergrößerte Familie wieder einträchtig beisammen. Es war ein schöner, warmer Abend. Der Himmel reingefegt von jedem Wolkenfetzen, sternenklar.

Man saß in der Laube am Ende des Gartens. Ein schmaler Weg führte zu ihr, an dessen Seiten hochgezogene Rosenstöcke standen, eine duftende Ehrengarde. Dahinter drängte sich das niedere Volk, Kohlköpfe, Kohlrabi, Mohrrüben, zwar nützlich, aber weniger repräsentativ, in Beeten.

»Tja, ja, das war wirklich etwas, gestern in dem Café«, sagte der Onkel gleich aufgeräumt. »Zigarre?«

»Danke.« Der Milchprüfer rauchte nur Zigaretten, die ja auch viel feiner sind, das Zeichen eines nervösen, verfeinerten Innenlebens.

»Also ein Café ist das«, wandte sich der Onkel an die Tante, die dicht unter der Petroleumlampe saß und an einem hellblauen Kinderjäckchen strickte, »ein Café, da müssen wir beide mal zusammen hin. Ich kann mir nicht vorstellen, was da noch fehlt. Neffe, schläfst du?«

»Nein«, sagte der Neffe und riß die Augen weit auf. Er saß zurückgelehnt im Stuhl und war nach des Tages Herumtreiben dem Schlafen näher als dem Wachen. Aber hier, auf Besuch und in den Ferien, wo man lange aufbleiben konnte wie die Erwachsenen, hieß es das ausnützen, war es geradezu eine Sünde, zu schlafen.

»Donner und Doria, alle Achtung«, sagte der Onkel. »Außen weißer Spritzputz mit Granitsplittern, glitzert wie ein Zuckerhäuschen. Es hat zwei große Fenster mit gelben, langen Vorhängen und in der Mitte die Tür. Quer über der Glasscheibe stand breit eingeritzt Café Reuter. Café auf französisch mit Akzent.«

»Accent aigu«, verbesserte der Milchprüfer.

»Ja, von oben. Gleich neben der Tür hing ein Bild in Öl. Ne Kopie von Corinth, so richtig nackt und mollig.«

Die Tante räusperte sich aus Anstand und wegen des Neffen.

»Ein Landsmann«, sagte der Milchprüfer. »Umstritten.«

»Wenn's ein Landsmann ist«, sagte der Onkel, »wollen wir ihn gelten lassen. Der Saal ist vielleicht groß. Da hat bestimmt das ganze Dorf drin Platz. Wie der den immer vollhaben will, ist mir schleierhaft. Kann sein, er hofft aufs Militär. Alles schön gemacht. Heller Parkettfußboden, weißgedeckte Tische. Die Garderoben so um die Pfeiler. Und den halben Garten haben sie hereingeholt, Begonien und Hortensien. Auf einem Podium spielte die Kapelle. Schwarz-weiß.«

Der Onkel kratzte sich hinter dem Ohr. »Hätt die man lieber nicht gespielt. – Nein, es war schon recht.

Ich hatt ja all einen in der Krone, als wir hinkamen. Ich war nämlich erst beim Kaufmann mit dem Hafer gewesen. Auch wegen der Kartoffeln, die wir im Herbst liefern sollen. Hundertachtzig Zentner. Und wir haben den Handel mit doppeltem Wacholder begossen. Da ist noch der Steppun vom Dorf beigewesen. Der hat mich überhaupt überredet mitzugehen.«

Der Milchprüfer nickte. Den Steppun hatte er ja schon getroffen.

»Und ich sag auch noch« – der Onkel schüttelte den Kopf über sich – »wir wollen uns ganz nach vorne setzen, damit wir die Kapelle besser sehen können. Das waren wirklich geschniegelte und gebügelte junge Herrchen. Und der Kapellmeister erst! Aber alles was recht ist, der Krät war mir über.

In einer Pause steigt er vom Podium, setzt sich mit leichter Verbeugung zu uns und fragt, wie es den Herren hier gefalle.

Gut, sagt der Steppun.

Es geht, sage ich.

Der Kapellmeister hat sein Stöckchen neben sich gelegt und läßt sich ein Bier bringen. Sind Sie mit der Musik zufrieden?

Ja, sag ich großzügig.

Na, wir kommen ins Gespräch, und ich, es war ja nicht richtig, tue ordentlich verwundert, daß man mit dem bißchen Taktieren sein Geld verdienen kann.

So einfach ist das nicht, sagt er.

Wir haben im Dorf eine Kapelle, sage ich, die spielt zwar nur abends, man hat ja schließlich am Tage noch was anderes zu tun, aber da macht das einer so nebenbei.

Sie auch? fragt er.

Warum nicht, sage ich.

Werden wir gleich haben, sagt er, steigt aufs Podium, flüstert mit den Musikern und ist schon wieder unten. Er reicht mir den Taktstock: Bitte, Sie können anfangen.

Meinen Sie mich?

Ja, sagt er.

Damit hatte ich nun nicht gerechnet. Aber gesagt, getan. Der Steppun war auch dabei. Ich stand zu meinem Wort, erhob mich und bestieg zögernd und doch entschlossen das Podium.«

»Du?« sagte die Tante.

»Ich«, sagte der Onkel. »So ungefähr hab ich ja gewußt, wie man das macht. Erst mit dem Taktstock aufs Pult klopfen, damit alle aufmerken und ruhig sind, dann beide

Arme anheben und lauter kleine Schleifchen schlagen. Wenn ich meinte, die Melodie müßte besonders wuchtig erklingen, die Hand zitternd und drohend zum Himmel heben. Hingegen beim Pianisissimo ...«

»Pianissimo«, belehrte ihn der Milchprüfer.

»Ganz recht, dabei«, sagte der Onkel, »die gespreizten Finger abwehrend ausstrecken und sich mimosenhaft in sein Inneres zurückziehen. Und abgesehen davon, daß einige Gäste hinter meinem Rücken verdächtig murmelten, war dieser Glaube noch durch nichts erschüttert. Doch nun verließ mich der doppelte Wacholder vom Kaufmann, als hätte ich mit dem Steigen auf das Podium Höhenluft zu mir genommen, und ich sah klar, daß ich hier ganz allein einer Horde boshafter Gesellen gegenüberstand, die mich verderben wollten.

Der Schweiß trat mir auf die Stirn. An wen sollte ich mich halten? Die Kapelle war viel zu groß, viel zuviel Mann. Der Klavierspieler hätte mir genügt, oder der mit der Pauke. Am Ende des Saales ist sowieso nur die Pauke zu hören. Diesen hier umgab ein Sammelsurium von Instrumenten, von Becken, Trommeln, Schellen und Klappern und was weiß ich. Ein Koch, der sechzehn Suppen zugleich würzen muß, hätte nicht mehr zu tun gehabt.

Die vielen grienenden Gesichter brachten mich erst richtig in Verwirrung. Und ich war schon ganz durch, noch ehe ich den Taktstock erhoben hatte.

Auf dem Notenblatt stand schwarz und dick ›Rosen aus dem Süden‹, Walzer von Strauß. Und dann die Noten. Ich bin ja man bloß Fahrschüler gewesen. Noten waren nie mein Fall ... Der Taktstock hat ein Gewicht gehabt wie Blei, und so habe ich ihn sinken lassen.

Das haben die Musiker als Zeichen aufgefaßt und eingesetzt, alle auf einmal und alle richtig. Und es hat einen schönen, runden Klang gegeben. Aber dann sind die kleinen Schleifchen gekommen, die ich schlagen mußte, und an denen bin ich gescheitert. Es wurden Schlingen um meinen Hals, die ich immer fester zugezogen habe.

Angefangen hat's beim Klarinettenspieler. Er hat ratlos abgesetzt und mich fragend angeblickt. Wie ich ihm nicht helfen konnte, hat er wieder eingesetzt und stur nach Blatt weitergeblasen. Weil die anderen aber schon vor waren, hat es ganz gräuslich geklungen. Als die das merkten, war's aus, aus und vorbei. Der ruhende Pol ist eigentlich der Pauker gewesen, obwohl der sich am wenigsten an mein Taktieren gehalten hat und einmal bei einem hauchfeinen Pianissimo mit einem Schlag dazwischengefahren ist, daß mir Hören und Sehen verging.

Der Klavierspieler hat bewußt quergeschossen. Mitten im Spiel hebt er ein Bier, das neben ihm auf dem Boden stand, prostet mir zu, trinkt und spielt nur mit der Linken weiter. Als er nachher die Rechte wieder benutzte, war's zu spät. Links und rechts haben sich gar nicht vertragen. Die Leute im Saal haben das auch gemerkt und furchtbar ... Schläfst du, Neffe?«

»Nein«, Der Neffe riß weit die Augen auf und schüttelte den Kopf.

»... Furchtbar gelacht haben die«, sagte der Onkel. »Der Schlimmste war der Geiger. Er begann erst schmelzend weich, wurde dann aber von den anderen angesteckt, und als die Melodie anstieg, wechselte er in ein Mäusegequieke – wäre ich eine Frau gewesen, hätte mich das auf den nächsten Stuhl jagen können.

Ich habe ihn vielleicht mit meinen Blicken durchbohrt, da ist er auch zur Vernunft gekommen. Als ich mir aber den Trompeter vornahm, der gerade die Spucke aus seinem Rohr schlug, ist er zwei Schritte zur Seite getreten und in die Höhe gerast, wohin ihm kein Mensch mehr folgen konnte. Über den Saxophonisten will ich mich gar nicht äußern. Das sind zweifelhafte Töne. Wenn der Gaul Blähungen . . .«

Die Tante räusperte sich wieder.

»Aber es stimmt«, sagte der Onkel. »So ist mir ein Instrument nach dem anderen entglitten und trotz meiner ausholenden Bewegungen eigene Wege gegangen, und es hat einen Lärm gegeben, als wenn man einen uralten Radioapparat laut einstellt. Das Blut ist mir zu Kopfe gestiegen bis in die Haarwurzeln. Ich wäre am liebsten verschwunden, wenn ich nur gewußt hätte, wie ich das machen konnte, ohne mich umzudrehen. Und die Leute im Saal haben gelacht, also gelacht haben die! Besonders die Frauen waren herauszuhören. Die lachen über so was natürlich am lautesten. Und ein Durcheinander hat geherrscht, schlimmer als bei der Sprachverwirrung von Babylon. Die Kapelle hat ›Hänschen klein‹ gespielt, und das kommt doch in ›Rosen aus dem Süden‹ bestimmt nicht vor.

Da, wie ich nicht mehr aus noch ein gewußt habe, ist auf einmal die richtige Melodie erklungen, erst zaghaft, dann kräftiger.

Ich habe das natürlich meinem zwingenden Blick zugeschrieben, mit dem ich die Musiker gebändigt habe, die ich erst einzeln erschlagen wollte. Hab noch mehr Schwung in meine Bewegungen gelegt.

Nur die Leute haben um so lauter gelacht. Aber die sind eben dumm, dachte ich.

Und dann, auf einmal, ist Schluß gewesen, richtig und ordentlich, wie es sich gehört. Die Musiker haben ihre Instrumente abgesetzt, und jemand hat mich bei der Hand gefaßt und umgedreht.

Hat sich doch der Kapellmeister, dieser Spitzbube, heimlich auf das Podium geschlichen und hinter meinem Rücken den letzten Teil des Stückes mittaktiert.

Bücken, hat er gesagt, und wir haben uns beide verbeugt. Und die Leute haben wie verrückt geklatscht. Und wie sie nicht aufhören wollten, hat der Kapellmeister auf mich gezeigt, als wäre ich ein Museumsstück. Ich habe aber rasch auf die Kapelle gezeigt und es ihr weitergegeben. Und die Kapelle ist wie ein Mann aufgestanden und hat einen Tusch geblasen. Da bin ich schleunigst vom Podium geklettert und durch ein dichtes Spalier geschritten. Mein Lebtag habe ich nicht so viele vergnügte Gesichter gesehen. Und ich habe mich ohne Abschied und ohne Bezahlung verkrümelt.«

»Haha!« lachte der Milchprüfer.

»Haha!« lachte der Onkel, wurde aber sofort ernst. »Es hat, um darauf zurückzukommen, alles seine zwei Seiten.«

»Mindestens«, sagte der Milchprüfer.

»Mindestens«, sagte der Onkel. »Und wenn man dahintersieht. Wie ich so durch den Abend schritt – die Stille in der Besinnung.«

»Ja?« sagte der Milchprüfer.

»So war das«, fuhr der Onkel fort, »ja, nur das Äußerliche, das Geschehen, meine ich, das Belanglose, bestimmt für die Oberflächlichen, die, davon bin ich überzeugt, sich auch daran halten werden. Die anderen hingegen ...«

Der Onkel kämpfte mit sich und zog an seiner Zigarre. Sie war ausgegangen, und er zündete sie neu an.

»Die Denkenden, meine ich ...« Er sog wieder. »... die sehen mehr, sehen dahinter. Nimmt man nämlich den Schall weg, das Äußere, die Musik, verstehen Sie ... Schall und Rauch oder Schein ...«

Die Tante hatte das Stricken aufgegeben und die Arme sinken lassen.

». . . rein vergeistigt jetzt.« Der Onkel lehnte sich zurück aus dem hellen Kreis der Lampe.

»Vergeistigt?« sagte der Milchprüfer. »Ah!«

»Ganz recht«, beeilte sich der Onkel. »So ist alles Gegebene, also auch dies und besonders dies, nur ein Abbild. Sie wissen's natürlich längst, ist der Widerschein einer dahinter verborgenen Welt, aus dem wir . . . Neffe, schläfst du?«

Der Neffe ruckte hoch und riß die Augen auf. »Nein!«

». . . aus dem wir die unzerstörbare Welt erkennen sollen«, sagte der Onkel.

»Was?« sagte die Tante.

Jetzt aber ließ sich der Milchprüfer nicht mehr unterdrücken. Er hackte mit seiner langen Nase nach dem Brocken wie ein Rabe, der fürchtet, jemand könne ihm ein Stück Fleisch wegschnappen:

»Ein verwirrendes Abbild allerdings, wenn ich mir aufhellend und ordnend zu bemerken eingreifen darf, um in die Tiefe zu gehen.«

»Noch tiefer?« sagte der Onkel.

»Ein Geschehen«, belehrte ihn der Milchprüfer, »ist ja immer nur der Anlaß zur Durchsicht in die rechte Klarheit. Wir haben hier deutlich das Abbild der Harmonie in der Kapelle, deren Dasein, das der Harmonie meine ich, man ja erst durch die Störung, die die Unordnung hervorruft, zu erkennen in der Lage ist. Allgemeiner und weiter: Ohne Unordnung wird keine Ordnung sichtbar; enger, keine Harmonie. Die Gefährdung der Ordnung, hier die Störung . . .«

»Also ich«, warf der Onkel rasch ein.

»Ganz recht, Sie als störendes Prinzip.«

»Immerhin Prinzip«, sagte der Onkel.

Der Milchprüfer schüttelte ärgerlich den Kopf. »Das eröffnet uns zugleich den Blick fürs Ganze, was nur innerhalb eines Systems möglich ist. Daher dessen innerliche, sachlich gleichwie zu bewertende Notwendigkeit. Wobei ich jetzt die vordergründige, komödienhafte Schau dieses Geschehens ablehne.«

»Ganz meine Meinung«, sagte der Onkel. »Sehr richtig!«

Die Tante hatte den Mund geöffnet, als könne sie so besser auffassen, und schaute abwechselnd vom Onkel zum Milchprüfer und vom Milchprüfer zum Onkel.

»Man muß nämlich zwei grundlegende Gedanken trennen«, der Milchprüfer überhastete sich vor Eifer, »das reine Sein vorausgesetzt. Jetzt wird's schwierig. Gerade in der neueren Philosophie nach dem Grundsatz des unverständlichen Einfachen.«

»Und der Kapellmeister?« fragte der Onkel.

»Warten Sie doch! Schön, um das andeutend vorwegzunehmen, nicht der Kapellmeister. Gewiß, hier der Kapellmeister, stärker und eindeutiger: der Meister. Wer nun als solcher wirklich, eben als das Lenkende und Letztordnende, bleibt in diesem Zusammenhang oder auch immer offen. Im Rücken Gelächter, die niedere, nichtverstehende Masse.«

»Nicht verstehend«, der Onkel stieß mit dem Finger einen Luftpunkt, »genau das! Zwecklos, weiter drüber zu sprechen. Ich muß auch noch in den Stall. Schade.«

»Es wäre sowieso schwer geworden«, sagte der Milchprüfer. »Aber ich hoffe, der tiefere Sinn . . .«

»Is klar, is klar«, sagte der Onkel und erhob sich.

Der Milchprüfer erhob sich ebenfalls. »Nichts für ungut.«

Er verabschiedete sich rasch von der Tante mit einer Handkußverbeugung und schloß sich dem Onkel an. Der Hofhund, der bei Nacht frei herumlief, bezeugte ihm immer eine knurrende Freundschaft, und er hatte in der Dunkelheit Bedenken.

Daher brachte ihn der Onkel zum Haus, wo sein Rad stand, und den Hof hinunter bis auf die Chaussee, während die Tante ratlos und in völliger Auflösung zurückblieb.

Ihr Ferdinand! Alles Gegebene ist nur ein Abbild. Ihm war's klar. Und das hatte er gestern erkannt. Obwohl es nicht rühmlich war, so doch im Ergebnis, von der Idee des Harmonischen betrachtet ... Und das war ihr Mann ... Der schlief neben ihr ... Oder sein Abbild? Na, nein. Nein, gewiß nicht, das war schon er. Und ihm hatte sie weiße Bohnen gegeben. Was er auch alles konnte!

Als der Onkel zurückkam, saß sie noch immer am Tisch, wie er sie verlassen hatte, und sah ihn mit eigentümlich leuchtenden Augen an.

Er rieb sich die Hände. »Hast du das gehört, hast du das gehört? Na, was sagst du nun?«

»Mußt du ihm gleich alles haarklein erzählen?«

»Vom Steppun hat er's sowieso erfahren«, sagte er. »Und weitertragen wird er's auch. Aber mit gehöriger Hochachtung, mit tieferem Sinn.«

»Nur das Abbild«, sagte sie.

Er nickte. »Nur das Abbild. Da hast du den Beweis, wie verworren er redet.«

»Beim Abbild?«

»Ja«, er rieb sich wieder die Hände. »Heute mittag, als er von dem Kapellmeister anfing, riß ich doch das Kalenderblatt ab. Da steht auf der Rückseite über dem Menü, nach dem es, nebenbei bemerkt, nicht Bohnen gab, immer so ein Spruch. Warte mal.« Er faßte in seine Taschen, suchte. »Ich find ihn nicht. Is auch egal. Ich hab ihn mir sowieso nur ungefähr gemerkt. Da hat er was.«

»Dann war da gar kein tieferer Sinn drin«, sagte die Tante und rollte ihre Strickarbeit über dem Wollknäuel zusammen.

»Bewahre. Das Leben hätte viel zu tun, wenn es überall einen tieferen Sinn hineinlegen sollte.« Der Onkel reckte sich und gähnte. »Müde bin ich.«

»Kann ich mir denken«, sagte die Tante spitz. »Wenn du mal mit mir sprechen sollst.«

»Also«, er schüttelte den Kopf, »ich wiederhole, da war kein tieferer Sinn drin! Oder nur so viel, wie jeder hineinlegt. Mehr ist wahrscheinlich nirgends drin. Jedenfalls meine ich das.«

Er hob die Lampe und sah den Neffen, der den Kopf auf die Brust gesenkt hatte und sich nicht rührte. »Neffe, du schläfst ja. – Neffe!«

Der Neffe ruckte hoch. »Nein! Bloß bißchen.«

»Is auch viel besser«, sagte der Onkel. »Nu, kommt man, ich muß morgen früh raus.«

Aber während er schon schlief, lag die Tante noch wach und überlegte, ob das letzte nicht doch nur Müdigkeit war oder gar überlegenes Männerwissen, zu dem sie den Frauen keinen Zutritt gaben. Denn: das Abbild in der Ordnung . . . der Widerschein echten Seins.

Es war schwierig. Aber es war etwas.

HEDY GROSS

Der Stock des Figus

Aus den Augen mit diesem Stein des Anstoßes! sagte sich eines Tages der jetzige Großvater und hatte den schwarzen Stock, wie sie das Ding nannten, in die dunkelste Ecke des Schrankes versteckt. Wozu der Ärger! Schon lange hütete sich auch jeder, ihn überhaupt zu erwähnen, denn dann kam sie gleich wieder, die jetzige Großmutter, mit ihren silbernen Löffeln.

»Alles hatte ich auf dem Tisch bereitgelegt. Nur zum Mitnehmen. Da muß er doch im Gewehrschrank rumgekramt haben! In so einem Augenblick! Ließ alles liegen und nahm statt dessen diesen Stock. Weinen könnte man.«

Und nun hatten sie ihn doch wieder vorgeholt aus dem Schrank und fragten, ob sie das olle Ding wegwerfen könnten.

»Nein«, sagte der jetzige Großvater, »frißt keinen Hafer, laßt ihn man, solange ich lebe.«

Und sie kam wieder mit ihren silbernen Löffeln, sie hatte sie all die Jahre nicht vergessen. Aber sie weinte nicht mehr um sie. Wenn, dann um die Heimat, aber nicht mehr um die silbernen Löffel.

Und der Enkel, stimmberechtigt, wie er sich schon fühlte, fragte mit überlegen schmeichelnder Stimme:

»Fandst ihn so schön, den Stock? Trägst ihn aber gar nicht. Diese Spitze unten, und was ist das für eine Krücke. Und viel zu schwer.«

Da fing der jetzige Großvater an zu erzählen:

»Siehst ja bald jeden Tag im Fernsehen, wie Menschen vertrieben werden. Und immer werden welche die silbernen Löffel vergessen und den alten Hut mitnehmen oder ein altes Spiel Karten. Jedenfalls solche wie ich. Ich ließ Großmutters silberne Löffel liegen und nahm das Ding da mit. Ich ließ auch den neuen Pelz im Schrank und zog den alten an. Die silbernen Löffel hab ich nie vermißt, und der alte Pelz wärmte mich auch. Was ich aber gleich nötig brauchte, das war mein Rasierzeug. Bärte waren damals nicht modern. Das war schon zum Weinen, wie die Leute guckten, bis ich mir ein neues beschaffen konnte. Aber die Großmutter – immer die silbernen Löffel. Der Stock ist rein zu gar nichts. Für keinen. Aber in dem Augenblick, wo du alles im Stich lassen mußt, steht vor dir dein vergangnes Leben. Willst nach etwas greifen.

Nicht, daß ich immer viel an ihn gedacht hab. Wohl schon lange nicht. Aber in diesem Augenblick, vielleicht wollte ich mich an ihm festhalten. Ich kramte ihn aus dem Gewehrschrank und ging weg, ohne mich umzudrehen.

Von dem Stock kann man erzählen, eine ganze Geschichte. Ich war jung, ein Mordskerl. Kaum zu glauben. Hatte gerade meine erste Revierförsterstelle, wohnte im Forstamt. Meine Försterei stand noch nicht, deshalb hatte man einen so jungen Unverheirateten genommen. Große Bevorzugung für mich. Mir schwoll der Kamm.

Ich kannte nur noch meinen Wald, meinen Dienst. Wie ein Besessener. Keinen Alltag, keinen Sonntag. Flinte über die Schulter und los. Die Kulturmädchen hatten nichts zu lachen, dafür lachten meine Kulturen. Beerensammler ohne Schein erwischte ich alle, mit Holzdiebstählen war es aus. Mein Forstmeister schüttelte den Kopf. Er maßregelte mich nicht, er lobte mich nicht, von der Sorte war er nicht.

Aber meine Rechnung ging nicht auf. Die Kleinen faßte ich, aber wo auf der Welt hatte es je solche freche Wilddieberei gegeben wie in meinem Revier! Am hellen Tag stöberte man uns das Großwild auf und knallte es uns vor der Nase ab. Daß man ihm ein paar Krumme abschoß, regte meinen Forstmeister nicht auf, da redete er gar nicht drüber. Aber wie es jetzt bei uns zuging, das war zu viel.

Dann kam die Sache mit dem Bock für den ehemaligen Kronprinzen. Der Kronprinz war als Jäger sehr beliebt bei uns. Von der damaligen Regierung bekam er nur mit Ach und Krach im Jahr einmal die Erlaubnis zum Abschuß eines Stückes Großwild in unsern Wäldern. Große Vorbereitungen. Ein kapitaler Bock wurde ausgemacht. Auch dieser Bock kam den Wilddieben vor die Flinte. Mein Forstmeister bekam ein Gesicht wie saure Milch, das ging auf mich. Ich, der Besessene, war ein Versager. Es war nicht auszuhalten.

Tag und Nacht lief ich hinter den Wilddieben her. Was hab ich alles angestellt. Haussuchungen auf Verdacht! Ja, wenn sie Erfolg gehabt hätten, aber so! Was nahm ich mir da heraus! Einer mußte es doch sein. Zweimal Haussuchung beim Figus. Als Meisterschütze wohlbekannt, als Wilddieb aber nie ertappt. Eine Persönlichkeit, kam so ungefähr gleich hinter dem Pfarrer. Immer hilfsbereit und zu allem fähig. Von der goldenen Uhr bis zur alten Häckselmaschine konnte man ihm alles anvertrauen. Er wußte Rat, er reparierte alles. Er machte den Tierarzt und wohl auch die Hebamme, wenns drauf ankam.

Sein Intimus, der Schmied, der beste Schütze weit und breit, war mein nächstes Opfer. Neue Blamage. Haussuchungen bei Männern von unbescholtenem Ruf durchzuführen, widersprach jedem Anstand, jeder Sitte. Kleinen harmlosen Waldfrevlern nachzujagen, wurde übel vermerkt. Gemeine Schmähbriefe, Drohbriefe: »Mach man so weiter, wenn du verdroschen werden willst oder sonst noch was.«

Ich hielt das nicht aus. Ich war am Ende mit meinem Latein. Ich schlug um. Ich schmiß alles hin und kümmerte mich um nichts mehr. Ich durchsoff die Nächte mit irgendwelchen Vagabunden, die Tage verschlief ich. Der Forstmeister hatte mich auf die Entlassungsliste gesetzt. Mir war es recht. Was kümmerte mich noch mein Amt, mein Dienst.

Da kam dieser Sonntag. Nach durchsoffener Nacht wollte ich ihn verschlafen. Aber mein Brummschädel wollte diesmal nicht, er ließ mich nicht schlafen. Also raus in den Wald! Geladener Drilling über der Schulter – wieder Ärgernis für die Kirchgänger.

Die Natur feierte an diesem Morgen ein Freudenfest. Der Geruch unser Kleefelder sitzt mir heute noch in der Nase. In den Linden an der Chaussee hör ich noch die Bienen summen. Die Lerchen hoch am Himmel und im Wald die Frische und die Waldvögel, der Pirol, die Finken und der Kuckuck. Ich war jung, ich spürte das Glück um mich herum und den Teufel in mir selbst. Durch Moos und Farne stampfte ich querwaldein ohne Zweck, ohne Ziel. Unberechtigte Beerensammler – ohne Interesse. Nicht einmal an die Wilddiebe dachte ich.

Und da, in den Vogelsang hinein, der Peitschenknall um meine Ohren. Nein, viel schriller, stärker: ein Schuß. Mein taubes Hirn wie vom Blitz erhellt. Vorher war doch der Figus, der Naturfreund, der gern mit dem Spazierstock in der Hand Feld und Wald durchstreifte, vor mir von der Chaussee abgebogen, ohne mich zu sehen. Das war doch – aber aufs Korn genau – wie damals bei der Bereisung des Landforstmeisters. Auch da der Figus mit dem Spazierstock, damals war er höflich grüßend an uns vorbeigegangen, und bald darauf hallte ein Schuß durch den Wald. Das war doch! Und sollten sie hundertmal sagen, der Figus, der

Ehrenmann, was soll dieser Verdacht. Mit dem Landforstmeister war man nicht querwaldein gegangen, der Schuß war weitab abgegeben worden, trotzdem eine Blamage für uns.

Aber diesmal – gleich hinter dem Dickicht mußte die kleine Waldblöße sein. Ein paar Schritte nur. Nun aber die richtige Stelle erwischen!

Nur ein paar Schritte, und weiß Gott, da stand er. Vor ihm lag der Bock. Der Naturfreund stand und betrachtete seine Beute. Die Flinte lehnte dicht neben ihm gegen einen Baum.

Nun ja, die Wilddiebgeschichten aus der Johannisburger Heide gehen nun so weiter: Der Förster macht den falschen Schritt, der Wilddieb, viel geschickter als er, legt an, und um den Förster ist es geschehen. Und diese Geschichten, sie sind sogar wahr. Aber ich lebe ja noch. Und ich sagte wohl anfangs, ich war ein Mordskerl. Kaum zu glauben, aber in diesem Augenblick war ich es wieder. Ein paar schleichende Schritte, und ich stand hinter der dicken Eiche auf der Waldblöße dem Figus gegenüber, und ich hatte schon angelegt, ehe er auch nur aufblickte.

Und ich war klar und sicher. Und übermütig schrie ich meine Kommandos: »Jetzt keinen Schritt, oder du hast zwei Rehposten im Hosenboden, und die Kugel sitzt dir im Bauch.« Ich weiß nicht, was alles ich noch geschrien habe, schultern mußte er den Bock, nichts da von Mittagshitze, ich griff mir die Flinte, und dann hintereinander durch den Wald der Chaussee zu. Der Figus wollte mehrere Male zum Sprechen ansetzen, aber ich wollte keinen Wortwechsel. Ich hatte meinen alten Schneid wieder, kaum zu glauben. Leicht war ich und frei.

Auf der Chaussee zwei junge Zöllner. Kamen vom Streifgang an der Grenze. Kamen mir gerade recht. Waren nicht verpflichtet, in der Forst zu arbeiten, wohl aber berechtigt. Bat um ihre Begleitung. Sie flankierten den Figus rechts und links. Aber was sollte das, fingen an, mit ihm zu scherzen, gaben ihm 'ne Zigarette.

Dicht vorm Dorf die Kirchenglocken: »Ah! da wollen wir aber abwarten, Pause machen. Der Herr Figus schwitzt ja so. Lassen wir die Leute aus der Kirche nach Hause gehen, haben ja Zeit.«

Wollten nicht an den Kirchgängern vorbei zum Forstamt marschieren, wanden sich wie die Schlangen, hätten sich am liebsten verdrückt. Sie hatten den Wilddieb ja auch nicht gefaßt. Ich wollte meinen Triumph.

Nun, Kirche ist nicht zum Lachen, aber als sie herauskamen und uns sahen, die Kinder liefen ja voraus, aber die andern säumten rechts und links die Straße wie bei einem Trauerzug. Und wie ich meinen Hals auch streckte: ›Na, bittschön, sonntags mit der Flinte lohnt sich doch!‹ Kein gutes Wort, kein Blick. »Bummelant!« Das träumte ich doch wohl.

Und der Forstmeister. Wie hatte er auf diesen Tag gewartet. Jetzt schien es eine unangenehme Geschichte zu sein. Wegen der Kirchgänger? Gesicht mal wieder wie saure Milch. Ich mußte laut melden: »Wilderer auf frischer Tat erwischt und festgenommen. Beweis Kugelgewehr und damit erlegter Bock«, bis er mir die Hand gab.

Nahm aber gleich aus meiner Linken die Flinte und drehte sie hin und her mit großem Interesse. Und der Figus, es war kaum zu glauben, kam wieder zu sich. Als wäre nichts passiert, fing er an, Kunststückchen mit diesem Unikum von Flinte zu zeigen. Im Nu hatte er sie zerlegt, der Kolben verschwand in der Innentasche der Jacke, der Lauf wurde zum Spazierstock. Freimütig zog er eine Zigarettenschachtel aus der Tasche und zeigte die Munition.

»Hing immer aufem Haken im Flur bei der Haussuchung, Herr Forstmeister, und der Stock stand in der Ecke. Herr Forstmeister, geben Sie mir acht Tage Zeit. Ich schaffe Ihnen eine Flinte, gegen die wird diese ein Spielzeug sein. Eine Flinte von weit größerer Treffsicherheit, elegant für Sie passend, nicht wie diese für son dammligen Wilddieb wie mich.«

Der Forstmeister lachte nicht. Er sagte mit Bedacht: »Figus, damit ist es aus. In zwei Stunden wären Sie hinter der Grenze, nicht wahr – und ich der dammlige Forstmeister. Mann Gottes, wir beide müssen uns den Gesetzen fügen. Ich bin nicht Ihr Richter. Meine Aufgabe ist es, Sie der Polizei zu übergeben, die Gendarmen werden gleich hier sein. Ich möchte annehmen, daß der Richterspruch auch jede weitere Herstellung von Waffen verbieten wird. Sie sind kein Damlack, Figus, Sie haben vielen Menschen helfen können. Aber die Gesetze, mein Lieber! Die Gesetze müssen wir achten – Sie und ich.«

Der Forstmeister hatte den Wagen in den Hof fahren lassen. Als die Gendarmen den Figus an mir vorbei zur hinteren Treppe führten, standen Tränen in seinen Augen, und er murmelte so laut, daß ich es hören mußte:

»Der Forstmeister, das ist ein Mensch!«

Ich sagte schon, der Forstmeister hatte den Wagen in den Hof fahren lassen. Ohne Aufsehen wurde der Figus weggebracht. Aber immerhin, vor der Kirche hatte es doch was zu sehen gegeben. Das hatte doch was zu bedeuten gehabt. Nichts da, das vergaß man sofort. Na, wenn schon ihrgendson junger Laux, dem noch keine Mähmaschine gehörte, hinter vorgehaltener Hand sagte: ›Der Figus, der huckt‹, was bedeutete das schon. Ohne besondere Absprache wußte jeder, der Figus mußte mal für längere Zeit zu seinen Verwandten nach oberwärts, die brauchten seine

Hilfe. Er würde schon wiederkommen. Wenn er nur bald käme! Immer mehr Zentrifugen und goldene Uhren lagen untätig herum und warteten auf ihren Meister.

Nach einem halben Jahr oder mehr kam der Figus wieder. »Vorzeitig entlassen«, sagte der Laux hinter der vorgehaltenen Hand. Wichtigkeit! Der Figus nahm wieder seine Arbeit auf, fertig. Etwas allerdings, das hatte sich geändert. Keine Gefälligkeiten mehr, der Figus ließ sich fortan seine Arbeit bezahlen, wie es sich gehörte. Er hatte auch zahlen müssen.

Kann sein, daß dies auch auf mein Konto ging, denn sie vergaßen nur sehr langsam meine Freveltaten gegen Sitte, Anstand und Herkommen. Ich mußte viel lernen.

Ja, das wäre die Geschichte von dem Krickstock, den ich statt Großmutters silberner Löffel mitnahm. Man hatte mir die Flinte als Anerkennung geschenkt. Nicht daß ich noch oft an sie dachte. Aber in dem Augenblick, als ich alles im Stich lassen mußte, fiel mir wohl ein, daß es mir schon einmal so schlecht gegangen war, damals, ehe ich zu dieser Flinte kam. Ganz konnte ich sie nicht mitnehmen, das war zu gefährlich. Ich nahm nur den Lauf, diesen Krickstock, und ging davon, ohne mich umzudrehen. Vielleicht wollte ich mich an ihm festhalten. Genau kann ich das gar nicht sagen.

Eva Schwimmer

Unter Hirten

Dann und wann denke ich an Philip, den Schafhirten. Er fällt mir einfach ein. In der U-Bahn, in einem Kaffeehaus, auf einer Gesellschaft muß ich plötzlich an ihn denken.

Philip ist ein ganz alter Mann, fern von Verlockungen und Abenteuer. Er versteht seinen Beruf. Er weiß seine Herde zu hüten und macht eine ordentliche Schur. Ich habe gesehen, wie er das gebrochene Bein eines jungen Bockes schiente. Er kann das ausgezeichnet. Jeden Sommer besuche ich den Alten.

Ich fahre dann vor Tagesanbruch mit einem Melker auf die Weiden. Ein Wind weht vom Meer. Wacholderbüsche, Lehm, stehende Wasserlachen und dann wieder Sand, der über die Speichen unseres Gefährtes rieselt. Am Wegrand wuchert Beifuß. Sein harter Duft läßt ihn nur ahnen, denn noch ist die Welt ganz im Dämmern, ohne jede Wirklichkeit.

Endlich, an einem Weidegatter steht Philip und öffnet uns das Tor. In den Hürden liegen Rinder und Ziegen in ruhiger Einfalt. Nur Philips Schafe stehen abseits, eine starre Schar, von jedem Fremden beunruhigt. Einst lebten Schafe mutig in kreatürlicher Selbständigkeit. Der Umgang mit den Menschen hat sie feige gemacht. Aber Philip versteht jede Angst hier zu bannen. Seine Herde soll teilhaben an der Gelassenheit des Morgens.

Der Alte ist ein Sänger, ein Künstler. Er legt seinen Kopf in den Nacken, und sein monotoner Singsang beruhigt die Tiere:

»Trug der sanfte Johannes im lavendelfarbenen
Kleide ein Lamm.
Hing der Leib des ärmsten Menschen im schwarzen
Winde an einem Kreuze.
Ach, du armes Lamm im Kleide des Johannes.
Wie du zitterst um deinen toten Bruder.«

Als ich hinüberblicke, fressen die Schafe. Philip macht ein Feuer zwischen Feldsteinen. Er brät Möweneier in einer Pfanne und reicht mir Schwarzbrot dazu. Er holt einen Napf Ziegenmilch. Wir trinken gemeinsam davon und lassen auch dem Hunde seinen Teil.

Alles geschieht hier in Nüchternheit und mit einer natürlichen Trägheit. Bald wird die Erde erwärmt von der aufsteigenden Sonne. Später brennt sie auf den Pelzen der Schafe. Ein ätzender Geruch steigt von ihnen auf. Kraftvoll spiegelt sich der Himmel in der Tränke. Wege, Weiden und die entfernten Felder fließen sanft zusammen in der matten Farbigkeit eines abgenutzten Teppichs. Die Welt ist schön. Atmen, Gehen, Schweigen. Arme Schafe, kluge Schafe, dumme Schafe. Sonne und Nächte. Ferne Städte, Straßenecken. Mann und Frau. Einsamkeit und Überdruß. Philips Lied, das irgendwo aufgeschrieben steht, ein Gesang ohne Ehrgeiz, dem nur die Tiere lauschen. Angst der Schafe, Angst der Menschen.

Vor mir steigt ein Rebhuhnvolk auf. Ein verdammt gutes Essen. Besser als Ziegenmilch und Schwarzbrot. Wenn ich hier einen Schuß abgäbe, würden die Schafe alle davonlaufen. Philip könnte lange singen, bis sie wieder fressen würden.

Als ich zurückkomme, sitzt ein fremder Mann bei dem Alten. Er ist auch ein Hirt, und sie schwatzen von ihren Tieren. Mein Freund ist nicht müßig. Er webt in einem kleinen Rahmen mit bunten Wollfäden. Ich nehme ihm die

Arbeit aus der Hand. Sie gleicht einem abstrakten Bilde. Und was weiß Philip schon von Miro oder Klee. Der Alte erklärt mit großer Umständlichkeit. Er zeigt mit dem Finger hierhin und dorthin. Ich erkenne eine violette Figur auf grauem Grunde. Mattblaue Formen sind die lagernden Schafe.

»Sehen Sie«, sagt der Fremde, »es ist der Jünger Johannes. Er ißt gerade ein Kotelett, weil Sonntag ist.«

»Nicht so, du Narr«, antwortet Philip böse, »der heilige Johannes spielt auf der Mundharmonika, weil seine Herde Furcht hat.«

Ich gebe dem Alten den Rahmen zurück. »Ich möchte dein Bild haben, wenn es fertig ist, weil ich es schön finde!«

Und der Alte strahlt. Der fremde Hirt verläßt uns. Philip steckt seine Handarbeit in den Sack und legt ihn beiseite. Er nimmt Brot und Speck aus einem Korbe und bewirtet mich.

»Wie geht es dir?« fragt er und sieht zu mir hin.

»Ach, laß mich! Hier ist alles richtig. Du lebst in einer guten Welt.«

Ich ziehe meine Schuhe aus, weil sie mich drücken, und hole mir vom Teich eine Weidenrute. Ich versuche eine Flöte zu schnitzen, wie wir es als Kinder taten. Es gelingt mir aber nicht, und es ist auch nicht wichtig.

Du darfst vom Leben nichts verlangen. Dann wird sich alles klären. Du mußt in dir eine Ordnung finden, wie dieser Alte sie hat. Er kennt weder Reichtum noch Müßiggang. Und das Vertrauen zum Leben liegt bei ihm im Hause wie das tägliche Brot.

Ich sehe über die Weiden. Die Tiere grasen. Des Friedens ist kein Ende. Ich fühle die Kraft in der Ruhe des Tages. Das Gleichmaß in der Natur schafft ein Wohlbefinden. Der Morgen wird wie das Gestern sein, bis in alle Ewigkeit.

Philip macht sich bei den Schafen zu schaffen. Er schenkt den Tieren seine Aufmerksamkeit, beobachtet ihr Gehabe und findet ihre Verletzungen. Ein Dorn wird entfernt. Ein heilkräftiges Kraut aufgelegt. Nur die Gleichgültigkeit schafft den Mißklang in der Welt und zerstört. Philip hat das Gleichgewicht der Weisen. Die Unschuld hat ihn zum König seines Reiches gemacht.

Ich denke an die Wirrnis der Großstadt, an den Lärm, der uns tötet. An die Würdelosigkeit der ewig Hastenden, das Aussterben aller Gefühle, der Liebe, der Redlichkeit. Ich schmecke die Widrigkeit des Ehrgeizes auf der Zunge und fühle den Stachel der Mißgunst und des Neides unter den Menschen. Das Netz der Intrigen ist dichter als das der Spinnen zwischen den Wacholderbüschen. Und die Erbärmlichkeit trägt die Maske des Hochmuts. Die Städte füllen sich mit Gehetzten, Geplagten. Wer singt ihnen ein Lied zur Stille und Ordnung wie der alte Philip seinen Schafen?

Hier auf der Weide geht der Tag gelassen in den Abend über. Selbst die Dämmerung ist kraftvoll. Die Farben werden leuchtend. Das Gelb des Labkrautes und der blaue Stern der Wegwarte strahlen. Die Nacht ist nahe. Allenthalben werden die Herden zu den Höfen getrieben. Die Rufe der Hirten sind wichtig in der Welt.

JOHANNES BOBROWSKI

Der Posthalter

Man ist für das Leben nicht eingerichtet. Man hat seine Natur, seine Sinne, in der Stadt fünf, auf dem Land sieben. Solche Sinneswerkzeuge, eine ganze Schmiede im Ohr, hat Bayer aus Wien gesagt, und anderswo ausgedehnte Faunen und Floren oder Florenfaunen oder umgekehrt, die man – in vollem Einverständnis mit ihnen – ernährt, durchbringt durch den Lebenskampf; es ist ein angenehmes Gefühl, in Tätigkeit zu sein als ein organisierter natürlicher Komplex. Künstlich und fein bereitet. Sagt Neander, aber das reicht nicht.

Da kommen einem nun mancherlei Dinge zu Hilfe: dem Menschen schlechthin Hilfsbereitschaft oder Rücksicht, dem Gesetzesbrecher Strafe und Isolierung, dem Beamten Vorschriften und Anordnungen. So findet man sich zurecht.

Und dann moralische Verpflichtungen. Die man fühlt. Im Innern.

Und eben Tierliebe und Menschenkenntnis.

Petrat ist Posthalter. In Abschwangen oder sonstwo, aber nicht in Uderwangen, Uderwangen ist größer. Und er hat seine Vorschriften.

1.) Einhaltung der Dienststunden.

Also da sitzt Petrat in seiner Dienststube, am Sonntag, da ist die Post also geschlossen, er sitzt am Tisch, in seinem Dienststuhl mit den Armlehnen und dem Kalikobezug. Ein stiller Ort wie lauter Grün, das kommt von den Bäumen. Da sieht er durchs Fenster. Alles aufgeräumt, gefegt, gewischt, Fliegenfänger erneuert, draußen, auf der kleinen Vortreppe, Sand gestreut.

Und da kommt die alte Frau auf der Dorfstraße angewandert und verläßt schon am Dorfeingang die linke Straßenseite, um auf die rechte hinüberzugelangen, wo am Dorfausgang das Posthaus steht, braucht also vierhundert Meter reichlich dazu, also ganz im Schrägen, eine haargenaue Gerade, die sie da hinlegt, im Schrägen, ohne Rücksicht auf das bekannte Abschwanger Pflaster. Kommt also an, und die Post ist zu, abgeschlossen, Sand gestreut, Sonntag.

Wir sagen: Diese alte Frau heißt Krepsztakies, das ist nun also die Krepsztakiene – und am Sonntag; völlig in Schwarz daher, mit Schuhen und dem Kopftuch mit dem vollständigen Troddelbesatz.

Petrat hat sie sehen können, diesen gleichmäßigen Anmarsch, er sieht in der Hand den Brief, die andere Hand ist eine Faust, da hat sie also das Geld bekniffen. Man macht einen solchen Weg nicht, um vor der Tür zu stehen; an Weggehen, unverrichteter Dinge, gar nicht zu denken. Petrat wartet, bis die Krepsztakiene ans Fenster kommt.

Na, wirst du mal, Petrat.

Petrat also begibt sich ans Fenster, öffnet es, hakt die Sicherung ein. Heute ist Sonntag, Post ist zu, Dienststunden sind an der Tür angeschlagen, aber das hilft ja nun nichts, weiß er selber, Petrat, Beamter und Mensch.

Nur, wer jetzt denkt, daß es einen Widerstreit zwischen Pflicht und Neigung, Amt und Freundlichkeit, Staat und Individuum geben kann, der täuscht sich.

Petrat sagt: Türe bleibt zu, keine Dienststunden am heiligen Sonntag, hintenrum gibts in der Kneipe, bei mir nicht. Er nimmt einen Stuhl, setzt ihn durchs Fenster, draußen an die Hauswand, einen zweiten Stuhl rückt er von

innen vors Fenster, beugt sich weit hinaus, hilft der Krepsztakiene auf den Stuhl draußen, aufs Fensterbrett, auf den Stuhl innen.

Nun steht sie auf dem sicheren Fußboden, Petrat setzt sich in seinen amtlichen Stuhl, die Post bleibt geschlossen, hintenrum ist das nicht: das hieße, die Hintertür öffnen, er nimmt das Geld entgegen und eine Briefmarke aus dem Briefmarkenbuch. Nachher den beschriebenen Weg wieder zurück. Auf Wiedersehn, Frau Krepsztakies.

2.) Einhaltung der Kompetenzen.

Das ist vorschriftlich nicht geregelt. Aber es ist wichtig, es betrifft die Würde des Amtes, bedarf also besonderer Vorsicht und Umsicht, man ehrt sich da weniger als den Staat. Ich werde womöglich für jeden die Marken belecken?

Das ist so, von jeher: Die Leute bringen ihren Brief, legen ihn auf den Tisch und das Geld dazu. Der Posthalter prüft Anschrift und Absender, nimmt das Geld entgegen und folgt eine Briefmarke aus, d. h. er klebt sie auf, vor den Augen des Absenders. Denn dieser Absender hat die Marke ordnungsgemäß erworben, sie gehört ihm. Andrerseits ist die Briefmarke ein Siegel, ein amtliches Papier, wenn auch ein kleines, man streut es nicht unter die Leute. Aber: Werde ich womöglich für jeden die Marken belecken?

Petrat führt daher ein: Brief hinlegen, Geld hinlegen, Zunge rausstrecken. An der herausgestreckten Zunge wird die Marke befeuchtet, Petrat braucht nur den Arm zu heben, die Marke liegt, gummierte Seite offen, auf Zeige- und Mittelfinger. Abstreifen, dann also Aufkleben, Stempeln, Auf Wiedersehn.

3.) Der Beamte hat sich als Diener der Gesellschaft zu betrachten.

Man sagt leicht statt Gesellschaft Staat, ich erwähne das nur. Er hat sich zu betrachten, steht da, wir setzen hinzu: und entsprechend zu handeln. Petrat handelt entsprechend. Und betrachtet sich auch.

Das ist schon lange her. Da hörte man, und wer eine Zeitung hielt, las es in der Zeitung, daß es jetzt Radio gäbe, etwas Neues auf der Welt, richtige Stimmen aus der Luft, d. h. sie kämen aus einem Apparat und einem Schalltrichter. Ganz etwas anderes als die Windstimmen, die der Schäfer Pasnokat meint, wo man alles heraushört und nichts Richtiges. Der ist sommerüber draußen. Wenn man mit ihm reden will, sagt er: Was kimmer mie.

Also Radio. Und Petrat als Diener. Und es kommt alles nicht so schnell bis Abschwangen.

Also läßt Petrat ausrufen: Heute abend Radio in der Post, Eintritt frei. Und steckt Briefträger Lemke mit seiner Ziehharmonika in den großen Schrank. Dann kommen die Leute, abends, und setzen sich hin, Petrat sagt: Radio fängt gleich an. Und Briefträger Lemke also spielt im Schrank, fein heimlich, es ist, als käme die Musik von weither, aus der Luft, von Berlin, auf diesen Wellen, wie Petrat gesagt hat.

4.) Menschenkenntnis.

Sie gehört zum öffentlichen Amt. Natürlich: die Prinzipien. Aber was da wirkt und sich auswirkt, tut das unter den Leuten, mit den Leuten. Es spielt sich ab unter Leuten, wie gesagt. Leute stehn nicht im Rechenbuch.

Wer es nicht glauben möchte, erfährt es – bei Leuten. Muß bloß aufstehn und hingehn und, am besten, bleiben.

Petrat sitzt in der Gastwirtschaft am richtigen Sonnabend, also Sonnabendabend, und beileibe nicht allein. Schlitzkus, der Wirt, geht hin und her an seinen sieben Tischen, erst er, dann seine Frau, dann steht er an der Theke. Es ist laut in der Gaststube, aber es ist friedlich, ein lauter Frieden, das gibt es.

Petrat erzählt, unter konsequenter Wahrung des Briefgeheimnisses, die andern hören zu, bis auf den Lehrer Laudien, der vor sich hin singt. Und da geht das Telefon.

Abschwangen dreidreidrei, sagt Schlitzkus, dann hört er eine Weile zu, dann sagt er: Bottke, du sollst nach Hause gehn. Na ja, sagt Bottke, und Petrat erzählt etwas über Frauen und über Männer. Die deutsche Frau hat warten gelernt, auf den Mann. Und als diese Frau Bottke zum zweiten Mal anruft, sitzt der Bottke noch immer da und bleibt auch sitzen. Und wäre vielleicht jetzt doch gegangen.

Und nun also geht das Telefon zum dritten Mal. Da steht Bottke auf und mit ihm Petrat. Und Bottke bleibt stehn, und Petrat tritt dem Telefon entgegen und sagt: Guten Abend.

Na ja, Sie sind da, Sie mit Ihren Erzählchens, natürlich, hätte ich mir ja denken können, sagt Frau Bottke und sagt noch mehr und will noch mehr sagen, aber das heißt die Freundlichkeit zu weit treiben, für Petrat, also sagt er seinerseits, man beachte die Feinheiten: Frau Bottke – das ganz fest einsetzend, aber ganz verbindlich ausklingend, dann weiter im Ton sachlicher Feststellung, gleichzeitig jedoch schon ein wenig entrüstet und dabei auch wieder bedauernd (weil man, ganz ungewollt, Zeuge geworden ist, Zeuge eines solchen Auftritts) –, Frau Bottke, im Nachthand kommen Sie zum Apparat?

Nein, Frau Bottke ruft nicht mehr an. Der Bottke kann noch bleiben. Setz dich wieder hin, sagt Petrat.

Man hat so etwas alles im Gefühl. Vielleicht sind Gefühle etwas Unsicheres, aber es hilft nichts, man muß sich schon auf sie verlassen. Wenn man alles erst genau und selber sehen wollte, was richtete man an.

In Allenburg oder auch nicht in Allenburg gab es ein Ehepaar, er schielte, sie schielte, die beiden haben sich im Leben nie gesehen. Sind zusammen geblieben, über die bösen Zeiten vierzehn achtzehn hinweg, und zusammen gestorben, vierundzwanzig.

Das meine ich.

MARIE MARTHA LACOMBE-BRÜCKNER

Die Fahrt zur Jugendliebe

Das war in den zwanziger Jahren. Damals war ich noch ein Kind, ein Kind an der Schwelle des Mädchentums. Und ich schwärmte für Onkel Harald. Onkel Harald war – so schien es mir – der schönste und interessanteste Mann, den es auf Gottes weiter Welt gab. Er sah aus wie ein verwunschener Prinz im Kristallturm. Groß und schlank, mit weißblondem Haar und ganz schmalem Gesicht. Wenn er mit den braunen Augen gegen die Sonne zwinkerte, dann erschienen lustige Fältchen auf der Nasenwurzel. Er lebte bei seinem Bruder Traugott auf dem Land, wo ich manchmal die Schulferien verbrachte.

Onkel Harald war einmal ein eleganter Soldat bei den Kronprinzhusaren gewesen. Und nun lief er stets in einer alten Reithose herum, mit weichen langen Stiefeln, die schon brüchig wurden, einem offenen weißen Hemd und einer Blume hinter dem Ohr.

Ich schwärmte also für ihn, obwohl er schon alt war. Alt war damals für mich jeder Mensch über dreißig.

Onkel Harald war immer freundlich, zu allen, auch zu mir. Er lachte und sang. Aber eigentlich blieb er im Kern seines Wesens unerreichbar für mich, unnahbar sozusagen – trotz der Streiche, die er seinem Bruder Traugott spielte. Häufig betätigte er sich nämlich als ausgleichende Gerechtigkeit – wie er es nannte, indem er die Eier, die die Hühner im Holzschauer und im Obstgarten weglegten, einsammelte und verschenkte. Er melkte heimlich die besten Herdbuchkühe im Stall und ließ die Milch wohltätigen Zwecken zufließen. Und er wußte zahllose Gedichte auswendig, die mich fremd anrührten und deren dunklen Sinn ich nicht begriff.

Onkel Harald war unverheiratet. Zwar hatte er sich 1910 mit Fräulein Christine verlobt, die irgendwo in der Nachbarschaft bei ihrem Bruder wohnte. Aber es war nichts daraus geworden, weil es nach dem ersten Weltkrieg nirgends zum besten stand und mit den Kronprinzhusaren ja auch Schluß war. Doch das dürfte nicht der tiefere Grund gewesen sein, weshalb die beiden nicht zueinander kamen. Onkel Harald hatte auch schuld. Da war ein anderes Mädchen gewesen, in einer fernen Stadt, und meine Mutter sagte oft, es sei »eine Schande, was der Harald der Christine angetan hat«. Ich kannte Fräulein Christine nicht. Onkel Harald sprach nie von ihr.

An einem Sommertag saßen mein schöner Onkel und ich am Teich unter den Hängeweiden. Er hatte eine rote Kleeblüte hinter dem Ohr, schaute in den Himmel und über das moorige Wasser und deklamierte einen seiner rätselhaften Verse: »Am blauen Söller der Pfirsichbaum – Weißt du, wie lange der blüht? Ein zitterndes Leuchten ist es, ein Traum. Er täuscht uns nur und entflieht.« Er unterbrach sich und fragte gedankenverloren: »Ob sie wohl schon sehr verschrumpelt ist?«

Da wußte ich, daß er von Fräulein Christine sprach, die er fünfzehn lange Jahre nicht mehr gesehen hatte.

Am nächsten Vormittag holten wir die Gig aus der Remise und spannten das gelbe Lieschen ein. Onkel Harald wollte einen Besuch machen.

Der Wagen rollte über die sonnige Landstraße. In allen Gärten blühten Stockrosen, Federnelken und Ritterporn. Der singende Feldwind brachte den Geruch von Wiesentriften und Korn herüber. Eine Spottamsel lockte. Wir begegneten kaum einem Gefährt.

Onkel Harald sang und sagte Gedichte auf. Hinter seinem Ohr war ein Zweiglein mit ›Flammenden Herzchen‹, die verliebt die weißblonde Schläfe und die schmale braune Wange streichelten. Die Straße wurde zu einer Ulmenallee, und das Licht schimmerte gedämpft durch das Blätterdach. Onkel Harald hielt die Zügel locker, das gelbe Lieschen ging gemächlich im Schritt.

Nach zwei Stunden langten wir an. Er blieb mit der Gig vor der Auffahrt stehen und schickte mich voraus.

Damals war es ganz einfach, unbekannte Leute zu besuchen. Ich sagte meinen Namen, bestellte Grüße von meiner Mutter, und dann freuten sich alle, und ich bekam je nach Jahreszeit gezuckerte Erdbeeren mit Milch oder süßsauer eingelegte Birnen. Die aß ich dann in der Fliederlaube oder in der Glasveranda.

Ich merkte gleich, daß Fräulein Christines Bruder viel reicher war als Onkel Traugott. Hier gab es einen großen Garten mit einem hohen Gitter, die Blumenrondelle waren mit dünnen rundgebogenen Stäbchen eingesäumt, und ein weinberankter Gang aus weißem Spalierholz führte zu einer Solitüde.

Ich schlenderte über den Hof, wo ein alter Knecht die Axt an einem Schleifstein schliff. Ich begrüßte ihn und fragte nach Fräulein Christine. Statt einer Antwort wies er mit dem Daumen nach den Ställen und brummelte, daß der Schweizer mit dem Melkschemel nach der Stallmagd geschmissen hätte. Ich wandte mich in die angegebene Richtung, wo Fräulein Christine ihr Amt als Friedensrichter ausübte, wie es auf dem Land zu den Aufgaben der unverheiratet gebliebenen Töchter und Schwestern gehörte. Ebenso wie das Tragen von Wöchnerinnensuppen und das Unterrichten in der Sonntagsschule.

Ich sah sie zuerst von hinten. Sie war groß und schlank,

hatte einen schwarzen Dutt, ziemlich dünne Beine und lange Füße. Sie sagte gerade in den dämmerigen Stall hinein: »Bedenk, Bertachen, in der Heiligen Schrift steht geschrieben: Tue deinem Feinde alles Gute, so wirst du glühende Kohlen auf sein Haupt sammeln ...« Und eine verheulte Stimme antwortete in breitem Platt, daß es ihr wohl tun würde, dem »Beest« eine Schaufel voll glühender Kohlen auf den »graurigen Dassel« zu schütten.

Fräulein Christine seufzte. Sie drehte sich um. Ich sagte mein Sprüchlein und starrte sie verklärt an. Sie war überhaupt nicht verschrumpelt. Aus einem glatten zarten Gesicht blickten zwei veilchenblaue Augen unendlich milde und gottergeben in die Welt. Ich fand sie wunderschön.

Fräulein Christine fragte nach meiner Mutter, meinem Vater, nach Onkel Traugott, nach Tante Lina. Nach Onkel Harald fragte sie nicht.

Wir betraten das Haus durch den Küchengarten. Im Gang roch es nach frischgeschnittenen Bohnen, Pfefferkraut, Bienenhonig und Buttermilch. Es war alles viel vornehmer als bei Onkel Traugott. Kein Vergleich. Drei zugenagelte Kisten und ein Reisekorb aus Rohrgeflecht versperrten uns den Weg.

»Will einer verreisen?« fragte ich.

Fräulein Christine wollte verreisen. In zwei Tagen schon. Zu einem entfernten Vetter ihrer Schwägerin. Ins Reich, in eine Stadt. Dem Vetter war seine Frau gestorben, und nun stand er allein da mit vier Kindern. Na ja ... Die Hochzeit sollte dort gefeiert werden. Ich entdeckte mit sinkendem Herzen den Verlobungsring an ihrer Hand. Die Haut unter den Fingernägeln war braunrot verfärbt. Sie hatte wohl noch Himbeersaft eingekocht.

Sie zeigte mir das Bild von dem Mann mit den vier Kindern. Er war klein und dick, hatte volle Wangen, schwere

Lider, Augensäcke und kurzgekropptes dunkles Haar. Die linke Hand hielt er so, daß man den Solitär am kleinen Finger sehen konnte. Ich haßte ihn inbrünstig, weil ich an Onkel Harald dachte mit dem weißblonden seidigen Haar und dem Windhundgesicht, den Zwinkerfältchen und den Flammenden Herzchen hinter dem Ohr.

»Ich bin mit Onkel Harald gekommen«, sagte ich, aus ungewußten Tiefen heraus verstört.

Sie band die weiße Schürze ab. Sie trug ein blaugestreiftes Voilekleid und am Hals eine kleine goldene Reitpeitsche als Brosche. In ihren Augen röteten sich die Äderchen, sie legte die Hände flach zusammen, ihre Lippen zitterten ein wenig.

Wir gingen zum Tor. Onkel Harald sprang geschmeidig vom Einspänner und zwinkerte lachend gegen die Sonne. Er sah mehr denn je wie ein verwunschener Prinz aus mit seiner alten Hose und den brüchigen Langschäftern. Und einen Brillantring hatte er nie gehabt.

Sie verschwanden in der Auffahrt. Ich kletterte auf den Bock und wartete, zitternd vor Aufregung. Ich dachte: Jetzt wird er sie entführen, er kann sie doch nicht dem dicken Städter lassen, er kann sie doch nicht von hier weggehen lassen.

Sie haben sich doch einmal geliebt ...

Nach einer Weile kamen sie. Onkel Harald hatte eine Rose hinter dem Ohr. Er küßte Fräulein Christine flüchtig auf die Wange, stieg auf, schnalzte dem gelben Lieschen aufmunternd zu und winkte lächelnd zurück. Ich sah Fräulein Christine vor der Auffahrt stehen. Sie hatte die Hände fest gefaltet, und ich wußte, daß sie herzzerreißend weinen würde, sobald wir außer Sicht waren. Sie machte ein Gesicht wie meine Schwester Ruth, als sie damals in der Christmette ihre Puppe mit den Schlafaugen verloren hatte und in der Kirche nicht schreien und jammern durfte, sondern damit warten mußte, bis wir zu Hause waren.

Ich hätte am liebsten auch geweint. Denn wenn ich auch erst dreizehn war, so wußte ich doch, daß Fräulein Christine den Onkel Harald immer noch liebte. Sie liebte ihn von ganzem Herzen, von ganzer Seele und ganzem Gemüte, wie es in meinen Büchern hieß. Ich wußte, daß sie bestimmt dem Dicken mit den vier Kindern abgeschrieben hätte, auch wenn das einen Skandal gab so kurz vor der Hochzeit. Und ich wußte auch, daß Onkel Harald das Fräulein Christine lieb hatte, aber nur ein bißchen und längst nicht so sehr wie sie ihn. Und ich begann zu ahnen, wie hoffnungslos der im Nachteil ist, der stärker liebt. Es tat Onkel Harald schon leid, daß er so lange Jahre gewartet hatte, bis er sich zu einem Wiedersehn entschloß. Aber – nun war es eben zu spät. Ein halbes Jahr früher, vielleicht, wer weiß ... So sehr liebte er sie nicht, daß er die Verantwortung für einen Skandal auf sich nahm. Und dann: Er hatte ja auch nichts ...

Wir fuhren schweigend bis zur Allee. Still blühend lagen die Gärten in der Sonne. Über die Holzzäune waren Milchkannen und Melkeimer zum Trocknen gestülpt. Kinder liefen barfuß auf ausgedörrten Feldrainen. Im vergißmeinnichtblauen Himmel ballten sich die Wolken zusammen wie ein riesiges Brautbukett aus weißen Rosen. Es war schön.

»Und jetzt ein Liedchen!« sagte Onkel Harald. Er sang ein Hochzeitslied mit einer traurigen Melodie. »Steig ein, Liebste mein, komm, du Schöne! Ach, was helfen dir jetzt deine Tränen? Tränen helfen nicht und Klagen, Pferdchen stehen vor dem Wagen ...«

Und während ich sang, nahm ich mir vor, nie und nimmer einen Mann so zu lieben wie Fräulein Christine den

Onkel Harald. Ich nahm mir vor, immer nur ein bißchen liebzuhaben, damit ich mir eine Rose hinter das Ohr stecken und davonfahren konnte, während dem anderen das Herz blutete und er sich die Tränen verbiß.

Aber es ist natürlich leicht, sich so etwas vorzunehmen, wenn man noch nicht einmal vierzehn ist. Später merkt man dann schon, daß der Vorsatz gar nichts hilft.

SIEGFRIED LENZ

Eine Liebesgeschichte

Joseph Waldemar Gritzan, ein großer, schweigsamer Holzfäller, wurde heimgesucht von der Liebe. Und zwar hatte er nicht bloß so ein mageres Pfeilchen im Rücken sitzen, sondern, gleichsam seiner Branche angemessen, eine ausgewachsene Rundaxt. Empfangen hatte er diese Axt in dem Augenblick, als er Katharina Knack, ein ausnehmend gesundes, rosiges Mädchen, beim Spülen der Wäsche zu Gesicht bekam. Sie hatte auf ihren ansehnlichen Knien am Flüßchen gelegen, den Körper gebeugt, ein paar Härchen im roten Gesicht, während ihre beträchtlichen Arme herrlich mit der Wäsche hantierten. In diesem Augenblick, wie gesagt, ging Joseph Gritzan vorbei, und ehe er sich's versah, hatte er auch schon die Wunde im Rücken.

Demgemäß ging er nicht in den Wald, sondern fand sich, etwa um fünf Uhr morgens, beim Pfarrer von Suleyken ein, trommelte den Mann Gottes aus seinem Bett und sagte: »Mir ist es«, sagte er, »Herr Pastor, in den Sinn gekommen zu heiraten. Deshalb möchte ich bitten um einen Taufschein.«

Der Pastor, aus mildem Traum geschreckt, besah sich den Joseph Gritzan ziemlich ungnädig und sagte: »Mein Sohn, wenn dich die Liebe schon nicht schlafen läßt, dann nimm zumindest Rücksicht auf andere Menschen. Komm später wieder, nach dem Frühstück. Aber wenn du Zeit hast, kannst du mir ein bißchen den Garten umgraben. Der Spaten steht im Stall.« Der Holzfäller sah einmal rasch zum Stall hinüber und sprach: »Wenn der Garten umgegraben ist, darf ich dann bitten um den Taufschein?«

»Es wird alles genehmigt wie eh und je«, sagte der Pfarrer und empfahl sich.

Joseph Gritzan, beglückt über solche Auskunft, begann dergestalt den Spaten zu gebrauchen, daß der Garten schon nach kurzer Zeit umgegraben war. Dann zog er, nach Rücksprache mit dem Pfarrer, den Schweinen Drahtringe durch die Nasen, melkte eine Kuh, erntete zwei Johannisbeerbüsche ab, schlachtete eine Gans und hackte einen Berg Brennholz. Als er sich gerade daran machte, den Schuppen auszubessern, rief der Pfarrer ihn zu sich, füllte den Taufschein aus und übergab ihn mit sanften Ermahnungen Joseph Waldemar Gritzan. Na, der faltete das Dokument mit umständlicher Sorgfalt zusammen, wickelte es in eine Seite des Masuren-Kalenders und verwahrte es irgendwo in der weitläufigen Gegend seiner Brust. Bedankte sich natürlich, wie man erwartet hat, und machte sich auf zu der Stelle am Flüßchen, wo die liebliche Axt Amors ihn getroffen hatte.

Katharina Knack, sie wußte noch nichts von seinem Zustand, und ebenso wenig wußte sie, was alles er bereits in die heimlichen Wege geleitet hatte. Sie kniete singend am Flüßchen, walkte und knetete die Wäsche und erlaubte sich in kurzen Pausen, ihr gesundes Gesicht zu betrachten, was im Flüßchen möglich war.

Joseph umfing die rosige Gestalt – mit den Blicken, versteht sich –, rang ziemlich nach Luft, schluckte und würgte ein Weilchen, und nachdem er sich ausgeschluckt hatte, ging er an die Klattkä, das ist: ein Steg, heran. Er hatte sich heftig und lange überlegt, welche Worte er sprechen sollte, und als er jetzt neben ihr stand, sprach er so: »Rutsch' zur Seite.«

Das war, ohne Zweifel, ein unmißverständlicher Satz. Katharina machte ihm denn auch schnell Platz auf der

Klattkä, und er setzte sich, ohne ein weiteres Wort, neben sie. Sie saßen so – wie lange mag es gewesen sein? – ein halbes Stündchen vielleicht und schwiegen sich gehörig aneinander heran. Sie betrachteten das Flüßchen, das jenseitige Waldufer, sahen zu, wie kleine Kringel in den Grund stießen und kleine Schlammwolken emporrissen, und zuweilen verfolgten sie auch das Treiben der Enten. Plötzlich aber sprach Joseph Gritzan: »Bald sind die Erdbeeren soweit. Und schon gar nicht zu reden von den Blaubeeren im Wald.« Das Mädchen, unvorbereitet auf seine Rede, schrak zusammen und antwortete: »Ja.«

So, und jetzt saßen sie stumm wie Hühner nebeneinander, äugten über die Wiese, äugten zum Wald hinüber, guckten manchmal auch in die Sonne oder kratzten sich am Fuß oder am Hals.

Dann, nach angemessener Weile, erfolgte wieder etwas Ungewöhnliches: Joseph Gritzan langte in die Tasche, zog etwas Eingewickeltes heraus und sprach zu dem Mädchen Katharina Knack: »Willst«, sprach er, »Lakritz?«

Sie nickte, und der Holzfäller wickelte zwei Lakritzstangen aus, gab ihr eine und sah zu, wie sie aß und lutschte. Es schien ihr gut zu schmecken. Sie wurde übermütig – wenn auch nicht so, daß sie zu reden begonnen hätte –, ließ ihre Beine ins Wasser baumeln, machte kleine Wellen und sah hin und wieder in sein Gesicht. Er zog sich nicht die Schuhe aus.

Soweit nahm alles einen ordnungsgemäßen Verlauf. Aber auf einmal – wie es zu gehen pflegt in solchen Lagen – rief die alte Guschke, trat vors Häuschen und rief: »Katinka, wo bleibt die Wäsch'!«

Worauf das Mädchen verdattert aufsprang, den Eimer anfaßte und mir nichts dir nichts, als ob die Lakritzstange gar nichts gewesen wäre, verschwinden wollte. Doch, Gott

sei Dank, hatte Joseph Gritzan das weitläufige Gelände seiner Brust bereits durchforscht, hatte auch schon den Taufschein zur Hand, packte ihn sorgsam aus und winkte das Mädchen noch einmal zu sich heran.

»Kannst«, sprach er, »lesen?«

Sie nickte hastig.

Er reichte ihr den Taufschein und erhob sich. Er beobachtete, während sie las, ihr Gesicht und zitterte am ganzen Körper.

»Katinka!« schrie die alte Guschke, »Katinka, haben die Enten die Wäsch' gefressen?!«

»Lies zu Ende«, sagte der Holzfäller drohend. Er versperrte ihr, weiß Gott, schon den Weg, dieser Mensch.

Katharina Knack vertiefte sich immer mehr in den Taufschein, vergaß Welt und Wäsche und stand da, sagen wir mal: wie ein träumendes Kälbchen, so stand sie da.

»Die Wäsch', die Wäsch'«, keifte die alte Guschke von neuem.

»Lies zu Ende«, drohte Joseph Gritzan, und er war so erregt, daß er sich nicht einmal wunderte über seine Geschwätzigkeit.

Plötzlich schoß die alte Guschke zwischen den Stachelbeeren hervor, ein geschwindes, üppiges Weib, schoß hervor und heran, trat ganz dicht neben Katharina Knack und rief: »Die Wäsch', Katinka!« Und mit einem tatarischen Blick auf den Holzfäller: »Hier geht vor die Wäsch', Cholera!«

O Wunder der Liebe, insbesondere der masurischen; das Mädchen, das träumende, rosige, hob seinen Kopf, zeigte der alten Guschke den Taufschein und sprach: »Es ist«, sprach es, »besiegelt und beschlossen. Was für ein schöner Taufschein. Ich werde heiraten.« Die alte Guschke, sie war zuerst wie vor den Kopf getreten, aber dann lachte sie und sprach: »Nein, nein«, sprach sie, »was die Wäsch' alles mit sich bringt. Beim Einweichen haben wir noch nichts gewußt. Und beim Plätten ist es schon soweit.«

Währenddessen hatte Joseph Gritzan wiederum etwas aus seiner Tasche gezogen, hielt es dem Mädchen hin und sagte: »Willst noch Lakritz?«

MICHAEL REHS

Die drei Brüder

Wer meint, daß die seltsamen und unerklärlichen Geschichten auf dieser Welt in den unbelehrbaren Gemütern lebenslanger Kinder einzig ihren Ursprung haben, dem ist viel entgangen.

Wenn ich an jene drei feindlichen Brüder Brockes denke, dann mag es mir wohl einleuchten, daß sie zur Strafe für ihr Leben jede Nacht erneut mit dem zwölften Glockenschlag mit Donnergepolter und Peitschengeknall über die Rampe ihres einstigen, jetzt schon baufälligen Hauses fahren müssen.

Das war so. Sie hatten alle drei von ihrem noch seligen Herrn Vater dessen recht stattliches Gütchen geerbt und ihm an seinem Sterbebette versprechen müssen, es in Friede und Freundschaft gemeinschaftlich zu besitzen; denn der Boden war schwer und fruchtbar, der Wald bot hinreichende Jagd, und die mütterliche, wehmütige Landschaft, anheimelnd und wieder hart und herb, schneebetürmt und winterlich bleigrau verhangen, drängend vor Frucht im Sommer, hatte ihm zum köstlichen Zwiegespräch gereicht ein Leben lang. Und dieses Glück gönnte er eben allen dreien.

Nicht lange nach dem Tode des alten Herrn gab es die ersten kleineren Unstimmigkeiten unter den Brüdern. Noch hielt sie aber ihr Versprechen in der Gewalt, an das sie sich ein wenig schamhaft erinnerten, so oft sie die Türen lauter als nötig ins Schloß fallen ließen. Doch bald gab es Streit, über das Vorgehen bei der nächstjährigen Bestellung.

Und eines Tages war er plötzlich da, der Haß. So tief, wie er nur sein kann zwischen Menschen, die sich sehr gut kennen. Bald sprachen sie nur noch durch den Verwalter zueinander. Sie wurden älter, zumal keiner von ihnen je ans Heiraten dachte. Sie begannen sich einzuspinnen in Wunderwelten von Verrücktheit, wie sie nur ein störrisches Alleinsein zuwege bringt. Sie begannen Grillen zu fangen, wo sie sie nur fanden. Und das stetig wachsende Sich-beschränken auf die Dinge ihrer kleinen Interessen, welches den einen und andern nicht schlafen ließ, hatte irgendein unbrauchbarer Gegenstand nicht seine wohldurchdachte Stellung inne auf den Schreibtischen oder Kaminen ihrer streng verriegelten Herrschaftsbereiche, steigerte ihren Geiz, Argwohn und Haß immerfort, steigerte und steigerte. Sie starben nicht lange nacheinander, alt, grau und verbittert. Und keiner stand am Totenbett des anderen. Keiner bemühte sich zum Grabe des Bruders, welches der Inspektor die Leute ausheben ließ. Keine menschliche Regung brachte sie je zueinander, nicht einmal der Tod. Sie starben, hilflos in ihrem Haß. Darum mußten sie über die Rampe fahren, jahraus, jahrein, Nacht für Nacht. Das Gut war reichlich heruntergekommen, damals.

Ich war wieder einmal dort, da ich den derzeitigen Besitzer kannte. Ich kam spät vom Dorfe und stapfte durch den Schnee heimwärts. Ich begegnete dem Schweizer, der seine flache Mütze mit dem gebrochenen Schirm zog.

»Warum müssen die Brüder Brockes jede Nacht fahren, Stan?« fragte ich ihn.

»Ja, junger Herr«, er wischte mit dem dicken Fausthandschuh einen Tropfen von der Nase. »Waren keine guten Menschen, Herr. Die haben sich gehaßt gehabt, das ganze Leben. Werden wohl müssen fahren bis zum Jüngsten Gericht. Der Herr sei gnädig!«

»Danke, Stanislaus, Gute Nacht!«

»Gute Nacht, junger Herr, Gute Nacht!«

Ich beeilte mich ins Haus zu kommen, denn der Mond war trübe und die Schatten lang.

Wer meint, daß das Gruseln Feigheit sei, ist zu bedauern.

Wir saßen drinnen noch lange über das Rasseln hinaus.

»Werde wohl bald verkaufen«, sagte der Besitzer. »Es ist alles total heruntergewirtschaftet. Ich müßte ganz neue Gebäude haben, und das gibt das Gut nicht her. Zum Wohle!«

HEINKE FREVERT

Rubbeljack ein Versager?

Rubbeljack war ein Versager, das heißt, in erster Linie war er ein stämmiger, frecher Rauhhaardackel. Hundefachleute sagten, er sei einwandfrei im Gebäude, das Geläuf war vorschriftsmäßig krumm, in der Saumeute betätigte er sich als kleiner Draufgänger und bei Nachsuchen verblüffte er immer wieder durch seine gute Nase und Klugheit. Außerdem hatte er sich im Laufe der Jahre die größte Mühe gegeben, reizende kleine Rubbeljäckchen zu zeugen. Nur eines wollte und wollte nicht klappen: Die Baujagd. Der Jäger aber hält sich einen Erd- oder Dachshund – wie die Bezeichnung schon sagt – vornehmlich für diese Jagdart. Mit Hilfe des kleinen Gesellen geht er der Jagd auf Fuchs und Dachs nach.

Und nun war Rubbeljack – nun ja, ich sagte es schon.

Niemals in seinem langen, kurzen Hundeleben hatte er bisher mit einem Fuchs ungute Bekanntschaft gemacht, niemals wollte ihm ein Dachs ans Leben – und doch kniff das liebe Tier, sobald es sich mit seinem passionierten Herrn einem Fuchsbau näherte, den Zagel ein und benutzte die erstbeste Gelegenheit – vielleicht ein Naseschneuzen oder das Durchladen der Flinte – um heidi Richtung Heimat zu entschwinden. Weder mit Güte, mit Strenge noch Engelsgeduld war er zum Einschliefen zu bringen.

Seit neuestem hatte mein Mann nun eine neue, in Rubbis Augen blöde Methode, um das arme Hundevieh endlich auf diesem Gebiet zu beleben und seiner Berufung als Erdhund zuzuführen.

An einem milden Frühwintertag sollte dieser Plan in die

Tat umgesetzt werden. Herr und Hund wanderten Richtung Rominter Heide miteinander vom Hof. Der Dackel litt – im Gegensatz zu sonstigen derartigen Canossagängen – jetzt schon, denn mein Mann nahm außer ihm noch eine beachtliche ›Fahne› mit auf die Pirsch. Sie war während einer ausgiebigen Skatnacht mit zwei Waidgenossen entstanden.

Rubbeljack stammte zwar aus einer Hundefamilie, die ausschließlich mit Schnapsnamen aus der Taufe gehoben worden war. Seine Großmutter – inzwischen in die Hundejagdgründe übergewechselt – hieß ›Racki‹, die gebärfreudige Mutter ›Samogonka‹, seine Schwester aus demselben Wurf war die fröhliche kleine ›Flip‹, und ein Bruder vom Jahr vorher hörte auf den Namen ›Wodka‹. Aber alle diese Namen hatten nichts mit Feuerwasser und seinem Dunstkreis zu tun, und Schnaps beleidigte immer wieder Rubbeljacks Hundenase.

Mein Mann hatte mich gebeten, die beiden Skatbrüder der letzten Nacht mit dem Wagen zu holen, denn sie waren zu faul und verkatert, um selber fahren zu können. Als ich mit eben diesen Mannen am vereinbarten Treffpunkt ankam, bot sich uns ein Bild fernab von jeglicher Jagdpassion: Mein Mann lehnte, auf einem Stubben sitzend, an einem rotleuchtenden Kiefernstamm und schnarchte laut in die winterliche Stille. Rubbeljack hatte er sich als wärmendes Bauchkissen auf den Schoß gelegt.

Der Dackel schnarchte nicht, sondern linste uns unter buschigen Augenbrauen mißtrauisch entgegen. Er hatte den mitgebrachten Terrier entdeckt und ahnte, daß wieder einmal das Fuchsbau-Martyrium beginnen würde. So ließ er sich schleunigst von Herrchens Schoß plumpsen, wodurch der Schläfer erwachte und fluchend den lächelnden Waidgenossen entgegenstierte.

Lust an diesem ganzen Unternehmen, so schien es mir, hatte nur der vor Jagdpassion hechelnde Jagdterrier – ein Grund mehr für Rubbeljack, den Verhaßten möglichst zu umgehen.

Hier endet eigentlich meine Geschichte, denn mir wurde beschieden, es sei besser, wenn ich die Jäger mitsamt ihren Hunden – dem, der es kaum erwarten konnte und dem, der sämtliche Fuchsbaue der Welt verwünschte, – allein ließe.

Rubbeljack warf mir noch einen flehentlichen Blick zu, und ich einen langen zurück auf die Rucksäcke der Jäger, aus denen je eine Buddel Schnaps guckte. Wenn das nur gut geht, dachte ich, als ich zum Wagen ging.

Zu Hause versuchte ich mich durch lästige Hausarbeit abzulenken. In Wirklichkeit aber wartete ich – allerdings nicht auf das, was endlich im Abenddämmern den Hof erreichte.

Vorneweg marschierte mein Mann, den Dackel, der laut und fröhlich bellte, an der Leine. Dahinter hatten die beiden Herren eine Flinte zwischen sich genommen, an der ein prallschwerer Rucksack baumelte. Der Terrier trottete recht unbeteiligt hinter seinem Herrn her. Kein Zweifel: Diese Beute hatte nur etwas mit unserem ›Versager‹ zu tun und wurde mit einigen leisen Anweisungen dem Kutscher übergeben, der grinsend damit in der Scheune verschwand.

»Was ist passiert?« wollte ich, erbost über so viel Geheimniskrämerei, wissen. Vorerst schwiegen sich die drei Heimkehrer aus. Erst als wir bei einer inhaltschweren Jause und leichtem Rotspon am flackerndem Kamin saßen, wurde mir Rubbeljacks Heldentat geschildert.

Als man noch ungefähr zwei Meter vom Bau entfernt war, habe der Terrier schon angefangen, an der Leine zu zerren, während das Dackeltier nach alter Manier über Fluchtwege nachsann und daher meinem Mann pausenlos zwischen die Beine geriet, was schon eine gewisse Kampfstimmung zwischen den beiden hervorrief. Man wollte, wie immer, den passionierten Terrier bis dicht vor die Röhre bringen, ohne ihn zu schnallen, und dann Rubbeljack animieren, vor dem verhaßten Rivalen einzuschliefen und ihm dadurch die Beute abzujagen.

»Vorsichtig und leise rückten wir näher ran«, berichtete mein Mann, »als sich plötzlich das Benehmen der beiden Hunde auffallend änderte. Der Terrier stutzte und lief nur widerstrebend weiter, Rubbeljack dagegen zerrte wie wild nach vorne . . .«

Mein verblüffter Mann hatte die Leine nicht fest genug gehalten; Rubbeljack riß sich los und sauste wie ein rauhbautziger Blitz mit schleifender Leine an dem wütend kläffenden Jagdterrier vorbei in die Röhre.

»Verdutzt sahen wir uns an, da hatte es auch der Terrier geschafft, sich die Halsung abzustreifen und war ebenfalls im Bau verschwunden.«

»Na und dann? Macht's doch nicht so spannend!«

»Stille, sowohl vor als auch im Bau. Wir verteilten uns und luden durch. Nichts. Völlige Stille. Wir legten die Flinten neben uns und erwogen gerade, schnell einen zu kippen, um warm zu bleiben, als wir beinahe von unseren Sitzstöcken fielen.

So schnell wie er eingefahren, sei der Terrier wieder am Tageslicht gewesen, wurde mir berichtet. Er schien verängstigt, schweißte an einem Auge und verdrückte sich kommentarlos hinter seinen Herrn. Reden konnte er ja leider nicht, und so blieb alles, was sich lautlos und geheimnisvoll ›unter Tage‹ abspielte, rätselhaft.

»Wir Jäger«, erzählte der nächste weiter, »beschimpften uns gegenseitig, weil keiner an den Spaten gedacht hatte, um nun das Geheimnis von oben zu lüften.«

Mein Einwurf an dieser Stelle der Erzählung, es sei schon alles hart gefroren, man könne doch gar nicht graben, wurde überhört.

»Und? Was weiter?«

»Ja, also plötzlich begann ein riesiger Tumult im Bau«, erzählte mein Eheliebster. »Ein Kreischen, Quietschen und Fauchen, dazwischen das wütende Kläffen von Rubbeljack. Wir standen alle schußbereit, ohne zu ahnen, was uns das Dackeltier präsentieren würde.«

»Und Rubbi?« – »Der schien im Bau wie ein Berserker mit irgendeinem Ungeheuer zu kämpfen. Der ganze Erdhügel wackelte. Dann kullerte, mehr als sie lief, eine Bestie zutage. ›Nicht schießen!‹ brüllte ich, denn der Dackel hatte sich fest verbissen und ließ sich von dem Monstrum mitschleifen. Im Freien gelang es dem Gegner, sich herumzuwerfen. Aber Rubbeljack war schneller. Er packte das Biest an der Gurgel, schüttelte den schon bald leblosen Körper noch ein paar Mal über dem Waldboden und knallte ihn dann mit Schwung vor meine Füße ... aus ... Halali! Es war tatsächlich ein beachtlicher ...«

Das Telefon klingelte.

Ich nahm, ungehalten über die Unterbrechung der spannenden Erzählung, den Hörer ab. Die Frau eines der Waidmänner fragte an, ob ihr Mann vorhabe, eine zweite Nacht durchzusaufen und wann er käme. Der also gefragte nahm mir mit erbostem Gesicht den Hörer ab:

»Tag Frauchen, ja also ich bleibe über Nacht hier bei Freverts. Ruf' auch Renate an, damit sie Bescheid weiß, Otto bleibt auch. Schick' morgen früh den Kutschwagen, so um neune ... Ende.«

Aha, dachte ich, auch eine Art, um einer ›Reichsdeutschen‹ die berühmte ostpreußische Gastfreundschaft nahezubringen.

Während ich den Ofen im Gastzimmer anheizte und sauberes Linnen über die Bettkissen zog – mein Personal war schon zu Bett gegangen – überlegte ich: Gast meinetwegen, aber Freundschaft? Ohne mich! Ich handelte dementsprechend. Das heißt, ich nahm, an den Kamin zurückkehrend, meinem Mann sanft lächelnd das Holzscheit aus der Hand, welches die Glut neu beleben sollte, behauptete, wir hätten keinen Rotspon mehr und öffnete weit das Fenster mit der glasklaren Aufforderung: »Jetzt gehen wir allesamt schlafen.«

Das Überrumpelungsmanöver gelang. Wir gingen. Ich vergaß vor Freude über den Erfolg, mir noch das Ende der Erzählung anzuhören.

Mitten in der Nacht schrak ich aus einem wüsten Traum hoch: Rubbeljack wurde von irgendeiner Furie hoch in die Luft geschleudert und landete leblos zu meinen Füßen.

Was, so fragte ich mich, was war in dem Rucksack? Im Frühjahr wurden Luchse in der Heide ausgesetzt, sollten sie sich so schnell vermehrt haben, daß Rubbi einen Jungluchs erwischte? Aber nein. Luchse, das wußte ich, gehen niemals in Höhlen oder gar Fuchsbaue, eher auf die Bäume. Kerzengerade saß ich nun in den Pfühlen und erwog, meinen Mann zu wecken und nach dem Rucksackinhalt zu befragen. Aber dann hätte ich erst einmal eine Schnarch-Schallmauer durchbrechen müssen, und wir würden uns für den Rest der Nacht mit einem mittelschweren Ehekrach beschäftigen. Nein, lieber nicht. Aber was war in dem Rucksack? Vielleicht doch Fuchs oder Dachs, nur daß die Waidmänner schon ein bißchen betütert ... Aber nein, da tat ich meinem Ehegespons bitteres Unrecht. Er würde es niemals zulassen, während der Jagd, gleich welcher Art, einen über den Durst zu trinken. Die Schnapsbuddeln waren, das wußte ich genau, erst nach Rubbeljacks Heldentat geleert worden. Außerdem wäre mir dann der Inhalt des Rucksacks nicht vorenthalten worden.

Aber was war die Beute? Was?

Leise stieg ich aus dem Bett und, die quietschenden Bohlen umgehend, die Treppe zur Diele hinunter. Ich würgte mir den dicken grünen, leise nach Schnaps duftenden Schal meines Mannes um den Hals, zog den Pelzmantel über mein Nachthemd und stieg in die Filzstiefel.

Den Nicht-Versager Rubbeljack, der sich zusammengerollt schlafend stellte, forderte ich vergeblich auf, seine Beute noch einmal zu besichtigen. Hirschmann, der Schweißhund, dagegen reckte sich gähnend und hatte die Güte. Mit ihm stakste ich in die Winternacht hinaus.

Mühsam stemmte ich die Scheunentür auf. Da lag, mit einem zerbissenen grauen Fell, im Genick eine tiefe, klaffende Wunde, lang ausgestreckt und völlig seelenlos: Peter, der kapitale Kater des Schreinermeisters Petrokeit.

Rubbeljack ein Versager? Niemals! Nur ein Spezialist . . .

RUTH GEEDE

Heimkehr im Herbst

Sie kam mit dem Dampfer, der kurz vor Mittag an der Mole anlegte. Es war ein Spätherbsttag von gläserner Klarheit und einer unwahrscheinlichen Leuchtkraft, die das rote und gelbe Laub des Wäldchens am Fuß der bewaldeten Düne aufflammen ließ. Über dem Silberspiegel des Haffes hob sich gleißend der Schwung des Dünenbogens.

Die Sonne schien so warm, daß Martha dem Kind, das sie auf dem Arm trug, Mütze und Schal abnahm. Während sie dem Ufer zuging, atmete sie tief den Geruch ein, der aus dem Wasser stieg, diesen lange nicht gespürten Geruch von Teer und Tang und Fisch. Als sie dem Strand näher kam, mischte sich ein Spur Rauch dazwischen. Es roch nach Flundern und Aalen, und Martha verspürte zum erstenmal seit Wochen wieder ein Hungergefühl, wenn sie an den fettriefenden Breitaal dachte, den die Mutter aus der Räuchergrube zog.

Der Strand war leer, die Kähne schienen alle draußen zu sein. Man sah ihre apfelgrünen und rostroten Segel am Graphitstrich des Horizonts. Nur ein alter Mann tränkte neben der Mole seine Pferde. Er kniff die Augen zusammen, als er den Blick hob, legte die Hand schattend über die Brauen und nickte dann. »Da bist du ja wieder, Marthche«, sagte er. »Ei, und das is wohl der Kleine?«

Die junge Frau sprang von der Mole an den Strand und ließ das Kind in den sonnenwarmen, körnigen Haffsand gleiten.

»Hans'che heißt er, nich?« Der alte Grigull sah auf den weißblonden wirren Haarschopf des Kleinen, der jetzt beide Händchen in den Sand grub und kreischend vor Freude die Körner durch die dicken Fingerchen rinnen ließ. »Ei, da wird sich aber der Jonas Balsch freuen.«

Ein Schatten fiel in den Sand. Martha fuhr herum. Sie hatte den Mann nicht kommen hören, der jetzt zu dem alten Grigull trat. »Ich brauch' das Gespann, Vater«, sagte er etwas unwillig zu dem Alten. »Ach nei!« Er grub breitbeinig die nackten Füße mit den aufgeschlagenen Hosenbeinen in den Sand. »Das is ja die Martha Balsch, wenn ich mich nicht irr! Oder wie heißt jetzt? Winzinger oder so, was?«

Über das blasse Gesicht der jungen Frau, in dem die hohen Wangenknochen stark hervorsprangen, zog eine fleckige Röte. Sie griff mit einer hastigen Gebärde nach dem Kind und nahm es wieder auf den Arm. Der Junge weinte und schlug mit den Händen um sich, aber sie streichelte die dicken, sandverschmierten Bäckchen und preßte das schwitzige Köpfchen an ihr Gesicht. Dann nickte sie wortlos und schritt mit müden, schweren Füßen dem Karren zu, den ein Junge von der Mole schob. Auf ihm lag ein einziger, mit Bindfäden zusammengeschnürter Koffer.

Die beiden Männer blickten stumm der jungen Frau nach. Als Martha jetzt das Kind auf den linken Arm schob, um mit dem rechten nach dem Koffer zu greifen, meinte der Jüngere: »Das zwingt sie doch nich, so e Scherbel, wie das jetz is! Ich werd' ihr man tragen helfen.« Der alte Grigull nickte. »Trag man, ich bring' schon die Pferde nach Haus, Hermann.«

Schweigend gingen sie zusammen die Dorfstraße hinauf. Über den Zäunen hingen hier und dort Georginen, ein paar späte Blüten der Kresse flammten rot und gelb. Die Malven an den weißgekalkten Giebeln der Fischerhäuser hatten nur noch häßliche, braune Strünke zurückgelassen. Es roch nach Herbst, und man spürte die Kälte, die aus den Schatten kam.

»Du bist schon da«, sagte der junge Grigull. Es war das einzige, was sie miteinander sprachen. Er stellte den Koffer ab, schob zum Gruß die blaue Fischermütze in den Nacken und ging dann wieder den Weg zurück.

Hinter dem Zaun kniete eine alte Frau im Kartoffelbeet. Sie hob den Kopf und ließ dann jäh die Hacke fallen. »Marthche, aber nei, Marthche«, rief sie, »und der Jung', da kannst dich rein verjagen! Komm her, mein Krabauterche!« Sie streckte beide Arme aus. Martha setzte das Kind auf die Erde. Es tappte mit unsicheren Schritten vorwärts, stolperte und fiel dann in die Arme der Großmutter hinein.

»Er wird gleich gransen«, meinte Martha. Aber das Kind blieb ganz still, das Köpfchen müde in die warme Bucht des Frauenhalses gelegt.

»I, wo wird es doch«, murmelte die Alte, »is doch unser schönes Jungchen!« Sie schaukelte das Kind ganz sacht hin und her. »Schusche, schusche. Hans'che is müd, Hans'che kommt in Omas Bett.«

»Wo ist Vater?« fragte Martha schnell.

»Draußen, is doch so ein schöner Tag, rein wie ein Gottesgeschenk«, antwortete die Mutter, während sie sich langsam mit dem Kind auf dem Arm erhob.

»Ja«, sagte die junge Frau und warf den Mantel auf die Bank neben der Tür. Sie reckte die Arme und dehnte die Brust. Hier an der geschützten Hauswand war es warm und wohlig. Martha sah über den Knüppelzaun das Haff leuchten und fern die Segel vor dem weißen Dünenbogen.

Als sie erwachte, stand der Tag schon in der kleinen Kammer. Sie richtete sich erschrocken auf und warf die rotkarierte Bettdecke zurück. Der Kleine, wo is er, ich hör' ihn gar nicht?

Aus der Küche kam ein Juchzen. Sie ging zur Tür und blickte durch die Scheiben. Da saß der Vater am Tisch, auf seinen Knien schaukelte der Junge. Er lutschte an einer Brotkante.

»So e Kirst ist gesund für die Zähnchen«, lachte die Mutter vom Herd her, »fünf hat er schon, ich hab' gezählt.«

Martha gähnte zufrieden und kroch in das Bett zurück. Die Wärme der dicken Federkissen tat wohl, sie kuschelte sich tief hinein in die warme, gute Geborgenheit. Sie war zu Hause.

Hier gab es kein Lauschen nach dem schweren, trunkenen Schritt auf der Treppe. Kein Heraufquälen eines müden Tages über die graue Wand des Hinterhauses. Es gab kein Heft, in das man Zahlen schreiben mußte: Ein Liter Milch, ein Brot, ein Viertel Schwartenwurst ... Keine versteckte Tasse im Küchenschrank mit den zusammengerackerten Groschen, die der Mann nicht finden durfte. Aber dem Jungchen merken sie nuscht an, dachte sie noch, ehe der Schlaf sie wieder überfiel.

Sie schreckte auf, als jemand an ihr Bett trat. »Ich komm' schon, Karl«, murmelte sie. Da erkannte sie die Mutter. Der Duft von heißem Kaffee machte sie hellwach.

»Nu man sachte, sachte«, tröstete die Alte, »hier ist kein Karl, Marthche. Trink man, ich hab' extra vom Schulz frischen geholt. Mit süßem Schmand, mein Goldchen.«

Martha griff nach der Tasse und trank. Während sie ihren Kopf an dem breiten Arm der Mutter rieb, fragte sie: »Wo ist der Kleine?«

»Mit Vater im Dorf. Er muß ihn doch überall rumzeigen. Was meinst, was er stolz is', so e staatscher Jung! Nuscht hat er von dem, aber auch nuscht.«

Die Alte schwieg, aber ihr Atem ging plötzlich schwerer. Dann fragte sie unvermittelt: »Hat er dich geschlagen?«

Martha schüttelte den Kopf. Dann begann sie heftig zu weinen. Ihr ganzer Körper bebte von den Stößen. Der Kaffee floß über den rotbunten Bezug.

»Wenn er das hätt', aber sowas hat er nie getan. Wenn er nicht trank, war er auch ganz gut zu mir. Aber ich konnt' einfach nicht mehr. Immer das Warten, das traurige Warten. Ich konnt' nicht schlafen, ich hab wachgelegen bis zwei, bis vier, manchmal kam er auch erst, wenn es hell war, und manchmal gar nicht. Dann ging er gleich auf den Bau. Und dann kein Geld, jeden Dittchen mußt ihm ablungern.«

Sie hatte ihr Gesicht an die Brust der Mutter gepreßt und weinte vor sich hin.

»Wie das Kind noch nicht da war, hab' ich auch gearbeitet. Das weißt ja. Aber nachher ging's nicht mehr. Die Brust war entzündet. Und dann war's doch erst so 'n Spacheisterchen. Wie er fünf, sechs Monate war, machte er sich fein raus. Aber da war mit mir nuscht mehr los, ich konnt' einfach nicht mehr. Und diese Wohnung unten im Keller auf der Laak, kein Sonnenstrahl, immer duster und muffig, ach Mutterchen!«

Die Alte ließ ihr Zeit. Sie hatte die Hände über dem Rücken der Tochter gefaltet, die den Kopf in dem breiten Schoß der Mutter vergrub. »Warum bist bloß mit ihm gegangen! So e Fremder! Kennst ihn nich, weißt nuscht von ihm. Ich hab' dich gewarnt, Marthche!«

»Er war doch so anders. Und hier, als sie am Kurhaus bauten, hat er doch nie getrunken. Immer sah er so staatsch aus, wenn er am Zaun stand. Und die hübschen braunen Augen. Was konnt' er alles erzählen! Und tanzen konnt' er wie ein junger Gott.«

Die Alte zog die Brauen zusammen. »Warst ja auch ganz wild nach ihm, Marjell. Ich hab' mir damals fast die Augen aus dem Kopf geschämt. Na, und als ich dann den Zettel fand, daß du ihm einfach nachgefahren bist, da dacht' ich, ich überleb das nich. Und der Vater erst! Der hat das nicht überwinden können. Erst, als du von dem Kind schriebst, da sprach er über dich. Aber nu, Marthche, nu is ja alles gut. Er ist ja ganz narrsch mit dem Jungen, was meinst. Hat ja nie einen gehabt. Du bist die einzige geblieben.« Jetzt weinte auch die Alte vor sich hin. »Damals, das nach dir kam, wär' ein Jungchen gewesen. Aber es hat nich leben können. Hier im Winter auf der Nehrung, und dann kein Doktor.«

Sie hörten, wie die Küchentür ging.

Die beiden Frauen fuhren auseinander.

»Wie lang bleibst, Marthche?« fragte die Alte noch schnell, während sie die Schürze glattstrich.

»Ich denk, bis zum letzten Schiff vor dem Winter, Muttchen!«

Die Tage zogen sich dahin wie eine leuchtende Schnur. In den Nächten war es schon kalt, die Sterne glitzerten, und der Frost färbte die Georginen braun. Aber die Tage waren hell und sonnenwarm, in der Mittagsstille spielten die Mücken, und Martha fand am Leuchtturm noch einen ganzen Korb voll Brombeeren.

Sie ging gern hierher, wo man fast nie einem Menschen begegnete. Das Gestrüpp war wild und zerkratzte die Füße, aber in dieser Wildnis gab es sonnenwarme Kaulchen, in die man sich hineinkuscheln konnte wie in eine Muschel. Durch die roten Brombeerranken mit den glänzenden, dunklen Früchten sah man das Haff und den fernen Zug des Dünenbogens. Manchmal zogen die Kähne vorbei, sie sah die Segel und die bunten Wimpel auf der Mastspitze. Sie kannte noch alle Kähne: das war der Schwindies und jenes der Purwien und das der Broscheit. Und einmal sah sie auch den Kahn des Vaters. Aber er fischte nicht, er fuhr bloß so zum Spaß, er hatte den Jungen auf dem Schoß, und der Gauszun steuerte.

Marthche vergrub das Gesicht in den Händen. Wenn er wüßt, wenn er es wüßt! Rausschmeißen würd' er sie und den Jung'!

Sie seufzte und stand auf. Die Schatten krochen aus dem Brombeergebüsch. Kalt kam es vom Wasser herauf. Martha fröstelte und zog das Tuch fester um die mageren Schultern.

Der Mann stand am Zaun des Gehöftes. Wenn jemand vorbeikam, drückte er sich in den Schatten der alten Weide. Er wartete jeden Abend so, bis das Licht in der Kammer erlosch.

Seit die Martha zurückgekommen war, hatte der Hermann Grigull keine Ruhe. Er hatte nie vergessen können, daß die Martha den Fremden genommen hatte. Und nun war sie wiedergekommen.

Wie er sie gesehen hatte, da an der Mole, war es zuerst wohl Mitleid gewesen. So blaß war sie, so mager! Aber nur der Gedanke, daß sie wieder da war, daß sie da oben in der Kammer schlief, machte ihn unruhig. Und dabei war doch die Martha verheiratet und hieß jetzt Winzinger oder so, wer konnte schon den Namen behalten!

Er zündete sich die Pfeife an, die kalt im Mundwinkel hing. Erschrocken schlug er das Streichholz aus. Die Tür des Fischerhauses hatte sich geöffnet und gleich wieder geschlossen.

Er hörte ihren Schritt auf dem Gartenweg, der zögernder wurde, je mehr sie sich dem Zaun näherte.

Dann kam ihre Stimme durch die Dunkelheit: »Ich weiß, daß du wartest.«

Er konnte keine Antwort geben, so verwirrt war er.

»Ich hab' dich jeden Abend gesehen. Aber ich konnt' noch nicht.« Die Gartentür knarrte. Jetzt sah er sie auch vor sich. Ihr schmales, fahles Gesicht mit dem hellen Haar. Die tiefen Augenschatten. Den schmalen Mund.

»Kommst mit zum Haff?« fragte sie.

Sie gingen die Dorfstraße hinunter. Niemand begegnete ihnen. Es war schon spät. Nur ein Hund schlug hier und da an. Als sie am Haff waren, zögerte Martha. Dann ging sie voraus auf die Mole. Das Haff schlug mit kurzen, harten Wellen gegen die Steine. Der zunehmende Mond warf eine dünne, zitternde Lichtbahn auf das Wasser. Es war sehr kalt.

»Du frierst, Marthche. Ich geb' dir meine Jacke.«

Sie wehrte sich, aber dann ließ sie es doch geschehen, daß er seine Jacke über ihre Schultern legte. Sie war noch warm von dem Körper des Mannes.

Plötzlich blieb sie stehen. Sie legte die Hände auf das Geländer und blickte in das Wasser. »Morgen geht der letzte Dampfer«, sagte sie. »Ich kann nicht länger bleiben.«

Als er nicht antwortete, fragte sie hastig: »Und du willst nicht wissen warum?«

»Wenn du es selber weißt, wirst es mir schon sagen.«

Sie zitterte unter der Jacke. »Hast recht, vielleicht weiß ich es selber nicht.« Sie wandte sich um und ging mit kurzen, harten Schritten zum Strand zurück.

Irgend etwas, grübelte der Mann, habe ich verkehrt gemacht. Vielleicht hätte ich sie in die Arme nehmen sollen, so wie früher. Aber sie hat jetzt einen Mann. Und ein Kind. Vielleicht hätt ich auch fragen sollen, ob ich ihr helfen kann. Sie hat doch einen Kummer.

»Marthche«, fragte er später und griff nach ihrer Hand, »kann ich dir helfen?«

»Helfen?« Es war, als lauschte sie in sich hinein. »Nein,

helfen kannst mir nicht. Aber sagen muß ich es, ich muß es einfach sagen, sonst ersticke ich. Der Mutter kann ich es nicht sagen, dem Vater schon gar nicht. Du warst immer gut zu mir, Hermann. Ich weiß ...«, sprach sie schnell weiter, als er sie unterbrechen wollte, »red' nicht mehr davon. Wenn du davon sprichst, könnt' ich dir nicht alles erzählen.«

Sie hatte sich in den Sand gekauert, dicht im Schatten der Mole. Er lehnte sich gegen die Steine, aber er spürte deren feuchte Kälte nicht.

»Jeder denkt, ich bin verheiratet. Ich hab' damals die Papiere angefordert. Und dann hab' ich mich einfach Winzinger genannt, wenn ich an die Mutter schrieb. Aber wir sind nie getraut worden, hörst du, Hermann, nie! Du weißt, er ist nicht von hier. Ich hab' es nicht gewußt, als ich ihm nachfuhr, daß er in seinem Heimatdorf da irgendwo im Rheinland schon eine Frau hat. Er will nicht zu ihr zurück. Darum blieb er auch in Königsberg. Aber wir konnten auch nicht heiraten.«

Sie atmete kurz und heftig, als sie weitersprach:

»Ich will nicht lügen, Hermann. Zuerst hat es mir gar nichts ausgemacht. Wer kannte mich schon in Königsberg. Aber dann kam das Kind, und da wurd' es ganz anders. Auch mit ihm. Er fing wieder an zu trinken. Und wenn er trinkt, bekomm' ich kein Geld. Mir wär' es schon egal, ich könnt' ja arbeiten. Aber das Kind. Ich weiß, wenn ich jetzt zurückkomme, geht es so weiter. Es wird nie anders werden. Wir werden nie heiraten können, nie eine andere Wohnung haben. Und das Kind wird aufwachsen in dem Kellerloch.«

»Dann bleib' doch hier, Marthche. Wenn ihn vergessen kannst!«

»Das möcht' ich schon. Ich würd' wer weiß was dafür

geben, wenn ich nicht mehr fort müßt! Aber ich kann doch nicht, Hermann. Dann müßte ich es dem Vater erzählen. Die Mutter würde schon drüber hinwegkommen, aber der Vater – der schlägt mich tot!«

»Ich glaub' das nicht, Marthche«, meinte der Mann bedächtig. »Du siehst doch, wie er sich mit dem Jungen betut. Als ob es sein eigener wär. Der Jung, der Jung, nichts anders kennt er mehr. Vielleicht würd' er sich sogar freuen, wenn der Jung nicht den Namen von deinem ... dem Mann da trägt, sondern Balsch heißt, als wenn es seiner wär.«

Sie hob den Kopf zu ihm auf. Ihre großen Augen glänzten im Mondlicht.

»Daran hab' ich noch gar nicht gedacht, Hermann. Und der Jung ist ja auch ein Balsch, sieh ihn dir an. Er könnt' Fischer werden und den Kahn erben und alles; vielleicht hast du wirklich recht.«

Sie erhob sich langsam, er bückte sich und half ihr. Auch als sie durch den tiefen Sand zum Dorf hinaufgingen, stützte er sie leicht. Sie ließ es geschehen, vielleicht bemerkte sie es auch gar nicht.

Als sie am Gartenzaun angelangt waren, hielt Martha ihm die Hand hin. »Ich dank' dir, Hermann. Morgen früh sag' ich alles. Weiter lügen kann ich nun nicht mehr.«

Er drehte die Mütze in seinen Händen.

»Ich komm' mal vorbei, Marthche. Wenn der Dampfer weg ist. Hörst du, Marthche, wenn der Dampfer weg ist!«

Sie saß in der Kaule im Brombeergestrüpp am Leuchtturm. Ganz still saß sie, die Hände um die angezogenen Knie geschlugen. Von der Mole waren Stimmen zu hören. Dann die Maschine des Schiffes. Ein langgezogenes Signal, dreimal. Der Abschiedsgruß. Nun begann der Winter, ein langer, einsamer Nehrungswinter.

Martha stand auf und schüttelte die Röcke zurecht. Der Wind war heute kalt, das Wetter würde umschlagen, vielleicht gab es morgen schon Nebel, Regen und feuchte Kälte, die unter die Haut kroch. Ich werd' noch Schischkes lesen müssen, dachte sie, dann wird der Jung' sich freuen, wenn die im Ofen knastern.

Sie ging langsam am Strand zurück zum Dorf. Als sie sich umwandte, sah sie noch einmal das Schiff, ehe es hinter der vorspringenden Schilfwand verschwand.

Am Fuß der Mole stand der junge Grigull. Er kam langsam auf sie zu, als hätte er jetzt viel Zeit.

»Du warst nicht dabei«, sagte er, als sie sich die Hand gaben. »Und nun ist das Schiff fort.«

»Ja«, sagte sie, »es ist fort.«

Auf der Bank vor dem Hause schrapte die Mutter Plötze und Barsche. In der offenen Tür des Netzschauers stand der Vater. Neben ihm spielte das Kind mit einem plumpen Borkenschiffchen.

»Wenn nu der Winter kommt, macht dir der Opa ein feines Schiffchen, Hans'che. Das kannst dann im Sommer schwimmen lassen annem ganz langen Band, auch am Kahn, wenn dich der Opa mitnimmt ...«

Hermann sah, daß Marthas Augen feucht wurden. Er blickte verlegen zur Seite. »Na ja«, sagte er dann lauter, als er wollte, »ich möcht' dich eigentlich was fragen. Ich fahr' nachher in den Wald nach Holz. Wenn willst, kannst ja mitkommen, Marthche. Und auch der Junge. Pferdchen sind doch was für die Kinder. Ich laß' ihn auch mal reiten.«

HERMANN SUDERMANN

Das singende Eis

Winterszeit – Schlittschuhzeit! Ein großes Fest.

Heute, da ich den Winter hasse und die kurzen Monate der Wärme und des Blühens als ein karges Gnadengeschenk auszukosten bestrebt bin, kann ich mir kaum noch vorstellen, mit welcher Inbrunst wir dem ersten Frost entgegenharrten. Freilich ist meine Heimat mit ihren Strömen und Überschwemmungen, mit ihren langen Kältezeiten und dem kurzlebigen Tauwetter dazwischen, das nur dazu dient, die Eisflächen vom Schnee zu befreien, für den Schlittschuh ein Betätigungsfeld wie kaum ein anderes in Deutschland.

Keine väterliche Strenge, keine mütterliche Sorge war unserer Leidenschaft gewachsen. Hätte man uns eingesperrt, wir wären zur Bodenluke hinausgeklettert. Hätte man uns die Schlittschuhe weggenommen, wir hätten uns welche aus Brettern und Messerklingen selber verfertigt. Und das haben wir gelegentlich mit Gottes Hilfe auch wirklich getan. Wenn die Kälte unter zwanzig Grad Reaumur hinabsank und ohne erfrorene Finger und Nasenspitzen die Heimkehr unwahrscheinlich schien, dann mußten wir zu Hause bleiben, und das kostete Tränen genug. Aber sonst war uns volle Willkür gegönnt. Nur dem Einbrechen stand man von elterlicher Seite mit ausgesprochener Abneigung gegenüber, und kamen wir mit nassen Kleidern heim, so setzte es Haue.

Nach sehr harter Frostzeit, in der wir, bis zu den Augen vermummelt, gerade nur in die Schule gehen durften, geschah es eines Tages, daß ein linderes Lüftchen wehte: Minus 16 Reaumur, beinah wie im Juli. Da gab es natürlich kein Halten.

Mit meinem Bruder Otto, der anderthalb Jahre jünger war als ich, trieb ich mich auf dem Szieszefluß umher, und das lindere Lüftchen fegte das Eis vor uns blank, als sei es dazu gemietet.

Von Gefahr oder Unsicherheit war naturgemäß nicht die Rede. Nun gibt es jedoch in jedem strömenden Gewässer faule Stellen, die niemals recht zufrieren wollen. Sie sind dem Ortskundigen meistens bekannt, und auch ich wußte mit ihnen Bescheid. Ein Gutes aber mußte der klotzige Frost doch gehabt haben; darum lief ich jeder Vorsicht bar glatt in eine Blänke hinein und kam erst wieder zu mir, als ich im Wasser paddelnd die Kante des festeren Eises umklammert hielt.

Ein wenig mehr Schwung, und ich wäre nie mehr zum Vorschein gekommen. Mein Bruder half mir vollends heraus ... Was nun beginnen? ... Mit nassen Kleidern nach Hause zu kommen, war unmöglich. Noch unlängst hatte es ein Donnerwetter gegeben, und die Wegnahme der Schlittschuhe stand vor der Tür.

In solchen Fällen gibt es nur ein Mittel: man zieht sich aus, hängt die Kleider an einen Baum und läßt sie trocknen. Und so geschah es. Mein Bruder half mir die Schlittschuhe abschnallen. Die Stiefel behielt ich der Sicherheit wegen an, aber Mantel, Jacke und Hosen schaukelten sich alsbald programmäßig am nächsthängenden Aste.

Das Hemd hörte nach wenigen Augenblicken zu triefen auf. Das war schon ein schöner Erfolg – und das lindere Lüftchen wehte mir wollüstig um die klappernden Beine.

Ja, so stand ich nun da und schaute sehnsüchtig dem Prozeß des Trocknens zu. Der ging über Erwarten hurtig vonstatten.

Die Hosen fühlten sich nicht mehr im mindesten feucht an, doch wenn die Beinlinge einander berührten, dann gaben sie ein Geräusch von sich, als ob man Steine gegeneinander reibe. Das kam uns unheimlich vor.

»Ich werde sie doch lieber anziehen«, sagte ich zu meinem Bruder. Aber als ich den Wunsch in die Tat umsetzen wollte, ergab es sich zu unserem Schrecken, daß die beiden Seiten so fest zusammengefroren waren, als wären sie zu einem Stücke verwachsen. Mit dem Schlittschuh wurden sie rasch auseinandergeschlagen, bis sie zwei Röhren bildeten, die ohne jeden Beistand auf dem Eise standen wie Männer. In die Röhren kroch ich wieder hinein, desgleichen in die gewaltsam geweiteten Ärmel, und dann kam der Heimweg. Daß er im Laufschritt vonstatten ging, wird jeder mir glauben, auch ohne daß ich's beteure.

Mama hatte eben die Lampe angesteckt und maß uns mit flüchtiger Teilnahme.

»War es auch nicht zu kalt?« fragte sie.

»Ach, es war wundervoll!« erwiderte ich und freute mich, daß sie nicht daran dachte, uns zu betasten.

»Wenn ich mich jetzt an den warmen Ofen setze«, so überlegte ich, »dann müssen die Kleider bis zum Abendbrot trocken sein.«

Also gut. Den lauen Kaffee verschmähte ich, um keine Zeit zu verlieren, und drückte mich dicht an die heißen Kacheln. Um den Sofatisch herum entwickelte sich das abendliche Familienleben. Mama saß über ihr Nähzeug gebeugt, Großmama strickte, und die beiden Brüder – der jüngste war noch nicht so weit – machten tugendhaft ihre Schularbeit. Derweilen saß ich am Ofen und zitterte.

Da ereignete es sich, daß Mamas Händen irgendein Zeugstück entfiel. Sie bückte sich – bückte sich noch einmal – und ihr Blick wich nicht mehr vom Boden.

»Was ist das schon wieder?« fragte sie, mit dem Finger auf eine Dielenritze weisend, in der ein dünnes, dunkles Rinnsal dahergesickert kam. Der Finger erhob sich langsam und folgte der Richtung des Rinnsals bis zu dessen Quelle, die nirgendwo anders als am Ofen und gerade da sich befand, wo ich meine zwei Füße hingestellt hatte.

Sie stand auf, kam geradewegs auf mich zu, ihre prüfenden Hände glitten an meinem Körper entlang, und da war es mit dem Geheimtun zu Ende.

Aber dieses Mal gab es keine Haue, nicht einmal ein Scheltwort gab es. Ich wurde eilends ins Bett gestopft, bekam heißen Holundertee zu trinken, und am nächsten Morgen war nichts geschehen.

Oh, ihr glückseligen Schlittschuhfahrten ins weite Land hinaus! Späterhin habe ich einmal versucht, Kunstläufer zu werden – es ist mir mißlungen – gerade nur bis zum »Gegendreier« hab ich's gebracht. – Aber alle Seligkeiten des aufgestachelten und befriedigten Ehrgeizes sind unvergleichbar der weltentdeckenden Abenteuerlichkeit, mit der ein beflügelter Kinderfuß den blauen Fernen entgegeneilt.

Mein Auge hat manches von den Wundern der Welt geschaut. Ich habe die funkelnde Gletscherwelt zu meinen Füßen sich breiten sehen, ich bin auf schaukelndem Kamel und mit dem Kompaß als Führer in den sandigen, granitdurchstarrten Unendlichkeiten der Libyschen Wüste umhergeirrt, ich bin auf dem Indischen Ozean gefahren wie die seligen Götter, und die grüne, triefende Dämmerung des tropischen Urwalds hat mir ihre Geheimnisse hergeben müssen. Aber das Schönste von allem hat mir meine arme litauische Heimat geboten.

Gegen den Ausgang des Winters hin, im Monat März, wenn die erste Schneeschmelze die weiten Wiesen zu einem uferlosen See gewandelt hat, aus dem nur hier und da ein

Gehöft oder eine Baumkronengruppe gleich Inseln herausragt, dann pflegt bei blauendem Frühlingshimmel ein kurzer, milder Frost noch einmal einzusetzen, der um die Mittagsstunde bei Windstille zu widersinniger Wärme wird. Dann pflegen sich die Wasserflächen noch einmal mit einer leichten Eiskruste zu bedecken, die bei Tage leise abschmilzt und zur Nacht wieder stärker wird. Sie wird gerade stark genug, um einen Schlittschuhläufer zu tragen, und ist so glasklar und durchsichtig, daß man nichts von ihr gewahrt, selbst wenn man dicht über ihr dahinfährt. Im Gegenteil, man sieht nichts weiter wie unter ihr das niedergebogene grüne Gras und die Fischchen, die glitzernd in den Gräben hin und her schießen. Wäre das Klingen und Klirren nicht, mit dem die Schlittschuhe das Eis durchschneiden, man würde des Glaubens sein, erdentbunden durch die Lüfte zu schweben. Und schließlich glaubt man es wirklich. Nie, selbst im Traume nicht, habe ich die Illusion des Fliegens so ungeschmälert durchgekostet wie an jenen sonnenklaren Märznachmittagen, an denen Himmel und Erde in eins zusammenwuchsen und alle Langsamkeit und alle Schwere in lachender Wonne sich löste.

Der große Strom, der sonst sein sagenhaftes Dasein führte, da er wohl eine Meile entfernt war und von Kleinjungensbeinen niemals erreicht werden konnte, lag schon nach zehn Minuten in königlicher Ruhe da – weiße Schollengebirge, an den Rändern von blauleuchtenden Spiegeln übergossen. Auf diesen Spiegeln fuhr man hinaus in die fremde Welt, und das Herz jubelte nahenden Feenländern entgegen.

Und eines kam – sich dehnend zu lichtüberströmter Unendlichkeit. Der Strom wurde breiter und breiter – und plötzlich war er nicht mehr da – hatte sich aufgelöst in unabsehbarem Leuchten und Glitzern. Das Auge ertrank in

Fluten des veilchenfarbenen Glanzes, die über breite kristallene Brücken daherströmten. Die Bläue rechts und links, die sich weitab in Nebeln verlor, glich nicht der Bläue des Inneneises, sie war durchmustert von Funken und Blitzen, als habe sie einen Sternenhimmel verschluckt, und dunkle, schmale Bänder zogen sich quer hindurch. Das waren die Schrecken der Schlittengespanne, die offenen Stellen, in die man hineinfuhr wie in den Rachen des Todes.

Umkehren oder weiter hinaus? Nein, weiter hinaus. Trotz Herzklopfen und Todesgefahr. Einen Trunk Unendlichkeit trinken, ein Staubkorn werden wie jener Schlitten, der weit in der Ferne als schwarzes Pünktchen quer über das Haff kroch.

Das Eis erklang, die Risse donnerten, und so flog man hinein in die Lichtwelt. Bis sie anfing, sich purpurn zu färben, bis das Blau sich zu Rosa verklärte und der blasse Märzenmond plötzlich am Himmel stand.

Dann aber dalli zur Umkehr! Der Abendfrost kam, die Kleider dampften, und konnte man noch in leidlicher Dämmerung zurück über den Stromdamm klettern, dann war man heilfroh.

Und dann plötzlich war alles zu Silber geworden. Silbern die Dächer – silbern die Baumkroneninseln – silbern die Bläue des Eises. Selbst das Gras, das verzaubert unter gläserner Decke des Frühlings harrte, war mit Silberfunken besetzt. Aber die Fischchen schliefen.

Und war man am Heimatufer gelandet und stapfte mit steifen Beinen dem Elternhause zu, dann wußte man niemals mehr, wo man recht eigentlich gewesen war. In einem Traumland? Auf einer Himmelswiese? In jenem Märchengarten, dessen goldene Pforte nur Glückskindern sich auftut?

WALTER SCHEFFLER

Vorweihnacht im alten Königsberg

»Hurra, er bleibt liegen!« jubelten wir Jungens, wenn wir mittags aus der Schule gestürmt kamen und sahen, daß der erste ernsthafte Schneefall das Grau der Straßen in festliches Weiß verwandelt hatte. Und dann schnell nach Hause, das Essen runtergeschlungen und aus dem Keller das lange schon wartende Bretterschlittchen vorgeholt. Der nächstliegende Rollberg war unser Rodelgebiet. Damals kannte man das Wort »Rodeln« freilich kaum, wir nannten es einfach »runterlassen«, legten uns schon an der Stritzelgasse, wo die Straße abschüssig zu werden begann, bäuchlings auf unser schlichtes Gefährt und stießen ab mit den Füßen, die zugleich die Steuerung besorgten. Noch war der Straßenverkehr recht bescheiden, es ging in flotter Fahrt den langen Rollberg hinunter fast bis ans Altstädtische Gymnasium, das spätere Körte-Lyzeum. Und immer wieder unter Juchzen und lustigen Zurufen auf und ab, daß man schwitzte trotz zunehmendem Frost.

Gegen Abend schon war die Straße glattgerutscht – und nun mußte man scharf aufpassen, daß nicht unversehens ein dicker blausilberner Schutzmann auftauchte und schimpfend und drohend unserem Wintervergnügen ein Ende machte. Ja, damals waren die Schutzleute größtenteils noch ältere wohlbeleibte Herren, zur Verfolgung von Übeltätern nicht mehr gelenkig genug, und man entkam meistens in flinker Flucht dem Aufgeschriebenwerden. Unser bescheidener Wintersport war nämlich den Kutschern, die vom Steindamm den Rollberg hinabfahren mußten, ein Dorn im Auge. Auf dem glattgerutschten steilen Straßenzug konnten Pferde und Wagen leicht ins Gleiten kommen und verunglücken. Deshalb das polizeiliche Verbot unseres Rutschvergnügens, um das sich aber die sportfrohe Jugend wenig kümmerte. Und so mancher Schutzmann, an seine eigene Jugend denkend, machte sich in merklich langsamem Näherkommen schon von weitem sichtbar, um den kleinen Sündern Zeit zum Ausreißen zu geben. Es war eben eine gemütvollere Zeit, in der man mit sich reden ließ, und das saftige Schimpfen des Königsbergers versteckte oft nur ein herzlich-verständnisvolles Schmunzeln.

Etwa zehn Tage vor Weihnachten begann um unseren Startplatz auf dem Rollberggipfel ein buntes, bewegtes Leben. Auf dem Gesekusplatz wurde der Weihnachtsmarkt aufgebaut, sogar Schaubuden und Karussells hatten dort zwischen den Buden mit Pfefferkuchen und Spielzeug Platz gefunden, Drehorgelmusik und weihnachtliche Düfte lockten in ein schimmerndes Märchenreich, das sich nicht nur auf den Gesekusplatz beschränkte – auch den ganzen Steindamm hinauf bis zu »Ziemers Eck« an der Wagnerstraße standen die abends von bescheidenen Petroleumlämpchen erleuchteten Krambuden zu beiden Seiten der Straße nebeneinander und gaben mit ihrem sanften Goldlicht eine stimmungsvolle Festbeleuchtung. Und zwischen den Buden hauchten da und dort kleine Stände mit Weihnachtsbäumen ihre feierlichen Tannendüfte, Jungens mit selbstgefertigten Hampelmännern und »Kommraus-Kommreins« empfahlen den sacht hinwandelnden Passanten ihre lustigen Werke, ein »Brummtopf« ließ sich hören, ein »Singbeutel« quarrte.

Da haben wir Kinder dann oft unsere Rodelfahrten unterbrochen und sind, das Schlittchen hinter uns herschleifend, durch die Budengassen gebummelt, die blanken und bunten Spielsachen bestaunend, im jungen Herzen Besitzwünsche sammelnd, um sie nachher den Eltern schüchtern vorzutragen, oder auch, wer noch an ihn glaubte, dem Weihnachtsmann. Und vor den Kuchen- und Süßwerkbuden lief uns das Wasser im Munde zusammen. Leider besaßen wir Laaksprößlinge kaum jemals das nötige Taschengeld zum Erwerb der dort dargebotenen Herrlichkeiten.

Wunderschön war es aber doch schon, diesen Weihnachtsmarktzauber inmitten der sonst so alltäglichen Stadt zu genießen und leise auf den Heiligen Abend zu hoffen. Sogar das altersgraue massige Ordensschloß im Hintergrund schien das schimmernde, musizierende Vorweihnachtsglück zu seinen Füßen mitzugenießen, hatte sein langes Dach und die dicken Rundtürme mit festlich schneeweißen Kappen geschmückt, auch die großen Kirchenfenster weiß verbrämt, nicht weniger seinen alles überragenden, den ganzen Trubel überschauenden spitzigen Schloßturm. Und durch das Marktgewühl trudelte gemächlich die Pferdebahn, fuhren Droschken und Klingerschlitten. Es gab in der großen Stadt noch keine Verkehrsprobleme, selten kam es zu kleinen Unfällen im Straßengetriebe, man hetzte noch nicht auf Leben und Tod ... Bis zu Anfang der neunziger Jahre vorigen Jahrhunderts wurde der Weihnachtsmarkt in der Mitte der Stadt aufgebaut.

An einen 24. Dezember erinnere ich mich mit gemischten Gefühlen. Die Eltern hatten es vor vieler Arbeit und mancherlei Sorgen versäumt, einen Weihnachtsbaum zu kaufen. Meinem Klagen und Quengeln gab der Vater endlich nach und zog mit mir aus zum späten Christbaumkauf. Aber ach, der Weihnachtsmarkt war schon abgebaut, nirgends mehr eine Tanne aufzutreiben. Endlich fanden wir noch einen grünen Stand auf dem Roßgärter Markt. Aber das waren ja Saalbäume, drei bis vier Meter hoch! Doch dort, an die Mauer des Offizierskasinos gelehnt, sah ich noch etwas Baumartiges minderen Hochwuchses stehen, eigentlich war es nur ein langer dicker Stamm mit ein paar Zweigen an der Spitze und unten. Ich griff zu – besser etwas als gar nichts! Mein Vater aber schüttelte das Haupt: »Mit dem wag' ich mich nicht nach Haus . . .«

Doch der Händler ermunterte uns und schob mir ein Bündel Tannenzweige unter den Arm. »Das wird noch e hibscher Baum, wenn se ihm diese Äst reinbohren!«

Da alles nur vier Dittchen kosten sollte, wagten wir den Kauf. Vater faßte die sehr lange Baumleiche vorn nahe der Spitze, ich trug sie bei ihrem Fuß und schritt hinterher.

»Aber nu schnell los!« kommandierte der Vater und vorwärts ging's über den Bergplatz zur Französischen Straße hinab. So mancher schaute spöttisch grinsend zu uns herüber. Wenn mein Vater sich nach mir umsah, hatte er ein seltsam verquältes, verschämtes Gesicht. Und jetzt, kurz vor dem Schloßplatz, blieb ein Arbeitsmann auf dem Bürgersteig stehen, lachte laut und: »Ei kick, de beids hebbe dem beste Boom!« schrie er in die Straße. Gleich darauf eine dicke Handelsfrau, die mit geleerten Körben nach gutem Weihnachtsgeschäft von der Wassergasse den Schloßberg hinaufgekommen war, sie blieb stehen und gab uns mitleidsvoll den guten Rat: »Herrkes, mött de Spötz noa hinde, denn dräggt söck dat lang Rachachel bäter! . . .«

Wir aber eilten fast schon im Laufschritt mit unserer Beute über den Schloßplatz und schlüpften durchs Albrechtstor in den Schloßhof, uns für eine kleine Weile dem beifallsfreudigen Publikum entziehend. Dann über den schon leeren Gesekusplatz, den Rollberg hinunter zu unserer hochgebauten Laakwohnung. Mein Vater wischte sich den Schweiß aus dem verärgerten Gesicht.

Es ist doch noch mit Hilfe von Säge, Bohrer und Leim

ein netter Weihnachtsbaum geworden, und als die Lichter auf seinen Zweig-Prothesen strahlten und von der Straße her die liebe fromme Weihnachtsmusik heraufklang, da schmunzelten Papa und Sohn im Gedenken an den tapfer überstandenen Christbaumtransport.

TAMARA EHLERT

Die Dünenhexe

Wittkuhn ritt den Strand entlang. Das Wasser leuchtete, und die Luft war wie blaues Glas. Der Sand unter den Pferdehufen war von den Wellen hartgeklopft und spiegelte.

Auf den nassen Steinen hockte die Szameitatsche. »Guten Morgen, Strandvogt«, krächzte sie. »Willst all wieder spionieren? Solltest man im Bett geblieben sein – ein altes Weib am frühen Morgen, das bringt Unglück. Möchtest wohl wissen, was hier drin ist?«

Zu ihren Füßen lag ein prall gefüllter Sack. Sie riß ihn auf und wühlte mit ihren dürren Händen darin herum.

»Schwemmholz, alles Schwemmholz, damit die Szameitatsche sich ein Toppche Suppe kochen kann. Denkst wohl, da is Bernstein drin und du kannst mich einsperren lassen.«

»Red keinen Unsinn«, sagte Wittkuhn ruhig.

»Mich einsperren lassen, das wär sowas«, kicherte die Alte. »Aber den Gefallen tu ich dir nich. Vielleicht find ich mal ein Stück, groß wie eine Kinderfaust, dann bring ich es dir. Immer noch besser, als wenn man die einzige Tochter ins Haus gebracht kriegt, tot wie ein Fisch auf dem Sand.«

»Hör endlich damit auf«, sagte der Strandvogt ärgerlich. »Immer die alte Geschichte.«

»Alte Geschichte sagst, alte Geschichte!« die Szameitatsche wiegte sich hin und her, und ihre bösen kleinen Augen glitzerten wie die Augen einer hungrigen Möwe. »Kann ich mir denken, daß davon nuscht hören willst. Aber warts nur ab, die eine zieht die andere nach. Warts nur ab.«

Der Strandvogt beugte sich ein wenig vor und sah die Alte drohend an.

»Nimm dein verfluchtes Maulwerk in acht, Dünenhexe«, sagte er langsam. »Paß auf, daß du nicht an deiner Bosheit erstickst.«

Er ritt davon.

Die Szameitatsche warf ihm einen Stein nach, aber sie traf ihn nicht. »Wirst schon noch sehn«, zischte sie, »wirst schon noch sehn.« Sie stand mühsam auf und lud sich den Sack auf die Schultern. Er war schwer und feucht, und sie ächzte unter seiner Last.

Die Düne lag wie eine faule Katze in der Morgensonne und wärmte sich den breiten Rücken. Vom Wasser kam ein leichter Wind und kraulte ihren silbergrauen Pelz aus Disteln und Strandhafer. Die Szameitatsche kroch den Hang hinauf und wanderte auf den Friedhof zu. Die weißen

Holzkreuze glänzten. Eines gehörte zur Frau des Strandvogts. Die war beim Baden ertrunken, als ihr Kind noch nicht laufen konnte. Und eines gehörte zu Grete Szameitat, die in die See ging, als der Strandvogt eine andere heiratete.

Die Alte ließ den Sack zu Boden fallen und humpelte auf die Gräber zu.

»Noch eins zu wenig«, murmelte sie. »Drei müssen es sein, Strandvogt, drei müssen es sein.«

Sie bückte sich über das Grab ihrer Tochter und ließ die lockere Erde durch ihre Finger rieseln.

Im Schatten der Düne kauerte das Dorf. Der Rauch, der von den Flunderfeuern aufstieg, hüllte es in einen durchsichtigen grauen Mantel. Der Strandvogt ritt auf die Häuser zu und versuchte, die Szameitatsche zu vergessen.

Aber es gelang ihm nicht.

Er dachte an Christine Wittkuhn, die einer dunklen und seltsamen Lust verfallen gewesen war, die sie bei Sturm ans Wasser trieb und zum Baden verlockte, allen seinen Bitten und Warnungen zum Trotz. Und er dachte an den Sommertag vor zehn Jahren, an dem ihr diese Lust zum Verhängnis wurde.

Er sah sich bei Einbruch der Dämmerung nach Hause kommen und durch die leeren Stuben laufen, und er sah seine kleine Tochter mit angezogenen Fäustchen in ihrem Korb schlafen. Er hörte sich angstvoll nach seiner Frau rufen, und er hörte den Regen auf das Dach trommeln und gegen die Fenster klatschen. Er roch den salzigen Wind, der ihn ins Gesicht biß, als er ans Wasser lief, um seine Frau zu suchen, und er roch die faulige Süße des Seetangs, der wie Aussatz am verlassenen Strand klebte.

Er spürte das Grauen wieder, das aus der Brandung auf ihn zukroch, und er spürte, wie sein Herz aussetzte, als er

– gefangen in dem Netz von Angst, Finsternis und Einsamkeit – endgültig begriff, daß die See ihm Christine für immer genommen hatte.

»Verfluchte Hexe«, sagte der Strandvogt laut. Und er verwünschte die unheimliche Alte, die das alles wieder heraufbeschworen und ihm den Frieden dieses Sommermorgens zerstört hatte.

Hilla Wittkuhn rannte ihrem Vater entgegen, als er in den Hof einritt. Sie war zehn Jahre alt. Ihr Haar war wie der braune Bernstein, wenn man ihn gegen die Sonne hält, und ihr Mund glich einem Paar ausgebreiteter Libellenflügel.

»Ich geh jetzt zu Kallweit«, sagte sie.

»Ist gut«, sagte Wittkuhn. »Ich hol dich abends. Daß du mir nicht ans Wasser gehst!«

»Nein, nein«, schrie sie und rannte fort. Er sah ihr nach, wie sie davonlief, bis in die Zehenspitze voll Daseinsfreude. Ihr rotes Kleid flatterte.

Kallweit saß vor der Tür und flickte seine Netze.

»Na, da bist ja, Hillache«, sagte er. »Ich hab schon auf dich gewartet.« Sein Gesicht war dunkel und rissig wie die Holzwand seines Hauses.

Es war das letzte Haus im Dorf. Im Garten wuchsen Gilken und Kiekübernzaun, und dahinter begannen schon die Getreidefelder. Der Wind ging über sie hin, und Kallweit sagte:

»Siehst, Hillache, die Roggenmuhme kämmt das Korn, nun zittern die Halme.«

»Vielleicht sind sie traurig, weil sie bald geschnitten werden«, sagte das Kind.

»I, Hillache, was du immer für Gedanken hast«, sagte Kallweit.

Dann sprachen sie nichts mehr, Kallweit flickte seine

Netze, und das Kind hockte barfuß daneben und sah ihm zu. Seine Schuhe hatte es unter die Bank gestellt.

Um die Mittagszeit holte Kallweit eine Schüssel mit dikker Milch. Sie brockten sich Brot hinein und aßen beide daraus. Die Sonne prallte auf das Dach, und das Stroh knisterte in der Hitze.

»Paß auf, Hillache«, sagte der Fischer, »heute gibt's noch was ab. Da hinten wirds schon ganz schwarz.«

»Weißt du, was ich mal möchte?« sagte das Kind. »Ich möcht mal bei Gewitter baden. Das muß schön sein – wenn die Wellen so hoch sind.«

»Hättest du denn keine Angst?«

»Nein«, sagte das Kind. »Dann ruft die See. Aber ich darf ja nicht baden.«

»Laß man gut sein«, sagte Kallweit. »Dein Vater wird schon wissen, warum er es dir nich erlaubt. Mußt nich hören, wenn die See ruft, Hillache, mußt nicht hören.«

Hilla zog sich die Schuhe an.

»Ich geh jetzt nach Hause«, sagte sie. »Auf Wiedersehen, Kallweit.«

Aber sie ging nicht nach Hause. Sie lief über die Palve, am Friedhof vorbei, auf die Düne zu. Der Wind war eingeschlafen. Über dem kurzen Gras tanzten die Eintagsfliegen ganz niedrig, und das Labkraut roch scharf und süß.

Die Düne sah jetzt nicht mehr wie eine faule Katze aus, sie glich einem Raubtier vor dem Sprung, lauernd und geduckt. Das Licht über dem Wasser war schwefelgelb.

Und dann wachte der Wind wieder auf. Er trieb den glühenden Sand vor sich her, prügelte die See, bis sie sich wütend aufbäumte und mit grünen und weißen Zähnen in den steinigen Strand biß. Er faßte nach den Krüppelkiefern und verbog sie, daß ihre dünnen Stämme weinten. Er riß das Kind an den Haaren und zerrte an seinem Rock, daß er sich blähte wie ein Segel aus Klatschmohn.

Hilla Wittkuhn hatte keine Angst. Sie rutschte die Düne hinunter und zog Kleid und Schuhe aus. Ihre Füße, leicht wie der Wind und der Sand und die Möwen über ihr, rannten unaufhaltsam dem Wasser entgegen. Eine große Welle kam auf sie zu und erfaßte ihr nacktes braunes Körperchen. Sie schrie vor Vergnügen hell auf.

Als die Dunkelheit einfiel, klopfte es beim Strandvogt an die Tür. Er öffnete selbst.

»Ach, die Szameitatsche«, sagte er. »Na, hast dein faustgroßes Bernsteinstück gefunden?«

Die Szameitatsche kicherte.

»Viel was Besseres, Strandvogt, viel was Besseres. Wirst dich wundern.«

Sie machte ihre Schürze auf und hielt ihm etwas entgegen. Ein klitschnasses rotes Kleidchen und ein Paar Kinderschuhe, kleine feste braune Schuhe, ganz mit Sand verkrustet.

»Ein schöner Fund, Strandvogt«, kreischte die Alte. »Ein schöner Fund!«

Der Strandvogt wurde weiß wie der Kies auf seinem Gartenweg. Er streckte seine Hand nach dem Bündel aus, aber er nahm es nicht. Die Hand fiel an seinem Körper herab wie ein toter Ast an einem gestorbenen Baum. Er ging an der Alten vorbei, und sein Rücken war so krumm, als hätte er drei Säcke Schwemmholz zu tragen.

Die windige Schwärze fraß ihn auf.

Elli Kobbert-Klumbies

Das Sekundchen

Beide waren in Schweiß gebadet, als Gustav Karscheit im Jahre 1899 auf dem Hinterroßgarten geboren wurde, seine Mutter und auch die Hebamme.

»Gleich – gleich haben wir's – noch ein Sekundchen – ein einziges Sekundchen nur noch, dann haben wir das Kind.«

Die letzten Sekundchen hatten sich aber so in die Länge gezogen, daß Mutter Karscheit später zu sagen pflegte: »Ja – seht ihn euch nur an. Der wollte bleiben, wo er war. Hätte die Hebamme ihn nicht zuletzt beim Schlafittchen gepackt, dann wär' er jetzt noch nicht auf der Welt, der Dremmeljan.«

Es wurde auch mit den Jahren nicht besser.

»Gustav – was stehst am Fenster! Komm, Opa hat Geburtstag. Bestimmt hat die Oma Glumstorte gebacken.«

»Ja, Mama, ein Sekundchen noch«, und Gustav blieb mit der Nase an der Fensterscheibe und sah verträumt den segelnden Schneeflocken nach. So vertieft, daß das Wort Glumstorte keine bildhafte Vorstellung in ihm wachzurufen vermochte.

Aber eine Stunde später ...

»Gustav –«, rief die Oma, »hör auf, Kerl! Vier Stück Glumstort' hast all gegessen. Willst platzen? Hör auf! Die Mama kann ja was mitnehmen. Jetzt hör auf, eh dir schlecht wird.«

»Ja, Oma, ein Sekundchen noch ...«

Und Gustav aß ganz versunken weiter. Nach dem sechsten Stück verschlangen seine Augen den Rest, der im

Bauch nun auch beim besten Willen keinen Platz mehr hatte.

»Also los – los!« rief der Lehrer in der Schule. »Antworte, Gustav! Wenn die Mutter zwei Flundern brät und drei Leute sollen davon essen, wieviel bekommt jeder?«

»Ja –«, sagte Gustav. »Ja, zwei Flundern. Ein Sekundchen noch, Herr Lehrer –.«

Gustav sah die Flundern vor sich. Er roch sie. Er bekam großen Appetit auf sie. Zwei Flundern, hatte der Lehrer gesagt. Auf Mutters Flinsenpfanne hatte nur eine große Flunder Platz. Die erste bekam immer der Vater. Dann saß aber er, Gustav, immer schon am Tisch und beobachtete, wie die Mutter die zweite Flunder ins aufspritzende Fett legte. Diese zweite war für ihn.

»Ein Sekundchen noch, Herr Lehrer«, bat Gustav freundlich und lächelte.

Es dauerte nie lange, bis die zweite Flunder fertig war. Und Mutter? Mutter kriegte die dritte. Sie kaufte immer drei Flundern. Zwei reichen doch nicht für drei Leute. Sagte der Lehrer zwei? Die Schule ist bloß dafür da, daß alles schwerer wird, was sonst einfach ist.

Nach der Schule wurde Gustav zum Kneiphof in die Lehre geschickt.

Auf seinem allmorgendlichen Weg vom Roßgarten bis zur Kneiphöfschen Langgasse verbrachte er stets sein Sekundchen auf der Pregelbrücke und bewunderte die Manöver der langen Kähne. Kein Wunder, daß dem gereizten Meister der Geduldsfaden riß. Er empfing Gustav mit einer Ohrfeige, die den Jungen vorübergehend aus seiner weltfremden Zeitrechnung aufstörte.

Gustav kam nicht drumherum, auch er mußte beim Militär einrücken. Man hatte ihm manches vorher erzählt, aber es wurde noch schlimmer. Sein Sekundchen, von dem er nicht lassen konnte, trug ihm Latrinenwischen oder peinliche Sonderbehandlung ein. Nirgends wurde seine Treue zum schönen Augenblick so wenig verstanden wie dort.

Als er mit seinem Pappkarton wieder vor seiner Mutter stand, glaubte er, die größten Leiden dieser Welt durchkostet und nunmehr hinter sich gebracht zu haben.

Endlich würde das richtige Leben des Gustav Karscheit beginnen!

Was eine gute Mutter ist, die sorgt rechtzeitig vor. Zwei Mädel saßen zu seinem Empfang bei Mutter Karscheit auf dem Sofa. Ruth und Alwine, nette Fräulein aus der weiteren Bekanntschaft. Sie lächelten, und Gustav lächelte verschmitzt zurück. Das Tor zum Leben stand weit offen, und die freie Auswahl in punkto Liebe war zum Greifen nahe.

Die Entscheidung fiel schwer. An so manchem Sonnabendnachmittag radelte Gustav nach Juditten und traf sich mit Ruth am dicken Wurzelbaum. Doch sonntags hockte er meist bei der viel kesseren Alwine, deren Eltern zum Schrebergarten gegangen waren.

»So geht das nicht, Gustav«, sagte die Mutter. »Die eine oder die andere. Die Ruth paßt, die versteht dich besser. Alwine ist zu kiewig. Mach Schluß mit Alwine.«

»Ja, Mama, ja, noch ein Sekundchen, wart' nur noch ein Sekundchen, ich denk' ja auch schon dauernd, die Ruth, die ist die Richtige. Ich glaub', ich weiß schon, wie ich mich entscheiden werd'.«

Doch die Entscheidung fällten weder Mutter Karscheit noch Gustav. Die Entscheidung fällte das Sekundchen.

Als Gustav am nächsten Sonntag Alwine besuchte, dachte er nur an Ruth. Er war glücklich, denn sie hatte sich zum erstenmal von ihm im Juditter Wald küssen lassen. Noch ganz taumelig von dem Erlebnis, war er nun netter zu Alwine als sonst. Er neckte sie und ließ sich lachend verwöhnen, er wischte ihr die Krümel vom Streuselkuchen vom Mund und dachte dabei nur an Ruths rote Lippen. Alwine tat ihm leid, sie gab sich soviel Mühe, aber er war nun zum letzten Male bei ihr. Beim Gehen wollte er es ihr sagen.

So sehr leid tat sie ihm, daß er nach ihrer Schulter und nach ihrem Haar griff.

Er schob das Weggehen immer wieder auf, denn auch er selbst tat sich leid. Wenn er sich nun ganz auf Ruth verlegte, mußte er ihr Alwines Liebe endgültig zum Opfer bringen.

Schließlich zog er Alwine in wehmütiger Aufregung an sich. Scheiden tut weh.

»Noch ein Sekundchen«, bettelte Gustav. »Nur noch ein einziges Sekundchen.«

Alwine überschätzte den Grund seiner Erregung. Sie kam gar nicht darauf, nein zu sagen. Im Gegenteil, sie kam ihm entgegen.

Drei Monate später wurden Alwine und Gustav überstürzt getraut. Und es nutzte Gustav nichts, daß er nie wieder im Leben vom »Sekundchen« sprach und diesem Wort grollte, seit es sich so jäh als Macht des Schicksals entpuppt hatte.

Gustav hatte nichts mehr zu lachen. Der Traum von Ruth war ausgeträumt. Alwine wurde Mutter von sieben Kindern und scheuchte Gustav ans Arbeiten, daß ihm Hören und Sehen verging. Er hatte nichts mehr zu melden.

Wenn Oma Karscheit zu Besuch kam, kannte sie ihren Sohn nicht wieder. Aus einem freundlichen Träumer war ein Pantoffelheld mit ängstlichem, gehetztem Blick geworden.

»Was ist, Gustavchen? Was ist? Laß dich doch nicht kujonieren! Früher warst anders. Weißt noch? Glücklich warst. Sagtest immer: Ja, Mama, noch ein Sekundchen, noch ein . . .«

»Wirst still sein! Wirst endlich aufhör'n damit!« schrie Gustav wild. Er rannte davon. In die Wirtschaft. Alwine schmiß den Wäschekorb hin, rannte hinterdrein und holte den Flüchtling postwendend unter lautem Spektakeln zurück.

Mit fünfzig Jahren war Gustav Witwer. Er ging demütig zum Pfarrer.

»Ich brauch' 'ne Mutter für die Kinder. Vielleicht kann der Herr Pfarrer mir helfen?«

»Na, wissen Sie«, gutmütig lachte der alte Herr, dem der dramatische Lebenslauf des Sekundchen-Gustav gut bekannt war. »Na, wissen Sie, Herr Karscheit, es scheint mir ein langer Weg zu sein bis zur Erkenntnis, daß wir mit unseren menschlichen Sekundchen dem lieben Gott manchmal seine großen Stunden vermurksen.«

Gustav schüttelte den Kopf. »Die Erkenntnis, Herr Pfarrer, die Erkenntnis hatt' ich sofort. Aber das mit dem langen Weg – das wird einem trotzdem nicht erspart. – Ich dacht' nun, ich dacht', wenn Sie sich meinetwegen mit jemandem in Verbindung setzen möchten – sie heißt Ruth – ich hab' die Adresse noch – vielleicht . . .«

»Meinen Sie, die wär'noch frei? Meinen Sie, diese Ruth belohnt einen, der die große Stunde nicht abwarten konnte?«

»Belohnen? Erbarmen, Herr Pfarrer! Nur erbarmen soll sie sich. Die Ruth tut das, wenn sie das noch kann.«

Vier Wochen später mußte Gustav staunen.

Die Stube war aufgeräumt, als er von der Arbeit kam.

Essen stand auf dem Tisch. Auf einem Stuhl saß Ruth, umringt von den Kleinsten, und knöpfte dem zweijährigen Horstchen grad die Hose fest.

Beschämt zog Gustav die neue Mutter ans Herz.

Er wußte nun gut um den himmelweiten Unterschied zwischen unbekömmlichen Sekundchen, die sich nur rächen, und den großen Stunden, die Segen bringen. Denn während die Sekundchen gestohlen sind, werden einem die großen Stunden immer nur unverdient geschenkt.

GEORG HERMANOWSKI

Der Pomuchelskopp

»Mußt denn ausgerechnet mit dem dammlichen Pomuchelskopp gehen?« fragte die Mutter, um ihre Tochter besorgt. Sie konnte es einfach nicht begreifen, wie Mütter es nie fassen können, wenn die Töchter den von ihnen Auserwählten zurückweisen und ihren eigenen Kopf durchzusetzen trachten. Nun, wenn die Erna den Sohn des Fleischers durchaus nicht wollte, sollte sie es eben lassen; aber ausgerechnet diesen – nein, das konnte sie wirklich nicht begreifen.

Nicht einmal bis zwei hatte er zählen können, als Erna ihn am vergangenen Sonnabend zum Kaffee mitgebracht hatte. Mit seinen großen Schellfischaugen hatte er den Napfkuchen, der mit so viel Liebe und Rosinen gebacken war, angestiert, und trotz wiederholter Aufforderung nicht gewagt zuzugreifen. Sie hatte beim besten Willen kein Sterbenswörtchen aus ihm herauspressen können, nicht einmal, als sie versucht hatte, mit ihm über die Ernte und über das Wetter zu sprechen. Er hatte immer nur genickt; und erst ganz zum Schluß war ein schüchternes »Ich weiß nich« über seine Lippen gekommen. Vielleicht hatte sie es sich auch nur eingebildet und sein müdes Schulternzucken für ein Ich-weiß-nich gehalten.

»Gehst am nächsten Sonnabend mit zum Tanzen?« hatte Erna gefragt. Und er hatte, stumm wie ein Fisch, genickt; und auch, als sie ihm vorgeschlagen hatte, sie sollten sich um vier unter der Linde treffen, hatte er nur, wenn auch ein wenig lebhafter, genickt.

Erna zog die gestreifte Baumwollbluse und den breiten

Plisseerock an und suchte nach dem schwarzen Lackgürtel, den sie nirgends finden konnte. Ab und zu warf sie einen flehenden Blick zur Mutter hinüber, wagte jedoch keine Frage zu stellen, da sie genau wußte, daß die Mutter ihr grollte.

»Er ist wenigstens treu«, sagte sie schließlich, und es klang wie eine Selbstrechtfertigung. »Er wird sich's nicht einfallen lassen, eine andre Marjell zum Tanz aufzufordern. Für ihn bin nur ich da.« Und das schien ihr sehr wichtig. Wenn sie tanzen ging, wollte sie einen Jungen für sich allein haben und nicht einen, der immer über ihre Schulter hinweg nach anderen Mädchen schielte.

»Das kann ich mir denken«, sagte die Mutter spöttisch. »Und der kann sicher sein, daß ihn keine andere auffordert. Wer will schon mit so einem ...«

»Das ist meine Sache«, unterbrach Erna sie schnippisch. »Ich geh ja mit ihm und nicht du!«

Wütend warf die Mutter die Tür zu, im Augenblick wollte sie nichts mehr von ihrer Tochter wissen.

Erna fand den schwarzen Lackgürtel auch ohne die Hilfe der Mutter. Sie trat vor den Spiegel und schnürte ihn so fest um ihre Taille, wie es nur ging. Sie war ein hübsches Mädchen, das wußte sie, und sie hätte gewiß manchen anderen haben können, wenn sie nur gewollt hätte. Aber sie wollte nun einmal ihn. Er gefiel ihr; und sie war sicher, daß er ihr immer treu bleiben würde.

Als sie zur Linde kam, wartete er schon auf sie. Er zog ein Gesicht, als hätte er bereits eine Stunde oder noch länger gewartet, und als sie ihn danach fragte, antwortete er nur mit einem vielsagenden »Hm!«. Sie war das gewohnt, hängte sich lässig an seinen Arm, und sie schaukelten über das Kopfsteinpflaster zum »Lachenden Elch«.

Die Musik spielte schon zum Tanz; die Paare drehten

sich auf dem Parkett. An einem der Seitentische fanden sie Platz. Sie bestellte eine Tasse Kaffee; der Ober sah ihn fragend an. Mit dem Daumen wies er auf das Bierglas seines Nachbarn, und als der Ober ihn fragte, ob er auch ein Glas Bier wünsche, nickte er nur.

Gierig schlürfte sie ihren Kaffee, denn er war nicht mehr heiß – und zu Haus gab es nur Malzkaffee! –, er aber nippte nur an seinem Glas und wischte den Schaum mit dem Handrücken von seinem Mund. Dann fragte sie ihn, ob er nicht tanzen wolle.

Schwerfällig erhob er sich. Zaghaft ergriff er ihre Hand und führte sie zum Parkett. Sein Blick war auf ihr strohblondes Haar gerichtet, und er mußte an den Häcksel denken, den sie am Vormittag geschnitten hatten. Unwillkürlich wanderte sein Blick von ihrem blonden Haar zu anderem blonden Haar, denn es gab viel blondes Haar im Saal, genausoviel wie Häcksel auf dem Boden ihrer Tenne.

»Trampel mir doch nich immer auf die Schlorren«, sagte sie und weckte ihn damit unsanft aus seinem Häckseltraum. Überrascht schaute er auf. Sie glaubte ihm vom Gesicht ablesen zu können, er wolle künftig besser aufpassen, und kehrte zufrieden mit ihm zu ihrem Tisch zurück.

»Bleiben wir ein bißchen hucken«, sagte sie, als die Musik wieder zu spielen begann. Er nickte, sie trank ihren Kaffee, und er stierte in sein Bierglas; auch das Bier war blond wie Stroh ...

»Dein Bier wird ganz schal«, sagte sie nach einer Weile.

»Och«, meinte er und trank einen Schluck.

Sie wartete, daß er sie wieder zum Tanz auffordern würde; aber sie wartete vergebens. Sie wartete über eine halbe Stunde. Sie schaute den tanzenden Paaren zu; er stierte verträumt in sein Glas. Als die Kapelle zur Damenwahl aufspielte, forderte sie ihn nicht auf. Ruhig blieb sie auf ihrem Stuhl sitzen, und da sie den Kaffee bereits ausgetrunken hatte, machte sie sich mit Milch und Zucker zu schaffen.

Schon hatte der Tanz seinen Höhepunkt erreicht, als plötzlich ein strohblondes Mauerblümchen mit einem herzallerliebsten Stupsnäschen, das bisher still neben einem Pfeiler gesessen hatte und noch zu keinem Tanz aufgefordert worden war, an ihrem Tisch auftauchte und ihm aus großen, wassergrünen Augen lächelnd einen Blick zuwarf. Er wußte nicht, wie ihm geschah, sah zuerst Erna, dann die andere hilfesuchend an und erhob sich schließlich schüchtern, um dem Blondschopf auf die Tanzfläche zu folgen.

Das hatte Erna nicht erwartet; sie rief sogleich nach dem Ober, bezahlte ihren Kaffee – »Nein, das Bier soll er selbst bezahlen!« – und verließ wutschnaubend den Tisch. Sie hatte den Ausgang noch nicht erreicht, als der Tanz zu Ende war und er sie eingeholt hatte. Scheu legte er die Hand auf ihre linke Schulter.

»Nimm die Patsche von meiner Bluse und zerknautsch sie mir nicht«, sagte sie ärgerlich. »Mutter hat sie grad frisch geplättet!«

Sie wollte weitergehen; doch beim Zurückfluten der Paare von der Tanzfläche war vor der Tür ein Gedränge entstanden; sie aber hatte das Gefühl, er versperre ihr den Weg. Treuherzig schauten seine großen, fragenden Augen sie an.

»Kannst ja mit der druschligen Marjell weitertanzen«, sagte sie eifersüchtig. »Brauchst mich ja nicht, du Wengtiner!«

Er sah sie noch immer genau so treuherzig an, und diesem Blick konnte sie nicht widerstehen. Grad dieser treue Kälberblick hatte es ihr ja angetan. Ihre Wut schmolz dahin.

»Na«, sagte sie schließlich, »hast es dir überlegt?«

Er nickte, und das konnte sowohl ja als auch nein heißen; für sie aber war es ein Ja.

»Dann komm«, sagte sie. Und sie kehrten zu ihrem Tisch zurück. Sie tanzten nicht mehr; nachdem sie eine halbe Stunde vergebens auf seine Aufforderung gewartet hatte – sie war jetzt stur! –, stand sie auf und verließ endgültig den Saal.

Er folgte ihr auf den Fersen und holte sie kurz vor der Linde ein. Sie gingen jetzt nebeneinander, doch um einen Meter getrennt.

Keiner hatte seit ihrem »Komm« ein Wort gesprochen. Nun war sie die erste, die das Schweigen brach.

»Da steht ja die druschlige Marjell!« sagte sie plötzlich.

Er sah nur das strohblonde Haar. Häcksel, dachte er.

Erna zog wütend die Schultern hoch und warf sich in Positur. Herausfordernd blieb sie vor dem Mädchen stehen, stemmte die Hände in die vom Lackgürtel eingeschnürten Hüften und blitzte ihre Nebenbuhlerin heftig an. »Biest!« zischte sie, drehte sich auf dem rechten hohen Absatz um, so daß dieser gefährlich knirschte, und verließ den Lindenbaum.

Er blieb ratlos stehen. Verstohlen schaute er nach dem Blondschopf, sah sich nach Ernas blondem Haar um.

»Was stehst wie ein Ochs vorm Berg?« fragte das fremde Mädchen. »Weißt nicht, wo du hinsollst? Erst hast mich beim Tanzen in einer Tour fixiert, und jetzt ... Na, lauf ihr doch nach!«

Er wußte nicht, ob er ihrem Rat folgen sollte.

»Oder liebst sie vielleicht nich?« fragte das Mädchen.

Er schüttelte den Kopf; und wieder konnte es ja oder nein heißen; für sie war es ein Nein.

Doch dann fiel ihm ein: Er hatte sie ja gar nicht fixiert; er hatte beim Tanzen nur blondes Stroh gesehen, nur an den Häcksel daheim gedacht. Und er ging weiter.

Sie ließ ihn zehn Schritte gehen und räusperte sich dann. Aber er schaute sich nicht um. Nach weiteren zehn Schritten räusperte sie sich wieder, diesmal lauter. Ihn störte es nicht.

Das war ihr denn doch zu bunt!

Als Erna, ehe sie in die lange Dorfstraße einbog, sich noch einmal umdrehte, sah sie, wie das Mädchen ihm nachlief und ihn beim Arm ergriff.

»Komm endlich, du Dämlack!« sagte die andere.

Und Erna sah beide in einer Nebenstraße verschwinden.

Als sie heimkam, saß ihre Mutter beim Ofen und stopfte Socken.

»Nun«, fragte sie, »hast ihn nich mitgebracht?«

Erna schüttelte den Kopf. Sie setzte sich zum Fenster und schaute hinaus.

»Hast denn gar nichts zu erzählen?« fragte die Mutter.

Erna blieb stumm.

»Hat er dich etwa . . . sitzen lassen?«

Erna schüttelte den Kopf. (Es konnte ja, es konnte auch nein heißen.)

»Was hat er denn gesagt?« wollte die Mutter wissen.

»Nichts«, erwiderte Erna, »gar nichts!«

Jetzt war es an der Mutter, den Kopf zu schütteln: »Hab ich dir nich immer gesagt, daß er ein dammlicher Pomuchelskopp ist?«

Erna nickte nur noch und ging schlafen.

HANS-ULRICH STAMM

Die Marjell mit dem Medizinball

Mit Ostpreußen verhält es sich ein wenig wie mit dem amerikanischen Bundesstaat Texas: An beiden Stellen der Erde gibt es nach Meinung der Ostpreußen wie der Texaner eine Reihe von Dingen, die größer oder schöner sind als anderswo – oder gar beides. In manchen Fällen mag das eine liebenswürdige Übertreibung sein, doch vom ostpreußischen Sommer läßt sich mit Gewißheit sagen, daß er tatsächlich meist schöner war als anderenorts. Wer könnte zum Beispiel einen Sommer an der Samlandküste aus seinem Gedächtnis streichen mit Tagen, an denen die Sonne fast während ihres ganzen Laufes senkrecht über dem Land zu stehen schien. Eine Sonne von nahezu unwirklicher Intensität, wie man sie in diesen nördlichen Breiten nie vermutet hätte. Eine Sonne, die förmlich greifbar wurde, wenn man aus dem Schatten des Waldes oder der Gärten hinaustrat an den freien, breiten Strand – und schmerzhaft spürbar, wenn man sich dort voreilig die Schuhe auszog.

Ein solcher Sommer war es auch, in dem Hans der Marjell mit dem Medizinball zum erstenmal begegnete. Es war bereits der dritte Sommer des letzten Krieges, aber am Strand von Rauschen merkte man noch nicht viel davon. Noch stand die Sonne hoch und warf ihr südliches Licht auf Land und Menschen – auf vorwiegend ältere allerdings und weniger junge im Gegensatz zu vergangenen Jahren. Daß Hans und Günter mit ihren siebzehn Jahren noch unter der kleiner gewordenen Zahl der Jungen waren, verdankten sie in erster Linie dem Umstand, daß sie zu spät damit begonnen hatten, ihre Geisteskräfte anzustrengen und infolgedessen das Klassenziel nicht erreicht hatten. Die Eltern, vor wenigen Jahren mit Sicherheit noch ob solchen Anlasses vergrämt, hatten es hingehen lassen, blieben ihnen die Söhne auf diese Weise doch noch ein Jahr erhalten. Ohne Standpauke und das Androhen täglicher lateinischer und mathematischer Ferien waren die Koffer gepackt worden.

Nun also lagen sie da im weißen Sand oder vielmehr auf ihren Bademänteln, denn der Sand war zu heiß, und sangen das Lob der Faulheit. Mit geschlossenen Augen und Lippen natürlich. Bis ...

»Aua!« brüllte Hans plötzlich. Mit beiden Händen griff er in die Magengegend, wuchtete ein unförmiges braunes Etwas von seinem Bauch und feuerte es blindlings in die Gegend, um dann mit ungewohnter Energie aufzuspringen und gleich darauf in ein neues Gebrüll zu verfallen, weil sein Fuß dem heißen Sand zu nahe gekommen war.

Zornfunkelnd spähte er umher. Sein Blick fiel auf zwei Mädchen, die gemächlich heranschlenderten. Sie mochten im gleichen Alter sein wie er und sein Freund, der nur müde die Augen geöffnet hatte, ohne die Körperhaltung auch nur zu verändern. Die vordere, rank und schlank, hatte dunkles Haar, das in der Sonne rötlich schimmerte, und trug einen zweiteiligen roten Badeanzug, wie man den Bikini damals noch schlicht nannte, über dunkelbraun gebrannter Haut. In ihren grünen Augen sprühten goldene Fünkchen, als sie halb spöttisch fragte: »Hat's weh getan? – War aber nicht so gemeint.«

Sie war offensichtlich die Werferin, denn ihre Freundin, etwas weniger hübsch und wohl auch sonst etwas zurückhaltender, blieb im Hintergrund.

»Hör mal«, brummte Hans, »ist das vielleicht 'ne Art, einen armen Menschen bei einer friedlichen Beschäftigung zu stören? Das grenzt ja fast an Wehrkraftzersetzung.«

»Nun hab dich man nicht«, lachte die Grünäugige, »aber wenn du Lust hast: heute abend zwischen acht und neun im Lärchenpark beim Kurkonzert – links vom Pavillon. Einverstanden?« Hans griff nach der schmalen, aber kräftigen braunen Hand, die sich ihm entgegenstreckte. »Einverstanden«, sagte er versöhnlich. Und mit Selbstüberwindung brachte er es sogar fertig, mit bloßen Füßen über den Sand zu gehen und den Medizinball aufzuheben, den ihm das Mädchen mit den grünen Augen auf den Bauch geschleudert hatte. Er konnte sich ja schließlich nicht blamieren.

»Danke«, lachte sie und deutete einen Knicks an, ehe sie auf langen Beinen über den Sand zurückspurtete in Richtung auf »Gandhi«, den weißhaarigen Gymnastiklehrer, der am Strand für sportliche Betätigung der darauf erpichten Badegäste sorgte.

Etwas argwöhnisch betrachtete die Mutter an diesem Abend die Vorbereitungen ihres Sohnes, der sich der Hitze zum Trotz in sein bestes Jackett warf, sogar einen Schlips umband, was ihm verhältnismäßig zuwider war, und am Ende auch noch zum Kamm griff. »Gehst du mit uns zusammen?« fragte sie.

»Nee«, murmelte der Sprößling gedankenversunken, was dem Vater ein heimliches Lächeln entlockte.

Pünktlich um acht Uhr erschien Hans im Lärchenpark, steuerte die Musikmuschel an, in der ein Marine-Musikkorps konzertierte, und begann würdevoll auf und ab zu promenieren und scheinbar unauffällig die Umstehenden zu fixieren. Aber weder er noch Freund Günter vermochten die Grünäugige oder deren Freundin zu erspähen.

»Dussel«, brummelte Günter, »hättest du dir doch wenigstens den Namen sagen lassen.«

»Du hast gut reden«, gab Hans zurück, »du hast ja mit der anderen überhaupt kein Wort gewechselt.«

»Mmmm ...«

Einsilbig traten sie den Heimweg an.

Auch Rückfragen bei Gandhi führten zu nichts. Gewiß, er entsann sich der beiden jungen Damen, wußte auch, daß sie vor einer Woche gekommen waren und eigentlich drei Wochen hatten bleiben wollen, aber mehr konnte er nicht sagen, schon gar nicht die Namen, leider ...

Für Hans war es direkt eine Erlösung, als die Ferien vorbei waren und es nach Königsberg zurückging.

»Suchst du noch immer die Marjell mit dem Medizinball?« neckte ihn der Freund.

Die Antwort konnte alles heißen. Jedenfalls begann Hans eine verhältnismäßig emsige Tätigkeit zu entfalten. Fast jeden Nachmittag erschien er im Schülerruderverein, um Umschau unter dessen weiblichen Mitgliedern zu halten, hielt um die Zeit des Schulschlusses die Mädchenschulen der Nachbarschaft abwechselnd unter Kontrolle – ohne Erfolg. Einmal, im November, glaubte er sie bei einem Ballettabend in der Garderobe wiederzuerkennen, aber ehe er sich Gewißheit verschaffen konnte, war sie in der Dunkelheit verschwunden, die mutmaßliche Marjell mit dem Medizinball.

Ein paar Monate später war Hans Soldat, kam nach Holland zur Ausbildung, dann nach Belgien, zurück nach Deutschland, wiederum in den Westen und dann von heute auf morgen in den Osten, wo der große Brand bis an die Grenzen Ostpreußens vorgedrungen war. Zweimal gab es für ihn Urlaub in dieser Zeit und jedesmal ließ er den Blick durch die – beim zweiten Besuch schon zerbombte – Vaterstadt streifen mit der stillen Hoffnung, irgendwo doch noch die Marjell mit dem Medizinball wiederzufinden. Dabei war er sich insgeheim klar darüber, daß er ja gar nicht einmal wußte, ob sie wirklich aus Königsberg war. Der Sprache nach hätte er freilich darauf wetten mögen. Warum er sie unbedingt wiedersehen wollte, wußte er dagegen ziemlich genau: der grünen Augen mit den goldenen Pünktchen wegen, mit denen sie ihn damals so spitzbübisch angeblitzt hatte: »Nun hab dich man nicht so ...«

Hans war mittlerweile Fahnenjunker-Unteroffizier geworden, als er kurz vor dem letzten Kriegsweihnachten im Goldaper Grenzgebiet verwundet wurde – an ziemlich unpassender Stelle und bei unpassender Gelegenheit. Sein Kompaniechef hatte ihn selbst zum Hauptverbandsplatz gefahren und dann dafür gesorgt, daß er nach der Operation zu einem Krankentransportzug befördert wurde, der ihn in ein rückwärtiges Lazarett bringen sollte. Nach der ärztlichen Versorgung wartete zum erstenmal seit Monaten wieder ein weißes Bett auf Hans, ungewiegt schlief er ein.

Eine Frauenhand rüttelte ihn am nächsten Morgen wach. Als Hans die Augen öffnete, warf er einen zunächst noch halb verschlafenen, dann ziemlich ungläubigen Blick auf die neben ihm stehende Schwester, um dann sofort wieder die Lider zu schließen.

Das darf nicht wahr sein, dachte er, die grünen Augen mit den goldenen Pünktchen! Da stellt man eine halbe Stadt auf den Kopf, zerbricht sich den eigenen Schädel durch halb Europa und dann das – und bei solcher Gelegenheit ...

»Nur Fieber messen«, sagte die Schwesternstimme, »nun haben Sie sich man nicht so!«

»Das habe ich schon mal von Ihnen gehört, mein Fräulein«, sagte Hans.

»Unmöglich – Sie sind doch gestern abend erst gekommen, Herr« – ihr Blick suchte nach der Tafel am Kopfende – »Herr Erckens.«

»Stimmt«, erwiderte der Patient mit noch immer geschlossenen Augen. »Aber diesmal ist es kein Medizinball, sondern ein Granatwerfersplitter, und auch nicht der Bauch, sondern das Gegenteil. Und wenn ich fragen darf, gibt es hier vielleicht einen Lärchenpark? Und darf ich auch um Ihren Namen bitten?«

»Ach du grieses Katzchen«, schlug sie in komischem Entsetzen die Hände zusammen.

Mit verhaltener Stimme erzählte sie, warum sie an jenem Abend nicht erschienen war: Als sie vom Strand kam, hatte ihre Mutter gerade die Nachricht erhalten, daß der Vater im Osten gefallen war. Noch am gleichen Nachmittag waren sie zurückgefahren samt der Kusine, die sie an jenem Tag am Strand begleitet hatte, so daß keine Möglichkeit mehr bestanden hatte, irgendwo eine Nachricht zu hinterlassen. Und Gertie, wie Grünauge hieß, war bald da nach Schwesternhelferin geworden.

»Für mich bleibst du die Marjell mit dem Medizinball«, sagte Hans. »Und diesmal gibst du mir um Himmelswillen eine Adresse, an die ich schreiben kann, wenn irgend etwas schief gehen sollte. Verwandtschaft im Reich, wenn es geht. Es sieht ja so aus . . .« Er brach ab.

»Morgen früh bringe ich sie dir mit«, versprach Gertie, »ich muß jetzt weiter.« Sie hauchte ihm eine Kußhand zu und verließ das kleine Krankenzimmer.

Es gab kein morgen früh. Noch in der Nacht mußte das Lazarett Tapiau für Kurlandkämpfer geräumt werden, die bisherigen Insassen wurden an die Weichsel verlegt, und nur mit Mühe entkam Hans dort wenig später den vorstoßenden Sowjettruppen, gelangte auf abenteuerlichen Wegen in den Heiligenbeiler Kessel und von dort schließlich in den Westen. Von Gertie fand er keine Spur.

Bis er an einem sommerlichen Spätnachmittag kurz nach der Währungsreform auf einer Bank am Hamburger Alsterufer saß und Zeitung las. Nach einiger Zeit ließ er das Blatt sinken und blickte über die glitzernde Wasserfläche. Fast wie der Schloßteich in Königsberg, dachte er. Er hörte leichte Schritte in seiner Nähe, ohne ihnen Beachtung zu schenken. Dann legten sich zwei kühle Hände über seine Augen und eine Frauenstimme sagte:

»Rate mal, wer ich bin.«

Die Stimme – sie war etwas herber und reifer geworden, aber unverkennbar die gleiche.

»Hab dich man nicht so«, sagte Hans, »du Marjell mit dem Medizinball.«

Und als sich die Hände lösten, griff er nach den Gelenken und fügte hinzu: »Und jetzt wird nicht mehr weggelaufen. Diesmal ist es nicht der Bauch, auch nicht die andere Seite, diesmal ist es nämlich das Herz.«

AGNES MIEGEL

Nachtspaziergang

»Wie es nach den Linden riecht«, sagte der Herr Konrektor Simon Dach und blieb einen Augenblick lang vor der Steindammer Kirche stehen, um Luft zu schöpfen und den süßen Honigduft einzuatmen. Hanske, Herrn Roberthins Jung, der vor ihm ging, stellte rasch die große Laterne, die er an einem Stock trug, auf die Erde, hockte sich daneben hin und schnüffelte auch den Duft.

Der Herr Roberthin lehnte sich auf seinen langen spanischen Rohrstock, sah gedankenvoll in die Höhe, wo in ein paar grüngoldene Blütenbüschel und grüne Lindenherzen das rötliche Licht der Laterne schien, daß der ganze, weit über den Staketenzaun hängende Zweig wie aus hellem Metall vor dem dunkelblauen Nachthimmel stand, und sagte gedankenvoll: »Ja, die Kirchhofslinden duften immer am lieblichsten.«

Der Organist Herr Albert zog ein bißchen die Nase kraus. »Mir riechen die aus anderen Gärten auch ganz schön!« meinte er und sah nach der anderen Seite der Breiten Straße, wo über der Mauer neben dem kleinen Bäckerhaus Linde und Holunder blühten. »Vom Kirchhof sehen der Magister und ich tagüber am Dom ganz genug – nicht wahr, Hanske?« Der Jung lachte und zeigte seine breiten, weißen Zähne. Gleich danach gähnte er herzhaft und ohne alle Ehrfurcht vor den Herren. Dach hatte sich in seinen schwarzen Mantel gewickelt und suchte ein Plätzchen auf der Rasenböschung unterm Zaun. »Es tut ganz gut, sich so ein bißchen auszuruhen auf dem langen Weg«, sagte er behaglich. »Deine Kürbishütte, liebster Berrintho, liegt etwas reichlich weit vom Petersplatz, wir werden vor Mitternacht nicht zurück sein.« »Der halbe Weg ist überstanden«, sagte Roberthin. »Bald sind wir zu Haus, und deine gute Regine hat dir gewiß schon eine Kruke ins Bett gelegt und einen Krug Warmbier gekocht, damit du dich nicht erkältest.«

»Ja«, sagte Albert, »der hat's gut, der hat noch eine Frau, die für ihn sorgt.« »Das tut sie«, sagte der Magister, »aber ich wollte, es gäbe ein Getränk zum Munterwerden, das sie mir kochen könnte – ich kann nicht ins Bett, muß heute nacht aufbleiben.« »Liebe Zeit, was gibt's denn?« fragte Herr Roberthin und sah etwas bänglich in des Magisters übermüdetes Gesicht, »Hefte korrigieren brauchst du doch nicht mehr.« »Aber immer noch Carmina schreiben zu Hochzeiten und Gott danken, wenn ich's kann«, sagte Dach. »Der Syndikus Gebauhr verheiratet seine Älteste, die Bärbchen, bis morgen muß es abgeliefert werden, damit's die Schwestern abschreiben und lernen können.«

»Ja«, sagte der Organist, »ich soll auch etwas dafür setzen – das hat gute Weile, ich mach's den letzten Tag und Mutter Kretschmann muß Hühnchen mit Schmandsalat kochen, daß es auch gut glückt!« »Danach könntest du es gleich heute nacht dem Chasmindo zur Gesellschaft komponieren.«

Der Hanske unterbrach den Herrn Roberthin. Er hatte sein Nickerchen gemacht, war nun wach geworden und während er mit einem abgerupften Schmelhalm einen kleinen Nachtfalter von dem heißen Schlötchen der Laterne scheuchte, sagte er energisch: »Ich werd' bestimmt kein Dichter!« Der Organist lachte, auch die beiden anderen Herren. »So, warum denn nicht?« fragte Albert. »Weil's hübscher ist, Jung zu sein, Pferdchen zu reiten und Stadtkämmerers Trinke abzuknutschen?«

Der Hanske zog eine Fratze, er wollte böse sein, mußte aber lachen. ›Der Musikmann ist ein rechter Pojatz‹, dachte er, aber laut sagte er: »Na das auch! – aber dann – man hat doch nuscht vom Dichten – so immer in die Bücher kicken und sich den Kopf halten und bloß denken, wie man sich was ausdenkt, und reimen soll es sich auch noch, und auf dem Plutz muß fertig sein, und soviel Tint und Papier und dann so wenig Geld –«

Nun mußte selbst Herr Roberthin lachen: »Ein Philosoph, hört, hört, ihr Herren, – die Leichensteine werden sich heben – ein Philosoph am Pregel!«

»Recht hat er«, nickte der Dichter und lächelte müde und ergeben. »So ähnlich redet auch meine Regine, – aber wir müssen wohl gehn!«

Er stand auf. Hanske war schon in die Höhe gehopst – das Laternchen schwankte, die Lindenzweige versanken im Dunkel, nur die großen runden Steine lagen hellbeglänzt zwischen spitzigem Kleinpflaster und verstaubtem Gras wie in einem grauen Bachbett vor den Wanderern. Ein Hund heulte in einem Gärtnersgarten an der Totengasse, in der tiefen Tür eines Beischlags drückte sich ein Liebespaar fest an den Pfeiler, damit die Vorübergehenden nicht ihre Gesichter sehen sollten. Gleich danach klang aber wieder Küssen und Kichern und ein heller Aufschrei, als Hanske schnell die Laterne hob und das Licht über Stufen und Wolm spielen ließ.

»Die haben's gut«, meinte Albert und auch der Magister seufzte, nur Herr Roberthin lächelte jetzt wieder sein seltenes und stilles Lächeln und sagte: »Ein Trug, – so kommt's einem vor, lange Zeit; und auf einmal weiß man, daß es Besseres gibt.«

Dach sah auf. Es war ein Klang in den Worten, der selbst den heiteren Albert erstaunte. Aber Hanske trällerte halblaut vor sich hin: »Noch Besseres?« und blies gleich danach nach einer schwarzweißen Katze, die entsetzt vom Fensterbrett heruntersprang.

»Ja, den Ruhm!« meinte Dach. »Aber was tröstet mich das? Was wird denn von mir bleiben?«

Albert stellte sich mit ausgebreiteten Armen vor ihn hin und sperrte ihm und Roberthin den Weg: »Berrintho, du hast den edlen Sänger vergiftet, – aber warum setztest du uns auch deinen roten Johannisbeerwein vor, als ob am Rhein, an der Mosel, sogar in meinem teuren Sachsen keine Reben wachsen! Chasmindo, laß es dich nicht anfechten, komm zu mir, die Kretschmannsche holt Frauenburger Mumme herauf, und wir trinken, bis du wieder singst:

Phöbus ist bei mir daheime,
Diese Kunst der teutschen Reyme
Lernte Preußen erst von mir«, – –

Er raffte Mäntelchen und Pumphose und tänzelte mit zierlichsten Pas hinter Hanske her, den beiden Freunden dicht vor den Füßen, die abschüssige Straße hinab. Sein Schatten hüpfte mit, er vergaß die weiteren Worte, wiederholte: »Lernte Preußen erst von mir«, trillerte und schnirkste, stieß mit den Hacken an Hanskes grau bestrumpfte Beine (›Mach man Zatzkes, ich dreh mich doch nich um‹, dachte der) und ergötzte sich selbst aufs beste. Herr Roberthin sah dem Treiben zu, wie man auf einen herumhüpfenden zahmen Star sieht, Dach lachte ein bißchen. »Ach Heinrich, du bleibst immer der gleiche!« sagte er. »Ich wollte, ich hätte auch so den Kopf voll Flausen.«

Albert pfiff noch einmal schmelzend und süß, so daß in einem Garten am Rollberg ein verschlafener Vogel Antwort schilpste, und bemühte sich dann ein bißchen atemlos, brav neben den beiden andern zu gehen. »Huh«, sagte er aber doch, als sie durch das Tor schritten und ihre Schritte über die Brücke hallten, und spuckte ganz schnell in das schwarze Wasser. »Graust du dich, Dichter?« fragte er mit Grabesstimme. »Davon wirst du träumen, wenn du heut nicht dichten, sondern zu Bett gehn würdest.«

»Träumst du denn noch so viel?« fragte Roberthin. »Bei mir hörten die Träume schon lange auf. Nur einer kommt immer noch: ich bin wieder in Saalfeld in unserm Garten und die Mutter steht an der Sonnenuhr und weist auf den Zeiger – –«

Das Gesicht des Organisten verfärbte sich ein bißchen und wurde plötzlich ernsthaft. Er sah lange und nachdenklich auf Herrn Roberthin. Der Schatten der Laterne tanzte hin und her, warf grelles Licht auf Herrn Roberthins fahle Wangen und tiefe Schatten auf seine Augenhöhlen.

Dach, der ihn in seiner Ermüdung untergefaßt hatte, sah es nicht. Er lächelte mit dem kinderhaften Lächeln, das sein langes Schulmeistergesicht mit dem zarten Mund jung und schön machte: »Ja, ich träume immer noch, Damon«, sagte er. »Erst gestern hab ich so ganz deutlich, so klar was geträumt.«

»Erzähle nur!« sagten die beiden. Auch Hanske horchte auf, drehte sich um und verriet die beste Absicht, wieder Rast zu machen. Sie standen vor der Wolmtreppe eines alten Hauses am Schloß, das ungefüg und riesenhaft mit Türmen und Südgiebel über dem Gewirr der schmalen Dächer lag und sich deutlich gegen den sommerlich hellen Nordhimmel abzeichnete.

»Nicht sitzenbleiben«, warnte Herr Roberthin, – »es muß gleich Mitternacht schlagen.« »Also«, begann der Magister ein bißchen seufzend, denn er war müde und äugte noch einmal nach der Wolmtreppe, ehe er den Weg um die Altstädtische Kirche einschlug, »ich stand auf einer Wiese in den Bergen.«

»Am Galtgarben?« fragte Albert voller Teilnahme.

»Nein, nicht hier«, sagte Dach, ohne über den Spaß zu lachen, »in wirklichen Bergen, ganz hohen mit Schnee und Eis – –«

»Du hast neulich die Schweizer Kupfer bei mir besehn«, meinte Robertin.

Der sonst so geduldige Dichter wurde ein bißchen ärgerlich. »Nein, es war nicht die Schweiz. Es war ganz wo anders. Und ich war lange tot und ihr alle auch. Es war viel später.«

Die beiden Freunde sahen sich an. Sie kannten diese einzige Schrulle des Magisters, daß er von der Wahrheit seiner Träume überzeugt war und sie respektiert wünschte.

»Also viel später«, ermunterte Roberthin.

»Ja«, sagte Dach und bewegte die Hände, als ob er etwas wegfegte. »Ein großes Haus war da, ganz groß – wie ein Schloß. Aber doch kein Schloß. Ganz im Freien auf der Wiese. Und viele Menschen in bunten Kleidern –«

»Bunt is gut!« meinte Hanske und drehte sich um, »bunt is sehr gut. Man nich schwarz!«

»Ja, und vorn an einem Holztisch saßen ein paar Männer. Ganz anders angezogen als die andern, in grauen Joppen und kurzen Hosen aus Leder mit Grün.«

»Seiltänzer?« fragte Albert. Er wußte, man mußte Aufmerksamkeit heucheln.

»Nein, ordentliche Leute!« Dach war eifrig und ein bißchen ärgerlich. »Braun verbrannte, ältere und jüngere, und alle haben bloße Knie –«

(Hanske prustete ›Erbarmung‹!) – »Ja, und ganz dicke Schuhe mit Nägeln.« »Ich weiß nie, was Mutter anhat, wenn ich sie sehe – ich glaube, es ist ein grünes Kleid«, sagte Roberthin leise.

»Und dann kommt ein Mädchen und sie bringt den

Männern Wein«, erzählte Dach. »Sie hat ein rotes Kleid an und eine weiße Schürze und eine dunkelrote Kette um den Hals und hat braune Augen. Sie ist wunderhübsch.«

Nun blieb Hanske kleben. »Denn man Schluß, denn is nich weiter zu erzählen!« sagte er atemlos.

»Bei dir vielleicht« – meinte Albert nicht ohne Würde, »bei einem Dichter kann man jeden Traum erzählen.«

Die Laterne hüpfte eifrig weiter über den Markt. »Erzähle nur, Magister!«

»Ja, und einer von den Leuten – ein junger – sagt zu dem Mädchen, und er spricht ganz anders als wir, nicht sächsisch – aber deutsch ist es doch. Er fragt wie sie heißt? Und da sagt sie: ›Annchen‹! und auf einmal – –«

Sie standen auf der Fischbrücke zwischen den geschlossenen Buden und den zusammengeschobenen Bänken und Holzstühlen, der Pregel gluckste leise am Bollwerk. Ein Dunst von Wasser, von Teer, von Fischgeruch und Lindenduft flog schwer und weich in der feuchten Nachtluft.

Dach atmete schwer, er war aufgeregt und zitterte, er griff nach dem Geländer und starrte auf die Kähne unten, die schwarz und still auf dem Wasser lagen.

»Nun, auf einmal?« fragte Roberthin.

»Da sagt der Junge: ›Annchen, bist du Annchen von Tharau?‹ Und er singt, und die andern singen mit:

›Annchen von Tharau ist' die mir gefällt,
Sie ist mein Leben, mein Gut und mein Geld!‹«

Dachs Stimme brach, er zitterte, große Tränen rollten über sein Gesicht.

Die andern sahen ihn an. Auch Hanske.

»So'n Dichter is auch ganz dammlich«, dachte er, – »na, heut wird all wieder nuscht mit Schlafen« –

Roberthin zog Dachs Mantel fester um die schmalen Schultern des Freundes. »Und gerade *das* sangen sie von all deinen Liedern?« fragte er freundlich und ein bißchen mitleidig.

»Ja, gerade das!« nickte der Magister, der sich faßte und zu lächeln versuchte. »Ich hatte es selbst schon ganz vergessen, weil's so ein unbedeutendes ist. Und plattdeutsch dazu. Aber man schreibt so was hin . . .«

»Und dann lebt's noch nach Jahrhunderten«, sagte Albert mit gemacht feierlichem Ernst. »Wenn das die gute Portatinosin in ihrem zehnten Wochenbett ahnte, daß du sie unsterblich gemacht hast, liebwertester Chasmindo!«

Der sanfte tiefe Schlag der Domuhr kam durch die Nacht über die Brücke, die Altstädtische Kirche antwortete heller und härter, als letzte sang die Schloßuhr.

»Das is wahr«, sagte Hanske. »Das geht in Erfüllung!« Jetzt war er der einzig ganz Ernsthafte. Er grauste sich bei dem Uhrenschlag. Eine Fledermaus huschte vorbei. Eine Segelstange knarrte. »Nun, Gott geb's«, sagte Dach. »Auch damit wäre ich schon zufrieden.«

Er hüstelte und hielt den Mantel fest unterm Kinn zusammen. Dann schritt er rasch aus, mit den andern hinter dem eilig trabenden Hanske, dem Licht der zu einem Unschlittstümpfchen verqualmenden Laternenkerze nach, in die schmalen schwarzen Gassen des heimatlichen Kneiphofs.

KÄTHE KOLLWITZ

Mein Kinderparadies

Ich bin als fünftes Kind der Eltern geboren. Wir lebten damals auf dem Weidendamm Nr. 9 in Königsberg. Ich erinnere mich dunkel an eine Stube, in der ich tuschte, deutlich aber besinne ich mich auf Höfe und Gärten. Durch einen kleinen Vorgarten kamen wir auf einen großen Hof, der bis zum Pregel reichte. Dort hielten die flachen Ziegelkähne, und die Ziegel wurden auf dem Hof abgeladen und geschichtet, so daß Hohlräume blieben, in denen wir Kind und Mutter spielten. Links an den Hof schloß sich ein ebenfalls bis zum Pregel reichender Garten. Er hatte einen über das Wasser hinausgebauten runden Pavillon. Einmal, weiß ich, sang meine damals noch so junge Tante Lina wunderschön, aber traurig in diesem Pavillon. Rechts an den Hof – durch niedrige Gebäude getrennt –, nur an einer Stelle offen, schloß sich ein anderer Hof. An diesen knüpften sich lebhafte und starke Erinnerungen. Unten am Pregel war ein Floß zum Wäschespülen.

Da wurde einmal ein totes Mädchen angespült und mit dem Armen-Leichenwagen abgeholt, einem schauderhaften Leichenwagen und Sarg.

In den niederen langgestreckten Gebäuden, die die beiden Höfe trennten, wohnte ein Gipsgießer. Da stand ich oft und sah zu, wie er formte. Ich rieche noch die feuchte Gipsluft da unten. Von dem mittleren Hof führte am Hause vorbei ein Durchgang nach der Straße, dem Weidendamm. Hin und wieder, aber selten, führten die Spiele da hinaus. Die großen Kinder rannten da manchmal raus. Der Liese Ratke gingen immer ihre kurzen Zöpfe auf und flogen beim Rennen die glatten, dicken weißblonden Haare wie eine Fahne vom Kopf weg.

Bis zu meinem neunten Jahre wohnten wir auf dem Weidendamm. Immer haben wir Kinder mit Sehnsucht daran zurückgedacht. Es gab unendliche Spielgelegenheiten und viele Abenteuer auf den Höfen. Zum Beispiel war ein Steinkohlenvorrat am Pregel angefahren und auf dem Hof so aufgefliehen, daß er langsam anstieg und dann plötzlich abfiel nach der Seite des Vorgartens zu. Es war eine gewagte Sache, da oben heraufzugehen bis ziemlich an den Rand. Ich selber habe es nie gewagt, aber der Konrad. Ein anderer Junge, der es tat, verunglückte dabei: oben am Rand glitt eine Kohle unter ihm fort, und er fiel auf den Staketenzaun runter.

Dann gab es die Grube mit dem ungelöschten Kalk, ein einzelnes Brett lag darüber. Wenn man hineinfiel, sollte man blind werden.

Dann gab es die Lehmhaufen, aus welchen Burgen gebaut wurden, eine hüben im Hof, eine drüben; die Angreifer schmissen mit Lehmkugeln, das tat gehörig weh. Was war auf dem Weidendamm noch Schönes? Wagen und Pferde, die der Vater damals hielt. Die Pferde waren Füchse. Der Kutscher hatte einen blauen Tuchrock und hieß Gudovius. Später, als der Vater das Fuhrwerk aufgab, wurde aus dem blauen Tuchrock ein Anzug für Konrad gemacht. Er roch darin immer nach Gudovius, nach Pferden und Stall.

Das Bild der Eltern aus jener Zeit ist mir nur dunkel. Der Vater war wohl sehr viel in der Arbeit. Wahrscheinlich hatten wir schon damals den Baukasten, den Vater uns hatte machen lassen. Es waren große, solide Klötze, und wir bauten viel damit. Von seinen gezeichneten Bauplänen in seiner Arbeitsstube fielen lange Streifen Papier ab. Die bekamen wir zum Bezeichnen. Konrads Phantasie ließ darauf immer Verfolgungen von Schlittenfahrten durch Wölfe oder ähnliches erstehen. Der Vater ließ alles dies nicht unbemerkt. Er hob sich bald manche Streifen auf, die wir bekritzelt hatten.

Auf die Mutter besinne ich mich aus jener Zeit gar nicht. Sie war da, und das war gut. In ihrer Luft wuchsen wir Kinder auf. Die Mutter hatte zwei Kinder vor Konrad verloren. Es gibt ein Bild von ihr mit dem ersten Kind, das nach meinem Großvater Julius genannt war, auf dem Schoß. Es war das »Erstlings-Kind, das heil'ge«. Dies Kind verlor sie und das zweite danach. Wer das Bild ansieht, erkennt, daß sie als Rupps Tochter nie fassungslos im Schmerz gewesen ist. Aber das schwere Leid ihrer frühen Mutterzeit, dem sie sich nie hemmungslos hingegeben hat, hat wohl bewirkt, daß sie etwas von der Entferntheit der Madonna an sich gehabt hat. Vertraute, Kameradin, Genossin ist unsere Mutter uns nie gewesen. Aber wir liebten sie. Nie war der Respekt, den wir vor den Eltern hatten, so groß, daß er der Liebe Abbruch tat.

Was wir mit dem Wegziehen vom Weidendamm verloren haben, begriffen wir erst später ganz. Vorläufig freuten wir uns. Wir zogen jetzt nach der Königstraße in eines der schönsten neuen vom Vater gebauten Häuser. Im unteren Stock wohnten wir und daneben mein Onkel Julius Rupp, der sich damals verheiratet und als Arzt niedergelassen hatte.

Höhepunkt des Jahres waren die Sommerferien in Rauschen. Seit meinem neunten Jahr waren wir alle Sommer dort. Die Eltern machten einmal eine Reise durch das Samland und kamen nach dem Fischerort Rauschen, eine halbe Stunde von der See entfernt. Es waren vor kurzem mehrere Männer des Orts von einem großen Sturm auf See ertrunken. Die Witwe eines solchen, eine Frau Schlick, fanden die Eltern teilnahmslos vor sich hinbrütend auf der Schwelle ihres Hauses sitzen. Dies Haus hatte eine Lage, die die Eltern entzückte. Sie mieteten es erst und kauften es dann der Frau Schlick ab, so aber, daß diese mit ihren beiden Töchtern weiter im Hause wohnte. Der Vater nahm nun ein paar Veränderungen an dem Hause vor, aber es behielt ganz den Charakter des Bauernhauses.

Die Fahrt nach Rauschen dauerte fünf Stunden, Eisenbahn gab es nicht, wir fuhren mit einer Journaliere, das war ein großer, mit vier oder fünf Sitzreihen versehener bedeckter Wagen. Die hinteren Sitzreihen waren herausgehoben, und es kam da herein, was man für viele Wochen brauchte: Bettsäcke, Wäsche, Körbe, Bücherkisten, Weinkisten.

Welche Wonne, wenn erst die Journaliere vor dem Hause stand, alles aufgeladen war, Mutter, Mädchen, wir Kinder (der Vater kam meist nach) auf den Vordersitzen verstaut waren, der Kutscher sich auf seinen vorderen Extrasitz schwang, die drei, manchmal vier Pferde anzogen, und es losging durch die engen Königsberger Straßen, durch das hallende Tragheimer Tor und dann quer durchs ganze Samland. Erst kurz vor Sassau konnte man zum erstenmal die See sehen.

Da standen wir alle auf Zehenspitzen und schrien: Die See, die See! Die See ist mir niemals und nirgends mehr, auch nicht die Ligurische See, auch nicht die Nordsee, das gewesen, was die samländische See war. Diese unaussprechliche Erhabenheit der Sonnenuntergänge von der hohen Küste aus! Dies Ergriffensein, wenn man zum ersten Male sie wieder nah sah, den Seeberg runterrannte, Schuh und Strümpfe auszog und die Füße wieder das Gefühl des kühlen Seesands hatten! Dieser metallische Schall der Wellen!

Die schwärmerische Seeliebe wuchs, je mehr man in die empfindsamen Jahre hineinkam. Aber damals war Rauschen ein unbekannter Ort, nur aufgesucht von Naturschwärmern, da war man noch allein bei Sonnenuntergang, war die Küste unbebaut. Dies Kinderparadies ist gründlichst verloren ...

Wofür ich den Eltern immer sehr dankbar gewesen bin, das ist, daß sie Lise und mich stundenlang nachmittags in der Stadt herumstreifen ließen. Auch hier wieder großzügiges Vertrauen und keine Nachspürerei.

Dieses scheinbar planlose Bummeln war der künstlerischen Entwicklung sicher förderlich. Wenn meine späteren Arbeiten durch eine ganze Periode nur aus der Arbeiterwelt schöpften, so liegt der Grund dazu in jenen Streifereien durch die enge, arbeiterreiche Handelsstadt. Der Arbeitertypus zog mich, besonders später, mächtig an. Die erste Zeichnung, die ganz deutlich Arbeitertypen hatte, machte ich freilich mit etwa sechzehn Jahren, es war eine Zeichnung aus dem Gedicht »Die Auswanderer« von Freiligrath. Diese Zeichnung legte ich auf Wunsch meines Vaters ein Jahr später meinem Lehrer Stauffer-Bern in Berlin vor, er erkannte sie als so charakteristisch, wie sie tatsächlich für mich und das Milieu, aus dem ich kam, war.

Ich habe es später (besonders bei einem Besuch in Hamburg) bedauert, in Königsberg nicht so lange geblieben zu sein, bis ich alles dort herausgeschöpft hatte, was ich hätte herausschöpfen können.

Sehr schön waren Großvaters Hände, meiner Mutter Hände erinnern an sie, sie waren groß und ausdrucksvoll geformt, er trug einen Siegelring, den Onkel Julius von ihm geerbt hat... An dem einen breiten Fenster, das die

Stube hatte, standen zwei alte Lehnstühle einander gegenüber, da saßen die Großeltern, das ganze Fenster war im Halbbogen umschlossen von Efeu. Hier wurde meist noch über den Vortrag, aber auch über Politik und sonst Interessierendes gesprochen. Hier war die Atmosphäre, die, nicht mehr ganz geistig, für mich gemütlicher war. In der dunklen Wandecke rechts vom großen Fenster, hinter Großvaters Stuhl, stand ein Tisch mit einer großen Mappe mit Kupferstichen, an der schmaleren Seitenwand links hinter Großmutters Stuhl war ein kleines Wandbrett mit Büchern. Da holten wir uns die Grimmschen Hausmärchen heraus. Meist aber saßen ich und Lise an der Bildermappe. Wir verhielten uns mucksstill, hörten halb dem Gespräch zu, waren mehr bei den Bildern.

Aus dieser Nach-Vortrag-Stunde in der warmen, hellen Großelternstube ist mir der Großeltern Bild unendlich freundlich, gütig und geistig in Erinnerung geblieben, dann aus den festlichen Sonntagsnachmittags-Zusammenkünften bei uns zu Hause und aus der Weihnachtsfeier am Ersten Feiertag.

Im Grunde fühlte ich immer heimatliche Liebe, Verbundenheit und Dankbarkeit. »Wohl dem, der seiner Väter gern gedenkt.«

ERNST WIECHERT

Die Magd

Am Vormittag hatte die Magd die Kündigung erhalten, in der großen Stube des Bauern, und die Bäuerin hatte auf der Ofenbank gesessen und nur ein einziges Mal ihre harten Augen gegen sie aufgehoben. Nach dem Gesetz dürfe sie bis zum Altjahrsabend bleiben, hatte der Bauer gemeint, aber es stehe ihr auch frei, am gleichen Abend noch zu gehen. Und in ihren Umständen sei wohl nicht viel Hilfe von ihrer Hände Arbeit zu erwarten.

Die Magd hatte noch eine Weile dagestanden, die Augen durch das Fenster auf die Felder gerichtet, über die der harte Schnee trieb. Es kam ihr wohl vieles in den Sinn, was sie hätte sagen können. Von vielen Ernten, die sie miteingebracht, von vielen Eimern Milch, die sie getragen, von vielen Kälbern, die sie aufgezogen hatte. Und daß auf einem großen Hof zwei Hände mehr seien als eben nur Hände, wenn sie selbstlos für das Ganze geschafft hätten. Und daß eine Menschenhand nicht immer mit Geld allein abzugelten sei. Und vielleicht auch hätte sie sagen können, daß der jüngste Sohn des Hofes eigentlich neben ihr stehen müßte, vor dem schweren Eichentisch, hinter dem soeben ein hartes Gericht gehalten wurde. Aber dann hatte sie doch geschwiegen. Nur eine finstere Falte hatte sich langsam und tief zwischen ihre Augen gegraben, und der von den Feldern rückkehrende Blick war einmal über den Bauern und die Bäuerin gegangen. Ein Blick, dem ausgewichen und der nicht erwidert wurde. Und dann, schon an der Tür, hatte sie achtlos gesagt, daß sie am gleichen Abend noch gehen würde.

Nun, in der Dämmerung, als sie die letzte Kuh gemolken hatte, wäre es Zeit gewesen, zu gehen. Aber sie blieb noch sitzen, die Stirn an die Flanke des Tieres gelehnt, eingehüllt in die Geborgenheit des Stalles, hinter dessen Wänden das Dunkel war und die Verstoßung. Vom Futterboden wurde Heu heruntergeworfen, und sie wartete noch, bis die Fußtritte die Leiter heruntergekommen waren. Es könnte wohl ein Wunder geschehen am Ersten Advent. Ein Licht könnte sich aufheben in der Finsternis, eine Kammer könnte ihr zubereitet werden auf dem großen Hof, wo selbst der Hund eine Hütte hatte, vor die man eine Schüssel mit Nahrung stellte. »Lieber Gott«, betete sie an dem Leib des Tieres, »laß auch für mich ein Wunder kommen, deine arme und sündige Magd ... «

Aber die Schritte gingen zur Stalltür, und eine verlegene Stimme sagte: »Du mußt einsehen, daß ich nicht anders kann ... «

Sie antwortete nicht, und dann waren die Schritte schon auf dem Hofplatz und eine ferne Tür schlug zu. Es war ein harter Klang, unbeabsichtigt vielleicht, denn der Wind ging schwer über die dunkelnden Felder, und so kam es, daß auch sein Echo hart war im Herzen der Magd und daß auch dort eine Tür zufiel. Zwar blieb sie noch eine Weile sitzen, weil das Tier an ihrer Stirn voll Ruhe und Geduld war und weil es ihr nicht leicht war, von den Tieren zu scheiden, von denen viele unter ihren Händen groß geworden waren. Aber dann stand sie doch einmal auf, trug den Eimer zur Seite und ging geradewegs in ihre Kammer hinauf, wo sie sich umkleidete. Das Bündel mit ihrem geringen Besitz ließ sie zu Füßen des Lagers stehen. Sie würde es nun wohl nicht mehr brauchen.

Der Weg zum Pfarrer war wohl eine Meile weit, und vieles ließ sich auf ihm bedenken. Er führte über hügelige

Felder, mit verkrüppelten Bäumen auf den kahlen Höhen, und dann am Fluß entlang, der hinter den Schilfwänden murrte, und dann durch den Fichtenwald, in dem es still war wie in der Kirche. Ein guter Weg, oft gegangen zur Sommerszeit, wenn der Kuckuck über die Felder rief und die Roggenhalme sich über denen schlossen, die allein sein wollten unter den Sternen mit der Heimlichkeit ihrer verbotenen Liebe. Aber nun ein harter Weg unter dem treibenden Schnee, weitab von dem Licht der Höfe zur Rechten und zur Linken.

Sie kannte den Pfarrer nicht, und sie ging zu ihm, weil sie ihn nicht kannte. Sie wußte nur, daß er noch jung war und mit einer adligen Dame verheiratet, daß viel festliches Leben in seinem Hause war, Musik und geistliche Spiele, und daß die Landschaft leisen Anstoß nahm an seiner fröhlichen Weltlichkeit. So hatte sie wohl gedacht, daß ein milder Richter hinter dieser Freude wohnen müsse statt eines strengen Mahners mit weißen Haaren.

Sie sah die vielen Fenster erhellt in dem breiten Haus, sah Schatten hinter den Vorhängen und hörte dann viele Instrumente feierlich zusammenklingen zu einer sanften Anbetung, die langsam stieg und sank. Sie saß auf der alten Steintreppe, den Kopf an das Holz der Tür gelehnt, und hörte zu. Es war, als erbebe das Holz unter den Klängen, die das Haus erfüllten, gleich dem Leib einer Geige, und als lehne sie mit ihrem Ohr an der Tür eines himmlischen Saales, in dem der Trost zubereitet werde für das dunkle Erdenland mit seiner vielfachen Not.

So war ihre Hand ganz ruhig, als sie den Klopfer der Tür bewegte, der ein altes Wappen trug, und auch ihre Stimme zitterte nicht, als sie das Mädchen bat, den Pfarrer zu rufen. Nun waren die Gäste gerade dabei, sich in dem Saal zu ordnen, der eine kleine Bühne hatte, auf der die drei Kinder des Pfarrers mit einigen jungen Helfern ein Krippenspiel zur Aufführung bringen wollten, und es war natürlich, daß der Pfarrer ungehalten war über die unvermutete Störung und sich zuerst verleugnen lassen wollte. Aber dann schämte er sich ein wenig, weil die Tür eines Pfarrhauses doch nicht verschlossen sein durfte, ordnete an, daß man ohne ihn beginnen sollte, da das Spiel ja ohnehin bekannt sei, und versprach, nach kurzer Zeit wieder da zu sein. Doch öffnete und schloß er die Tür seines Amtszimmers härter als nötig gewesen wäre, und als er beim ersten Blick den Zustand der Magd erkannte, schoß der Zorn in seine Augen, und er ließ sie mit harten Worten an, ob sie vielleicht nach ihrem verspielten Myrtenkranz zu ihm komme.

Die Magd war aufgestanden und sah ihm ohne Angst in die Augen, wie ein Mensch, der das Notwendige zu erwarten bereit ist, aber dann konnte sie nicht hindern, daß ihre Augen einmal nach dem Kruzifix gingen, das über dem Schreibtisch hing, und dann schweigend zu dem Gesicht des Pfarrers wiederkehrten. Sie habe den Herrn Pfarrer nur bitten wollen, sagte sie dann mit ihrer dunklen und bescheidenen Stimme, daß er das Ungeborene in ihrem Leib taufe, weil es wahrscheinlich an Zeit und Gelegenheit mangeln werde, das zwischen Geburt und Tod zu tun.

Sie hielt dem Blick des Pfarrers stand, der sie nun ohne Begreifen umfaßte, und fügte nur hinzu, daß eine Nottaufe doch statthaft sei, da ein ungetauftes Leben doch der ewigen Seligkeit verlustig gehe.

Weshalb sie denn nicht warten wolle, fragte der Pfarrer endlich, bis das Kind geboren sei? Das Kind werde niemals geboren werden, erwiderte die Magd ganz still.

Nun begriff der Pfarrer endlich, was hier geschehen sollte, und da er noch jung war und ohne Anfechtungen frühzeitig in ein geachtetes und gesichertes Leben gekommen war, so war es natürlich, daß er von neuem zornig wurde über die Selbstverständlichkeit, mit der hier eine Todsünde vor ihn hingelegt wurde.

»Du sündiger Mensch«, sagte er, »weißt du denn, was du sprichst und verlangst?«

Aber die Magd, als stehe sie in einer andern Welt, wo die menschliche Sprache nicht gelte, wiederholte nur mit den gleichen Worten ihre Bitte. Und als der Pfarrer »Nein!« sagte, »Nein und nochmals Nein!« , wandte sie sich still zur Tür, öffnete sie und trat mit gebeugten Schultern auf den Gang hinaus.

Nun öffnete sich im gleichen Augenblick lautlos die gegenüberliegende Tür, und die Frau des Pfarrers trat heimlich aus dem verdunkelten Saal, um nach ihrem Mann zu sehen. In dem Ausschnitt der Tür erschien nun das dämmernde Dunkel des großen Raumes, die Umrisse vieler Menschen, die mit dem Rücken zur Tür saßen, und auf dem erhöhten und sanft beleuchteten Hintergrunde die kindlich aufgebaute Hütte unter den Kulissen eines beschneiten Waldes. Auf der Schwelle saß ein alter Mann mit einem Küchenbeil auf den Knien, klein und dürftig, da man ein Kind dazu verkleidet hatte. Im Innern aber, neben dem erhöhten Herd, hielt die Jungfrau das Kind in den Armen und wiegte es leise hin und her, indes ein roter Stern über dem Dach der Hütte stand und drei kleine Wanderer von der Seite her alles betrachteten, jeder mit einem Licht in der Hand, Watte statt Schnee auf den Kindermänteln. Und als nun die kleine Saalorgel mit hohen und zitternden Flöten in das Schweigen fiel, hoben die Wanderer ihr Licht über sich, und ihre zarten und schüchternen Stimmen vereinigten sich zu dem Gang einer stillen Melodie, unter der doch der ganze Saal zu erbeben schien:

Wir gehn durchs dunkle Erdenland,
Wir tragen ein Licht in unserer Hand.
Wir suchen die Hütte, im verschneiten Wald,
Wir suchen das Kind, heißt Friedebald . . .

Die Magd, zuerst nur angehalten von dem unvermuteten Bild in der geöffneten Tür, stand nun in völliger Erstarrung, dem beglänzten Schauspiel hingegeben. Aber als die Stimmen schwiegen und die Orgel ein kleines Zwischenspiel vor der zweiten Strophe anhob, begann sie wie in einem Zauber einen Fuß vor den andern zu setzen, zuerst über die Schwelle, nicht achtend der abwehrenden Hand der Pfarrerfrau, und dann an der Seitenwand des Saales entlang, immer näher zu dem Wunder der Hütte und der Menschwerdung, die dort in kindlicher Weise geschah. Ihr Kopftuch war auf die Schultern geglitten, unter dem schneenassen Haar leuchtete ihr schmerzlich erschöpftes Gesicht. Die Gäste, zuerst im Zweifel, ob hier ein Geschehen des Spiels oder des Lebens vorliege, erkannten an dem plötzlich sich verwirrenden und dann abbrechenden Gesang der Kinder die Wahrheit, erhoben sich halb von ihren Sitzen und sahen nun, wie die Magd an den Stufen der Bühne anhielt, niederkniete, die gefalteten Hände gegen die Tür der Hütte hob und dann ihre Stirn auf die Bretter legte, wo sie lange und regungslos verharrte.

Es war sehr still in dem großen Raum, so still, daß das Knistern der Kerzen zu vernehmen war, unter denen die drei Wanderer in Verwirrung auf die Kniende starrten. Und erst als der Pfarrer, da doch nun nach seiner Meinung etwas geschehen mußte, von der Schwelle her leise auf die Bühne zuzugehen begann, stand die Magd langsam auf, wandte ihr verwandeltes Antlitz ihm entgegen, sah dabei nicht seine etwas hilflos ausgestreckte Hand und sagte laut und für alle vernehmlich, daß sie Trost und Demut empfangen habe von den Kindern, die immer wüßten, wo ein Licht am Abend leuchtet.

Und damit ging sie still und von niemand gehalten aus dem Saal, und es war vielen zumute, als habe etwas Großes sich hier vollzogen, obwohl niemand außer dem Pfarrer wußte, worum sie gebeten und was sie empfangen hatte.

MARION GRÄFIN DÖNHOFF

Nach Osten fuhr keiner mehr

Wir aßen noch rasch zusammen: Wer weiß, wann man wieder etwas bekommen würde . . . Dann standen wir auf, ließen Speisen und Silber auf dem Tisch zurück und gingen zum letzten Mal durch die Haustür, ohne sie zu verschließen. Es war Mitternacht . . . Draußen hatte sich inzwischen der Treck formiert. Ich lief in den Stall, machte mein Reitpferd fertig, von dem ich wußte, daß es allen Strapazen gewachsen sein würde, und trug dem Kutscher auf, meine sehr geliebte Draulitter Schimmelstute an seinen Wagen anzuhängen. Aber der Alte hat diesen Auftrag in seiner Aufregung vergessen, und so blieb sie zusammen mit allen anderen Tieren zurück.

Bis Pr. Holland waren es von Quittainen nur 11 km. Eine gute Stunde Fahrzeit, so rechneten wir normalerweise. An diesem Tag brauchten wir sechs Stunden. Die Straßen glichen spiegelblankem Eis, die Pferde rutschten, das Coupé, in das wir zwei Kranke verladen hatten, stand dauernd quer zur Fahrtrichtung. Aus allen Nebenstraßen kamen sie gequollen und verstopften die Kreuzungen, und einen Kilometer vor der Stadt kam alles endgültig zum Stillstand. Wir standen über zwei Stunden, ohne auch nur einen Zentimeter vorzurücken. Schließlich ritt ich in den Ort, um einmal zu sehen, was dort eigentlich los sei. Auch interessierte mich sehr, was wohl die braunen Funktionäre, die noch vor drei Tagen alle Fluchtvorbereitungen für Defaitismus gehalten hatten und schwer hatten bestrafen wollen, jetzt wohl täten.

Ich wand mich durch die Fülle der Wagen und Menschen

hindurch zur Kreisleitung der NSDAP. Alle Türen standen offen, verkohltes Papier wirbelte in der Zugluft umher. Auf dem Boden lagen Akten. Alle Zimmer waren leer. »Die sind natürlich als erste weg, die Schweine«, sagte ein Bauer, der gleich mir dort herumstöberte. Ja, sie waren weg. Und bald würden sie gottlob alle weg sein. Aber welch ein Preis! Wie vieles wäre uns erspart geblieben, wenn die Tat vom 20. Juli – vor sechs Monaten – geglückt wäre, so mußte ich denken. – Die Stadt wirkte wie eine blockierte Drehscheibe: von zwei Seiten waren die Trecks hereingefahren, hatten das Ganze verstopft, und nun ging es weder vor noch zurück. Ich ging zur Post, und siehe da, die gute alte Post funktionierte noch. Während draußen das Chaos brandete und die »Führer« das Weite gesucht hatten, saßen die alten Angestellten auf ihren Plätzen.

Ich konnte sogar noch mit Friedrichstein telefonieren, das 120 km weiter östlich, jenseits Königsberg, lag. Dort war die Situation noch normal, von jener abnormen Normalität, die unser Leben schon so lange charakterisierte. Jedenfalls hatten sie dort noch keinen Räumungsbefehl erhalten. Übrigens sollten sie auch nie einen bekommen. Für sie war es ohnehin zu spät. Gerade zu der Zeit, als ich telefonierte, stieß die russische Panzerspitze 25 km vor uns von Süden zum Frischen Haff durch. Ostpreußen war abgeschnitten, und für die, die nicht wie wir in den westlichen Grenzkreisen saßen, erübrigte sich daher der Räumungsbefehl. Ihnen blieb nur noch der Weg über das zugefrorene Haff.

Als ich nach zwei Stunden wieder bei unserem Treck anlangte, waren alle schon total durchgefroren und verzweifelt. Es waren 20 Grad Kälte. Auch Herr Klatt hielt dieses Unternehmen für völlig zwecklos. »Wenn wir doch unter die Russen fallen, dann schon lieber zu Haus« – das war so etwa die Formel, auf die sich alle geeinigt hatten. Und noch etwas anderes hatten sie alle miteinander inzwischen beschlossen: daß ich versuchen sollte, mit meinem Pferd nach Westen durchzukommen, denn mich würden die Russen bestimmt erschießen, während sie selber nun eben in Zukunft für die Russen die Kühe melken und die Scheunen ausdreschen würden. Wie irrig die Vorstellung war, daß den Arbeitern nichts geschehen würde, ahnten weder sie noch ich damals.

Kein großer Abschied. Ich bestieg rasch meinen Fuchs, überlegte nur einen Moment, ob ich das Handpferd zum Wechseln mitnehmen sollte: eine derbe, gut gezogene, schwarzbraune, vierjährige Stute. Während ich noch überlegte, trat ein Soldat auf mich zu. Er hatte merkwürdigerweise einen Sattel unter dem Arm und fragte, ob er das Pferd reiten dürfe. Also machten wir uns gemeinsam auf den Weg.

Wir sprachen kaum ein Wort miteinander – jeder hatte seine eigenen Gedanken und Sorgen. Den ganzen Tag über ritten wir und hatten dabei immer das Gefühl, in einer »Schlange« zu stehen: vor uns, hinter uns, neben uns Leute, Pferde, Wagen. Hin und wieder sah man ein bekanntes Gesicht oder las den Namen eines bekannten Gutes auf einer kleinen Tafel, die an einem Wagen baumelte. Hinter dem Städtchen Pr. Holland begegneten wir kleinen Handwerkern und Ladenbesitzern, die sich mit einem Handwagen aufgemacht hatten, in dem die Großmutter saß oder auf dem sie ihre Habe untergebracht hatten. Mein Gott, was für Bilder! Und wo wollten eigentlich all diese Menschen hin? Wollten sie sich wirklich hunderte, vielleicht tausend Kilometer in dieser Weise fortbewegen?

Es war längst Nacht. Wir saßen seit mehr als zehn Stunden auf den Pferden und waren noch immer nicht in Elbing. Das Vorwärtskommen wurde immer schwieriger, weil jetzt in unsere Ost-West-Bewegung von Südosten flüchtende Trosse hineinstießen: niedrige Wagen, mit Panje-Pferden bespannt, die Munition und Geräte beförderten; später auch Panzer, die alle Flüchtlingsfahrzeuge erbarmungslos in die Chausseegräben drängten, wo dann viele umstürzten und zerbrachen.

Plötzlich hielt uns ein Offizier an, der in der Mitte der Straße stand: wie ein Fels mitten im Fluß, und nach flüchtenden Soldaten Ausschau hielt. Er hatte trotz der Dunkelheit erkannt, daß mein Begleiter Uniform trug. »Was, Urlaub? Das gibts nicht mehr.« Auch meine Bemühungen, ihn zu überreden, waren völlig vergebens. Der Soldat mußte absteigen, verschwand im Dunkeln, und ich stand plötzlich da mit meinem Handpferd, das sich wie ein Kalb, das zum Schlächter geführt werden soll, ziehen ließ. Gar nicht daran zu denken, daß ich mich tagelang so würde fortbewegen können. Ich war recht ratlos: Stehenbleiben konnte man nicht, vorwärts wollte die Stute nicht. Da hörte ich plötzlich in der Dunkelheit meinen Namen rufen, blickte in das Menschengewühl und sah drei Quittainer, darunter Georg, den 15jährigen Sohn unseres Forstmeisters. Sie hatten sich per Rad aufgemacht. Was für ein Glück: Org mußte sein Rad an einen Chausseebaum stellen und erklomm die Schwarzbraune.

Wir hatten ausgemacht, alle vier zusammen Rast zu machen auf einem Hof, den ich kannte, kurz vor Elbing. Dort trafen wir uns. Die Besitzer waren schon weg und Militär im Hause. Nach ein paar Stunden Ruhe wurde es mir ungemütlich: die von Südosten kommenden Trosse waren so sehr eilig gewesen. Es war zwei Uhr morgens. Ich weckte die anderen, schraubte den beiden Pferden neue, scharfe Stollen unter, ohne die man sich bei dieser Glätte gar nicht fortbewegen konnte, und ging zu dem Telefonisten, den ich beim Ankommen in einer improvisierten Schreibstube hatte sitzen sehen, um etwas über die Lage zu erfahren. »Was, Sie sind noch hier? Sie müssen sofort weg. Wir haben eben Befehl bekommen, die Brücke zu sprengen. Machen Sie rasch, daß Sie noch drüberkommen.«

Wieder eisig kalt. Und wieder »die Schlange«, in die wir uns einreihten. Und nach 18 Stunden wieder ein paar Stunden Schlaf, aus dem ich durch eine Stimme geweckt wurde, die laut und monoton rief: »Alle raus, die Russen sind in ...«. Wir hatten dieses Dorf, dessen Name mir entfallen ist, als letztes passiert, ich wußte also, daß es nur 3 km entfernt war. Es war der Bürgermeister, dem das Haus gehörte und der eben diese Nachricht bekommen hatte. Ich weckte Org, und wir versuchten gemeinsam, die Soldaten wach zu bekommen, die im Vorraum auf dem Fußboden schliefen. Vollkommen vergeblich.

Ganz langsam, im Zeitlupentempo – so als sollten die Bilder sich noch einmal ganz fest einprägen – zog ostpreußische Landschaft wie die Kulisse eines surrealistischen Films an uns vorüber. Elbing, Marienburg, mit dessen Geschichte meine Familie mehrfach verbunden war, und dann Dirschau. Dirschau sah aus wie eine gigantische Bühne für eine Freilichtaufführung von Wallensteins Lager: Menschen über Menschen in den wunderlichsten Kostümen. Hier und da Feuer, an denen abgekocht wurde. Der Kanonendonner war jetzt schon ganz nah, manchmal schienen alle Häuser zu wackeln. Wir krochen am Rande der Stadt in einem Hof unter. Während der eine auf einem Sofa schlief, mußte der andere im Stall bei den Pferden wachen – denn ein Pferd war in diesen Zeiten ein Königreich wert. Aber es war keine rechte Ruhe, die ganze Zeit zogen Leute durch das Haus, nahmen ein Kissen mit oder ein Handtuch, öffneten ein Weckglas, auch wir hatten hier in der Vorratskammer zum erstenmal wieder richtig gegessen.

Mich kroch plötzlich der ganze Jammer der Menschheit an, und ich begann zu bereuen, daß ich nicht mit unseren Leuten zusammen nach Hause zurückgekehrt war. Der Gedanke, zu versuchen, jenen Entschluß zu revidieren, vielleicht jetzt noch von diesem laufenden Band abzuspringen, erschien mir plötzlich faszinierend: Wenn Züge noch hin und wieder voll nach Westen gingen – würden nicht vielleicht andere leer nach Osten fahren? Vielleicht könnte ich nach Königsberg und von dort nach Friedrichstein. Ich ging zum Bahnhof. Auch hier wieder Tausende von Menschen. Natürlich kein Schalter offen, keine Auskunft, nichts. Schließlich fand ich einen Beamten: »Was, nach Königsberg?« Er sah mich an, als wollte ich zum Mond reisen, und schüttelte den Kopf. – Nein, nach Osten fuhr keiner mehr.

Hans Graf von Lehndorff

Auf der Flucht

21. Oktober 1945
Als es Tag geworden ist, sitze ich im Altholz unter einer Schirmfichte, deren Zweige bis auf die Erde hängen. Die Lücken habe ich mir mit anderen Zweigen zugesteckt. Vor mir liegt die Bahnstrecke nach Mohrungen, ohne Schienen, wie ich mit Genugtuung festgestellt habe. Es wird also lange kein Zug mehr durch diesen herrlichen Wald fahren.

Was für ein strahlender Herbsttag! Hier im Bestand sind die meisten Bäume noch voller Laub. Ich habe mir ein paar Butterpilze gesammelt und esse sie roh mit Zucker und getrocknetem Brot. Ganz seltsam wohl ist mir zumut. Schon auf dem letzten Stück meines Weges war alle Bangigkeit verflogen. Mir war, als ginge jemand vor mir her, um auf den Weg aufzupassen. Es begann damit, daß ich im ersten Morgendämmer einen dunklen Gegenstand vor mir hatte, der mir nicht ganz geheuer schien. Ich wollte ihm ausweichen, da sagte eine Stimme ganz deutlich: Geh nur weiter, aber erschrick nicht, denn neben diesem Busch, den du vor dir hast, ist ein schwarzes Wasserloch, und da werden gleich ein paar Wildenten auffliegen. Und ich ging getrost darauf zu, zwanzig oder dreißig Schritte, sah das Wasser, die Enten flogen auf – es war nun keine Überraschung mehr, sondern nur der Vollzug eines schon fertigen Geschehens. Dann ging ich weiter wie jemand, der ein Bilderbuch mit durchsichtigem Papier betrachtet und beim Umblättern schon sehen kann, was auf der nächsten Seite kommen wird. Leben wir nicht unsere Zeit wie eine zusammenhanglose Folge von Tönen und Mißtönen? Und doch ist eine Melodie darin. Gott allein kennt sie und spürt schon den letzten Ton, wenn er den ersten anstimmt. Und manchmal läßt er uns eine kleine Weile mitsingen.

Für den Nachmittag habe ich mir einen anderen Platz gesucht, liege in der Sonne am Rande einer Schonung und starre in den tiefblauen Herbsthimmel. Altweibersommerfäden reisen vorüber, Eichelhäher schwingen sich von Baum zu Baum, goldene Blätter fallen – und das soll nun Polen sein? Ich denke an alle, die noch vor einem Jahr hier beheimatet waren. Was würden sie darum geben, wenn sie nur für einen Augenblick an meiner Seite sein könnten!

Am Abend wird es kalt. Von weither dringen Rufe bis zu mir. Kinder marschieren die Straße entlang und singen ein fremdes wildes Kriegslied. Eine Weile warte ich noch, bis der Lärm in Richtung auf Wormditt verebbt ist, und dann beginnt meine dritte Reisenacht.

In der Nähe des Bahnhofs Oberheide betrete ich die Straße nach Mohrungen. Diesmal geht es noch langsamer, und der Wald kommt mir endlos vor. Die lange Brücke über das Tal der Passarge ist natürlich nicht mehr vorhanden. In Schlangenlinien führt ein von Panzern ausgefahrener Weg die steile Böschung zum Fluß hinab und auf der anderen Seite wieder hinauf. Die Eisenbahnbrücke steht noch, sehr wackelig zwar, aber von Fußgängern scheint sie benutzt zu werden. Auf der Mitte über dem Fluß bleibe ich stehen und lasse viele Fragen mit dem Wasser stromabwärts reisen. Wie mag es aussehn überall dort, wo dieser Fluß durch Wälder und Parks seine Bogen und Windungen zieht? Stehen die schönen alten Häuser noch, wo Generationen in Frieden aufwachsen und das Land pflegen durften? Es läßt sich kaum vorstellen, daß sie der Kriegswalze widerstanden haben sollten. Und ebenso dort, wo das Wasser herkommt? Wie viele kenne ich, die dort gewohnt und die Heimat geliebt haben! Nun fließt die Lebensader durch verwüstetes Land, das vielleicht schon niemand mehr mit alten Augen sieht.

Der nächste Bahnhof, Sportehnen, ist abgebrannt. Das Gehen wird mir immer schwerer; eigentlich geht es schon überhaupt nicht mehr. An einer Biegung der Straße lasse ich mich nieder und beginne mein Gepäck zu revidieren, weil unbedingt etwas Ballast abgegeben werden muß. Dabei steche ich mich unversehens an einem spitzen Messer. Es blutet heftig, und das gibt mir wieder Auftrieb. Noch einmal raffe ich alles zusammen und ziehe weiter. Schließlich erhebt sich vor mir der wehrhafte Turm von Liebstadt. Rechts, jenseits des Flusses, ein schwaches Licht. Sonst ist alles dunkel und still im Ort. Viele Häuser in Trümmern, andere noch erhalten. An einem derselben zwei rote Fähnchen – wie im Traum zieht das alles an mir vorüber.

Jenseits der Stadt stehe ich endgültig vor der Entscheidung: mein Gepäck oder ich. In beiden Kniekehlen drohen die Sehnen zu reißen. Einige schwere Gegenstände, die als Tauschobjekte gedacht waren, sowie größere Teile meines Operationsbestecks werden aussortiert und im Grase liegengelassen. Herausfordernd blitzen die blanken Messer im Mondlicht. Der Finder wird sich freuen. Aber es hat sich gelohnt. Das Gehen ist mir um vieles leichter geworden.

Etwa um Mitternacht habe ich die Stelle erreicht, wo der Weg nach Ponarien abzweigt. Von seinem Zaun umgeben, steht hier auf dem Rasendreieck noch der alte Wegweiser, genau wie früher. Ich überlege lange, ob ich weitergehen soll, so weit nach Westen wie möglich. Oder ob ich hier abbiegen soll, nachsehn, ob das Haus meiner Geschwister noch steht und was sich dort tut. Es ist nicht mehr weit bis dorthin, keine Stunde zu gehen und die Gelegenheit einmalig. Überall blinkt und funkelt es auf Gräsern und Blättern. Ich fahre mit der Hand darüber, es reift! Da muß ich mir doch wohl ein Nest suchen. Außerdem ist die Neugier zu groß.

Vor dem Ort Royen biegt mein Weg links ab zum Walde hin. Hier finden sich Spuren von Frauenfüßen und auf den Feldern die ersten Zeichen von Arbeit, die ich seit Königsberg antreffe. Am Waldrand ist sogar gepflügt worden. Von den Karpfenteichen in der Koppel steigen Enten auf, genau wie früher. Bei der großen Buche am Wege nach Hermenau lege ich noch eine letzte Pause ein. Ob sich wohl schon einmal jemand in der gleichen Situation wie ich an ihren riesigen Stamm gelehnt hat? Gewiß aber hat sie schon manchem, ohne daß er es wußte, Vertrauen und Zuversicht eingeflößt.

Silberner Mond. Neben mir in der Kastanienallee lösen sich einzelne steifgefrorene Blätter von den Zweigen, streifen einander mit scharrendem Laut und fallen zu Boden. Es hört sich in der nächtlichen Stille so an, als wären taubenartige Nachtvögel da oben am Werk, und das Auge läßt nicht ab, nach ihnen zu fahnden.

Noch ein paar Schritte bis zum Hof. Ich verstecke mein Gepäck im Gebüsch an der Oberförsterei und dringe im Schutz der alten Bäume weiter vor. Breite Spuren zeigen an, daß hier mit dicken Gummireifen gefahren wird. Ich muß auf einen Wachtposten gefaßt sein. Aber auch hier rührt sich weder Mensch noch Vieh. Die Häuser rechts und links von der Toreinfahrt stehen wie früher, und dahinter – weiß Gott – auch das alte Gutshaus, breit und weiß und vollkommen. Dazu der Park, und hinter den Stämmen die spiegelnde Fläche des Sees. »Was willst du eigentlich«, höhnt eine Stimme, »ist denn nicht alles in bester Ordnung?«

Oh, vielleicht war in hundert Jahren noch keine Nacht

hier so bezaubernd wie diese! Nur schwer zu begreifen, daß man sich wie ein Dieb verhalten muß.

An eine Tür zu klopfen riskiere ich nicht, sondern suche mir zunächst einen Beobachtungsposten. Dabei stoße ich auf zwei rote amerikanische Trecker, offenbar die Urheber der breiten Spuren. Dahinter die Schmiede ist unverschlossen. Ein Blick in die Feuerstelle, leider hat sie keine Glut mehr. Es reicht nicht einmal, sich die Hände zu wärmen. Ich setze mich auf den Amboß und warte ab.

Wenig später weckt mich ein leises Geräusch aus dem Halbschlaf. Ich springe auf und drücke mich gegen die dunkle Wand. Ein Schritt vor der Tür, sie öffnet sich lautlos. Draußen im Mondlicht steht ein Mann mit schwarzem Bart. Einen Augenblick zögert er, dann stellt er ins Dunkle hinein eine Frage – auf deutsch! Ich löse mich von der Wand und gehe auf ihn zu. Er weicht einen Schritt zurück, sieht mich prüfend an, begreift schnell, was mit mir los ist. Im Inneren der Schmiede machen wir einander die näheren Zusammenhänge klar. Wie ich höre, sitze ich hier auf dem Stammplatz des Nachtwächters. Anscheinend hat er die Ablösung nicht abgewartet, sondern ist schon früher ins warme Bett gegangen. Die Trecker gehören den Polen, die seit dem Sommer hier wirtschaften. Im Gutshaus wohnt der Verwalter. Ich habe Glück, ihm nicht in die Arme gelaufen zu sein; er wollte sich in dieser Nacht an der dicken Buche ansetzen, um ein Schwein zu schießen.

Im allgemeinen sei die Lage trostlos, erklärt mein Gegenüber. Er selbst ist nicht von hier, kann aber nicht flüchten, weil seine Frau mit sechs Kindern ebenfalls hier zurückgeblieben ist. Den Bart hat er sich wachsen lassen, um älter auszusehen. Deshalb haben sie ihn auch nicht nach Rußland mitgenommen wie die anderen. Ich frage ihn, wen er denn hier ablösen sollte, und erfahre, daß es sich um

Preuß handelt, den alten Diener des Hauses. »Was, der Preuß ist noch da? Können Sie mich zu ihm bringen?« Vorsichtig schleichen wir zu dem Fenster, hinter welchem der alte Mann wohnt. Ein paarmal leise geklopft, dann öffnen sich die Läden und Preuß steht vor uns, im Nachthemd, mit schneeweißem Haar. Eine Welle von Wärme geht von ihm aus. Seine Augen werden groß, als er mich erkennt. Ich laufe noch einmal zur Straße zurück, um mein Gepäck aus dem Busch zu holen. Dann krieche ich mit grenzenlosem Dankgefühl ins warme Bett.

NACHWORT

Ruth Maria Wagner

Wenn sie nicht gedichtet hätten – Erbarmung!

Es wäre doch gut, wenn ich noch ein Nachwort schriebe, so meinte der Verlag. Das ist leichter gesagt als getan, wenn einer, der mit der Feder wohl umzugehen weiß wie der urwüchsige Ostpreuße Hans Hellmut Kirst, schon ein Vorwort schrieb, das es in sich hat. Er hat unseren schreibenden Ostpreußen – und denen, die aus Liebe zu diesem schönsten aller Länder zu Ostpreußen geworden sind – so gründlich auf den Zahn gefühlt, wie das nur einer kann, der selbst ein gut Teil jener Eigenschaften in sich trägt, die er so liebevoll-gründlich glossiert.

Und da ich nicht mit anderen Worten lediglich wiederholen möchte, was in diesem ebenso heiteren wie hintergründigen Vorwort steht, so lassen Sie, geneigter Leser und freundliche Leserin, mich noch etwas aus der Werkstatt des Herausgebers erzählen.

Seit Wochen und Monaten, eigentlich seit Jahren, habe ich gesammelt und gesichtet, was an Erinnerungen, Geschichten, Novellen – ernsten wie heiteren Texten – aus dem geliebten Land jenseits der Weichsel kommt. Einer Reihe der Autoren war und bin ich seit langem freundschaftlich verbunden – einigen von jenen, die ihre Erdenwanderschaft schon abgeschlossen haben, und vielen, die heute noch wirken und schaffen.

Und doch, wenn es darum geht, einen Band wie den vorliegenden zusammenzustellen, dann ist es am besten, alle persönlichen Bindungen zu vergessen und die Texte gleichsam mit neuen Augen zu betrachten – mit denen des Lesers nämlich, der in einem Buch von einigen Dutzend Seiten sozusagen das ganze Ostpreußen mit nach Hause nehmen soll – dieses unvergeßliche Land im Osten mit seiner Landschaft, seinen Menschen, in seiner ganzen Fülle und Eigenart.

Als Kind habe ich es noch selbst erlebt, wie der kurze, glühende Sommer unserer Heimat alle Kräfte beanspruchte und einen so müde werden ließ, daß man abends ungewiegt in einen tiefen, tiefen Schlaf sank. Aber wenn dieser Sommer verglüht war, nach dem Erntefest, da begann die wunderschöne Zeit der langen Abende. Sie zog sich über den strengen, eisgepanzerten Winter hinweg bis ins späte Frühjahr hinein – bis zu jenem Tag, da im Sonnenschein die Tauwasser zu tropfen und zu rauschen begannen.

Das waren Abende! Da reichte das Licht so weit wie der Schein der Petroleumlampe auf dem großen Eßtisch. Wir rückten eng zusammen, die Großen und die Kinder. Dem Licht am nächsten saßen die, die etwas in den Händen hatten: die Großmutter mit den klappernden Nadeln am Strickstrumpf, die Mutter mit einer Stopfarbeit, das unverheiratete Tantchen mit einer feinen Weißstickerei. Alle anderen, die Männer eingeschlossen, saßen im Halbdunkel. Und während die Schatten der fleißigen Hände über Wände und Decke tanzten, wurde vorgelesen und erzählt. Da gab es ursprüngliche Talente, die konnten eine Geschichte aus dem Nichts holen und ganz langsam, ganz gemächlich entwickeln, bis die Spannung unter den Zuhörern zu knistern begann und wir Kinder beinah den Atem anhielten. Und dann kam die Auflösung oder die Pointe oder wie man es immer nennen will, und unsere Spannung löste sich in lautem Geschrei oder im Nüsseknacken oder im Singen. Stundenlang konnte das so gehen, in immer neuer und nie langweiliger Wiederholung, bis uns die Lider schwer über die Augen sanken und wir energisch, doch mit liebevollem Verständnis in die Federn befördert wurden.

Was wir damals – noch kindlich-unbewußt – in uns aufnahmen, das ist der Urgrund all dieser Geschichten und Erinnerungen und Gedanken, die uns heute anrühren, weil sie uns das Zuhause bedeuten, das uns irgendwann, irgendwo verloren ging und das wir heute nur noch in der Erinnerung beschwören können. Ach, ich hoffe, es geht Ihnen beim Lesen so wie mir – da ist ein Wort, ein Satz, eine Redewendung, und mit einem Mal bricht der Brunnen der Erinnerung auf und eine Stimme sagt in dir: Das ist es, das ist dein Zuhause. Und du bist verwundert, weil du gar nicht gewußt hast, welch eine Fülle, welch ein Reichtum in dir ruht. Er mußte wohl nur geweckt werden zu neuem Leben ...

Sicher gibt es auch unter uns Menschen, die über solche Spinnereien lächeln und sagen: Was geht das mich an, ich lebe heute und werde morgen leben – das Gestern hab ich vergessen, laßt es ruhn! Aber ich meine, wer seine Wurzeln nicht kennt und nichts von ihnen wissen will, der wird auch nie dazu kommen, das Leben voll auszukosten in seinen Höhen und Tiefen, der wird an der Oberfläche plätschern und weder das Dunkel der Erde unter sich noch die Klarheit des Himmels über sich spüren. Ein solcher Mensch ist arm dran, so meine ich.

Und so bin ich nun versucht, die Zeile von Hans Hellmut Kirst »Erbarmung – sie dichten schon wieder!« umzukehren in den Satz »Wenn sie nicht gedichtet hätten – Erbarmung!« Wir wären ärmer, weil wir dann keinen hätten, der uns an der Hand nimmt und dorthin führt, wo unser Ursprung ist. Weil wir dann darauf verzichten müßten, anderen Menschen – auch unseren Kindern – diesen Band (und andere natürlich) in die Hand zu geben und ihnen zu sagen:

Lest selbst. Das waren wir, das sind wir – das ist Ostpreußen.

Die Autoren

BOBROWSKI, *Johannes:* Geb. 9. April 1917 in Tilsit – Verlagslektor – Preis der Gruppe 47 (1962) – »Hans Clauert, der Märkische Eulenspiegel« (Jugendbuch) – »Sarmatische Zeit« (Gedichte) – »Schattenland Ströme« (Gedichte) – »Nachbarschaft« – »Litauische Claviere« (Roman) – »Mäusefest« (Erzählungen). Dem letzten Band (erschienen im Verlag Klaus Wagenbach, Berlin 1965) wurde die Erzählung »Der Posthalter« (De homine publico tractatus) entnommen. Bobrowski starb am 2. September 1965 in Ost-Berlin.

BOTSKY, *Katharina:* Geb. 1879 in Königsberg – Mitarbeiterin der Zeitschrift »Simplicissimus« und des Albert-Langen-Verlages, der ihr gesamtes Werk veröffentlichte – »Der Trinker« (Roman) – »Der Traum« (Roman) – »Ostpreußens Feuerzeit« (Bilder vom Russeneinfall 1914) – »Schafe auf dunklen Weiden« (Novellen) – Die Groteske »Pferdemarkt zu Wehlau« wurde entnommen dem Band »Verlobung mit Baldrian« (Verlag Gräfe und Unzer, München) – Katharina Botsky starb 1945 auf der Flucht.

BROCK, *Peter Paul:* Geb. 21. Februar 1900 in Pagulbinnen (Memel) – Seemann, später freier Schriftsteller – Herder-Preis 1943 – »Der Schiffer Michael Austyn« (Roman) – »Der achte Schöpfungstag« (Roman) – »Der Strom fließt« (Roman) – »Alles Lebendige muß reifen« (Roman) – Lebt in Schmalenbeck bei Hamburg.

BUCHHOLTZ, *Hansgeorg:* Geb. 25. Juni 1899 als Sohn ostpreußischer Eltern in Mülhausen (Elsaß) – Kindheit und Jugend in Masuren – Lehrer, Rektor, Schulrat und freier Schriftsteller –

Romane und Jugendbücher: »Der Markt zu Heckenbruch« – »Dorf unter der Düne« – »Der Dobnik« – »Fremder, bist du mein Bruder« – »Soweit die Straßen reichen« – Jugendbuchpreis der Künstlergilde Eßlingen.

CORINTH, *Lovis:* Geb. 21. Juli 1858 in Tapiau – Studium an der Kunstakademie in Königsberg, an der Münchener Akademie und an der Academie Julian in Paris – Eigene Malschule in Berlin – Vorsitzender, später Präsident der Berliner Sezession – Professorentitel – Ehrendoktor der Albertus-Universität Königsberg – Einer der großen Wegbereiter der europäischen Malerei – Der vorliegende Beitrag wurde seinen Lebenserinnerungen entnommen, die er unter dem Titel »Selbstbiographie«, Leipzig 1926, herausgab – Corinth starb am 17. Juli 1925 in Zandvoort/Holland.

EHLERT, *Tamara:* Geb. 28. Dezember 1921 in Königsberg – Lyrikpreis des Brentano-Verlages – »Die Dünenhexe« (Kurzgeschichten) – »Alles dies war einmal meine Welt« (Gedichte) – Viele Veröffentlichungen in Zeitungen und Zeitschriften – Lebt als freie Schriftstellerin in Fürstenfeldbruck bei München.

ELWENSPOEK, *Curt:* Geb. 1884 in Königsberg – Dr. jur., Bühnenlaufbahn, Chefdramaturg und Spielleiter, Dozent für Schauspiel an der Musikhochschule Stuttgart – Biographien, Romane, Feuilletons, darunter: »Panama« – »Dynamit« – »Hauspostille des Herzens« – Starb 1959 in Tübingen.

DÖNHOFF, *Marion Gräfin:* Geb. 2. Dezember 1909 in Friedrichstein/Ostpr. – Dr. rer. pol., Journalistin, Chefredakteur »Die Zeit« – Joseph-E.-Drexel-Preis 1964 – Theodor-Heuss-Preis 1966 – Friedenspreis des deutschen Buchhandels 1971 – Reiseberichte, Politische Analysen: »Menschen und Geschichte« – »Die Bundesrepublik in der Ära Adenauer« (Kritik und Perspektiven) – »Reise in ein fernes Land« (Kultur, Wirtschaft und Politik in der DDR 1964 – mit R. W. Leonhardt und Th. Sommer) – »Berichte aus vier Erdteilen« – »Namen die keiner mehr nennt« (Ostpreußen – Menschen und Geschichte), Eugen Diederichs Verlag; diesem Band wurde der Auszug »Nach Osten fuhr keiner mehr« entnommen – Marion Gräfin Dönhoff lebt in Hamburg.

FINCKENSTEIN, *Ottfried Graf:* Geb. 18. April 1901 auf Schloß Schönberg/Westpreußen – Dr. rer. pol., Professor, freier Schriftsteller – Herder-Preis – Romane und Erzählungen: »Fünfkirchen« – »Männer am Brunnen« – »Der Kranichschrei« – »Die Mutter« – »Schwanengesang« – Wilh.-Raabe-Preis – Lebt als Prof. für Germanistik in Ottawa/Kanada.

FISCHER, *Grete:* Geb. 11. Februar 1922 in Stettin – Staatsexamen als Säuglingsschwester – Fürsorgerin in der Memelniederung – Mitarbeit an Zeitungen, Zeitschriften, Jahrbüchern – Bändchen »Zu Gast bei uns« – Lebt in Wolfenbüttel.

FREVERT, *Heinke:* Geb. im Mittsommer 1916 in Kiel als Tochter des aus Ostpreußen stammenden bekannten Frauenarztes Prof. Dr. Stoeckel – Ihr erster Ehemann, P. R. Barckhausen, war Forstmeister in der Rominter Heide, er fiel zu Beginn des Zweiten Weltkrieges – In zweiter Ehe verheiratet mit Walter Frevert, Chef der Forstverwaltung in der Rominter Heide und Jagdschriftsteller (»Rominten«) – Mitarbeiterin ihres Mannes – Nach dessen Tod erschienen ihre Memoiren unter dem Titel »Meine Waidmänner und ich« – Seither Mitarbeiterin verschiedener Jagd- und Reiterzeitschriften – Heinke Frevert lebt in Gernsbach/Murg.

GEEDE, *Ruth:* Geb. 13. Februar 1916 in Königsberg – Schon in jungen Jahren 1. und 2. Preis im Dramenwettbewerb der Niederpreußischen Bühne – Mundart-Preis der Stadt Königsberg – Buchveröffentlichungen: »De Levenstruusz« – »Die Pflugschar« – »Ohm Willem« – »Die Magd Katrin« – »Die Nehrungsleute« – Kinderbücher und Kinderkalender – Ruth Geede lebt als freie Schriftstellerin und Journalistin in Hamburg.

Gross, *Hedy:* Geb. 10. September 1916 in Regeln, Kreis Lyck – Preis des NWDR für eine Kurzgeschichte – 1. Preis der Bundeszentrale für Heimatdienst – »Der Brief auf der Treppe« (Hörspiel) – »Unser Rendant « – »Erinnerungen an Dumbea« – »Christel Balk« – Hedy Gross lebt als Malerin und freie Schriftstellerin in Hamburg.

Hermanowski, *Georg:* Geb. 27. November 1918 in Allenstein – Studium d. Germanistik und Kunstgeschichte – Übersetzer flämischer Literatur und freier Schriftsteller – Ritter der belgischen Krone (1961) – Ehrenmitglied des flämischen Schriftstellerverbandes – Bühnenstücke, Romane, Literaturgeschichte: »Heimat, Welt, Gott« – »Des Zaren Silbersporen« – »De verloren Vader« – »Die Stimme des schwarzen Löwen« – »Die moderne flämische Literatur« – »Gutenberg« – »Nicolaus Coppernicus« – Georg Hermanowski lebt in Bad Godesberg.

Jung, *Frida:* Geb. am 4. Juni 1865 in Kiaulkehmen, Kreis Gumbinnen – Besuch des Kindergärtnerinnenseminars in Lyck – Erzieherin und Gesellschafterin – Später freie Schriftstellerin – Gedichtbändchen, Lesungen, Vorträge – Frida Jung starb am 14. Dezember 1929 in Insterburg.

Keyser, *Charlotte:* Geb. 2. Juli 1890 in Russ (Memelniederung) – Kunsterzieherin und freie Schriftstellerin – Herder-Preis 1944 – Bundesverdienstkreuz I. Klasse 1950 – Goldene Medaille der Stadt Oldenburg 1960 – Romane, Novellen, Liedsammlung »Bi ons to Hus« – »In stillen Dörfern« – »Und immer neue Tage« – »Schritte über die Schwelle« – »Und dann wurde es hell« – starb im Sommer 1966 in ihrer Altersheimat Oldenburg.

Kirst, *Hans Hellmut:* Geb. 5. Dezember 1914 in Osterode – Dramatiker, Berufssoldat, Oberleutnant, Chausseearbeiter, Gärtner, Journalist – Übersetzer und freier Schriftsteller – Literaturpreis (Goldene Palme) Bordighera 1964 – Mitglied des P. E. N.-Zentrums der Bundesrepublik Deutschland – Gesamtauflage seiner Bücher: mehrere Millionen, darunter: »Wir nannten ihn Galgenstrick« – »Aufruhr in einer kleinen Stadt« – »08/15« – »Gott schläft in Masuren« – »Die Nacht der Generale« – »Die Wölfe« – Hans Hellmut Kirst lebt in Feldafing am Starnberger See. Der Abschnitt »Das Leben – ein Fest« wurde Kirsts Buch »Deutschland – deine Ostpreußen«, Hoffmann und Campe Verlag, Hamburg 1968, entnommen. Abdruck erfolgte mit Genehmigung der Autoren- und Verlagsagentur, Herrsching.

Klootboom-Klootweitschen, *Kl.*: Pseudonym für Anni v. Lorck – Geb. 1890 in Frankfurt/Oder als Tochter des Freiherrn v. Schrötter/Wohnsdorff, Nichte des Grafen Lehndorff/Steinort, der Urgestalt der Carol-Schwänke – Das Manuskript wurde auf abenteuerliche Weise aus Ostpreußen in den Wirren der Flucht gerettet und nach dem Tode der Verfasserin (sie starb 1963 in Herford) von ihrem Ehemann Carl v. Lorck herausgegeben: »Der Carol« – »Der neue Carol« – Die Geschichte »Schlittenfahrt im Juli« wurde entnommen dem Band »Der Carol« (Verlag Gräfe und Unzer, München).

Kobbert-Klumbies, *Elli:* Geb. 9. Juli 1922 in Königsberg – freie Schriftstellerin – Frauen- und Kinderbücher, darunter: »Madline Galeiwa« – »Am Ziel ist Klarheit« – »Von April bis Dezember« – »Übrigens ... die Ehe« – Elli Kobbert lebt in Münster.

Kollwitz, *Käthe:* Geb. 8. Juli 1867 in Königsberg – Studien in Königsberg, München, Berlin und Düsseldorf – Heirat mit dem Arzt Dr. Hans Kollwitz – Übersiedlung nach Berlin N – Graphikerin, Malerin, Bildhauerin, Mitglied der Akademie der Künste – Der Text »Mein Kinderparadies« ist ein Auszug aus den Lebenserinnerungen der Künstlerin »Aus meinem Leben« (List Verlag München) – Käthe Kollwitz starb am 22. April 1945 auf Schloß Moritzburg bei Dresden.

Lacombe-Brückner, *Marie Martha:* Geb. 25. Oktober 1913 in Allenstein – Freie Schriftstellerin – Jugendbücher, Romane, übersetzt in sechs Sprachen, darunter: »Eine Frau allein« – »Geh nicht nach Nizza, Josephine« – »Eine Handvoll Liebe« – »Das Schloß im Gebirge« – Martha M. Lacombe-Brückner lebt in Gräfelfing bei München.

LEHNDORFF, *Hans Graf v.:* Geb. 13. April 1910 in Graditz, Kreis Torgau – Von 1922 ab in Trakehnen – Studium der Medizin – Dr. med. – Assistenzarzt in Insterburg – Chirurg und Chefarzt – Blieb nach der Kapitulation 1945 freiwillig in Königsberg und arbeitete dort bis zu seiner Ausweisung 1947 als Arzt – 1948 begann er mit der Niederschrift seiner Notizen über diese Zeit – Als »Ostpreußisches Tagebuch« 1950 erschienen und in viele Sprachen übersetzt – später erschien »Die Insterburger Jahre – Mein Weg zur Bekennenden Kirche« – Der Abschnitt »Auf der Flucht« in diesem Band ist ein Auszug aus dem »Ostpreußischen Tagebuch«, Biederstein Verlag, München 1961 – Dr. Hans Graf v. Lehndorff lebt heute in Bonn/Bad Godesberg.

LENZ, *Siegfried:* Geb. 17. März 1926 in Lyck – Nach 1945 Studium der Philosophie, Anglistik, Literaturgeschichte in Hamburg – Feuilletonredakteur – Lebt als freier Schriftsteller in Hamburg, zeitweise in Dänemark – René-Schickele-Preisehrung 1952 – Bremer Literatur-Preis 1961 – Gerhart-Hauptmann-Preis der Freien Volksbühnen 1961 – Georg-Mackensen-Literaturpreis 1962 – Großer Kunstpreis des Landes Nordrhein-Westfalen für Literatur 1966 – Romane, Kurzgeschichten, Bühnenstücke, darunter »Duell mit dem Schatten« – »So zärtlich war Suleyken« – »Der Mann im Strom« – »Jäger des Spotts« – »Brot und Spiele« – »Das Feuerschiff« – »Zeit der Schuldlosen« – »Stadtgespräch« – »Lehmanns Erzählungen« – »Das Gesicht« – »Der Spielverderber« – »Haussuchung« – Deutschstunde« – »Leute von Hamburg« – »Beziehungen«. – Der Text »Eine Liebesgeschichte« ist dem Band »So zärtlich war Suleyken« mit freundlicher Genehmigung des Hoffmann und Campe Verlag, Hamburg, entnommen.

Miegel, *Agnes:* Geb. 9. März 1879 in Königsberg – Kleist-Preis 1916 – Dr. h. c. der Königsberger Albertus-Universität, verliehen am 200. Geburtstag von Immanuel Kant 1924 – Wartburgrose 1933 – Herder-Preis 1936 – Goethe-Preis der Stadt Frankfurt/Main 1940 – Literaturpreis der Bayerischen Akademie der Schönen Künste 1959 – Ihre frühen Balladen wie »Die schöne Agnete«, »Die Mär vom Ritter Manuel« oder »Die Nibelungen« sind in die Literaturgeschichte eingegangen, erste Veröffentlichung durch Börries v. Münchhausen – Journalistin und freie Schriftstellerin in Königsberg – 1945 Flucht über die Ostsee, Internierung in Dänemark, später Asyl auf dem Münchhausen-Schloß Apelern, dann Altersheimat in Bad Nenndorf – Das gesamte Werk der Dichterin wurde und wird beim Verlag Eugen Diederichs betreut, es enthält Gedichte, Balladen, Novellen und Erzählungen (»Nachtspaziergang« aus: Agnes Miegel, Stimme des Schicksals, © 1954 by Eugen Diederichs Verlag, Köln) – Agnes Miegel starb am 26. Oktober 1964 im Parksanatorium Bad Salzuflen.

Panka, *Heinz:* Geb. 8. Dezember 1915 in Osterode – Studium, Promotion zum Dr. jur. – Romane und Erzählungen, darunter: »An Liebe ist nicht zu denken« – »Ein Windhund« – »Auf der Brücke«, Georg Westermann Verlag, Braunschweig 1957; (hieraus »Der Schmandschmecker«) – Dr. Heinz Panka lebt als freier Schriftsteller in Hamburg.

Papendick, *Gertrud:* Geb. 28. März 1890 in Königsberg – Lehrerin, Konrektorin, freie Schriftstellerin – Mitarbeiterin der Königsberger Allgemeinen Zeitung und der »Woche«, Berlin – 1945 Flucht über See und Internierung in Dänemark – Romane, Erzählungen, Novellen, Kindergeschichten, darunter: »Die Kanther-Kinder« (Neuauflage »Konsul Kanther und sein Haus«) – »Die Fahrt mit dem Schatten« – »Wir wachsen in die Welt« – »Wo der Birnbaum stand – Kurische Idylle« – Gertrud Papendick lebt in Hamburg.

Rehs, *Karl Michael:* Geb. 14. Dezember 1927 in Königsberg – Dr. jur. – 1943–1955 Soldat, Landarbeiter, Journalist und Theaterkritiker – 1956–1960 Rechtsanwalt – Seit 1960 Generalsekretär des Instituts für Auslandsbeziehungen in Stuttgart – Herausgeber mehrerer literarischer Sammelbände – Autor kulturpolitischer Fachaufsätze. Die Erzählungen »Ein Weihnachtsmärchen für Erwachsene« und »Die drei Brüder« erschienen 1948 bzw. 1949 im Feuilleton einer norddeutschen Tageszeitung.

Scheffler, *Walter:* Geb. 15. September 1880 in Königsberg – durch eine schwere Erkrankung als Junge völlig ertaubt – Später Buchbinderlehre – Begann Gedichte zu schreiben, konnte schließlich als freier Schriftsteller leben – Prosabände erschienen im Königsberger Verlag Gräfe und Unzer: »Walter von der Laak« – »Walter von der Laaks Lehrjahre« – Später Gedichtband »Erde und Licht« – Nach der Flucht lebte er drei Jahre hinter Stacheldraht in Dänemark, später in Hamburg – Starb im April 1964 in Hamburg.

Schwimmer, *Eva:* Geb. 19. März 1901 auf Gut Kalkstein in Ostpreußen – Studium auf der Kunstakademie Leipzig – dort Heirat mit ihrem Lehrer Max Schwimmer – Graphikerin – In der Zeit des Nationalsozialismus Arbeits- und Ausstellungsverbot – Kunstpreis der Stadt Berlin 1952 – 1946 bis 1950 Professor an der Hochschule für angewandte Kunst in Berlin-Weissensee – Novellen und Erzählungen in Zeitungen und Zeitschriften – Buchveröffentlichung: »Tagebuch in Bildern« – Gesuchte Buch-Illustratorin – Prof. Eva Schwimmer starb im Mai 1986 in Berlin.

Stamm, *Hans-Ulrich:* Geb. 26. August 1924 in Königsberg – erste journalistische Arbeiten als Schüler – Nach 1945 Redakteur in Frankfurt, Offenbach und Hamburg – Mitarbeit an Anthologien – Buchveröffentlichungen: »Quizz kumm-o-logisch« – »Virginia ist an allem schuld« – »Königsberg im Spiegel alter Graphik« – Hans-Ulrich Stamm lebt in Großhansdorf bei Hamburg.

Sudermann, *Hermann:* Geb. 30. September 1857 in Matziken/-Memelniederung – In Armut aufgewachsen – Einige Semester

Studium in Königsberg – In Berlin als Journalist und Parlamentsberichterstatter begonnen, erste Versuche als Schriftsteller – Erste Erfolge mit den Romanen »Frau Sorge« und »Katzensteg« – Durchbruch nach oben mit den Dramen »Ehre« und »Heimat« – Meistgespielter Bühnenautor seiner Zeit, später der am meisten kritisierte – Meisterstücke der Prosa: seine »Litauischen Geschichten«, bis heute viel gelesen, verfilmt, für das Fernsehen aufbereitet – Hermann Sudermann starb, innerlich vereinsamt, am 21. November 1928 in Berlin – Die Erzählung »Das singende Eis« ist aus »Das Bilderbuch meiner Jugend« entnommen. Gedruckt nach der Ausgabe der J. C. Cotta'schen Buchhandlung Nachfolger, Stuttgart 1922, mit Genehmigung der Erben Sudermann, Nachlaßverwalterin Irmela Fliedner, Gütersloh.

WIECHERT, *Ernst*: Geb. 18. Mai 1887 im Forsthaus Kleinort in Masuren – Frontsoldat im Ersten Weltkrieg – Nach Studium an der Albertus-Universität in Königsberg wirkte er in der gleichen Stadt als Studienrat, später in Berlin – Nach 1933 als freier Schriftsteller in Wolfratshausen, später in Uerikon am Zürichsee – Nach eigenen Worten kam er aus keiner literarischen Schule, sondern aus einer »großen Landschaft« – Wurde zum Gestalter dieser Landschaft und ihrer Menschen – Seine bekanntesten Werke: »Das einfache Leben« – »Jedermann« – »Die Magd des Jürgen Doskocil« – »Die Jerominkinder« – »Die Flöte des Pan« – »Wälder und Menschen« – »Missa sine nomine« – Seine Reden an die deutsche Jugend, die er 1934 und 1936 in der Universität München unter brausendem Beifall der Studenten hielt, trugen ihm die Haft im KZ Buchenwald ein, über die er später in Tagebuchform berichtete (»Totenwald«) – Der Abschnitt »Die Magd« ist dem Band »Die Magd des Jürgen Doskocil«, Verlag Kurt Desch, 1949, München, entnommen – Ernst Wiechert starb am 24. August 1950 auf dem Schweizer »Rütihof«.

WOLFF, *Johanna:* Geb. 30. Januar 1851 in Tilsit – Wuchs in bitterer Armut auf, arbeitete als Hausmädchen und Krankenschwester, pflegte während der großen Cholera-Epidemie in

Hamburg ihren späteren Ehemann, einen wohlhabenden Kaufmann – Konnte sich später ganz dem Schreiben widmen, machte weite Reisen – Wurde Ehrenbürgerin ihrer Heimatstadt – Die beiden autobiographischen Romane »Das Hanneken« (aus dem der Textbeitrag in diesem Band stammt) und »Hannekens große Fahrt« wurden zu großen Bucherfolgen – Johanna Wolff starb im Frühjahr 1943 in ihrem Haus in Orselina bei Locarno.